中国信息产业简史

ZHONGGUO XINXI CHANYE JIANSHI

周友兵／著

知识产权出版社
全国百佳图书出版单位

图书在版编目（CIP）数据

中国信息产业简史/周友兵著 . —北京：知识产权出版社，2017.8
ISBN 978 - 7 - 5130 - 4996 - 2

Ⅰ . ①中…　Ⅱ . ①周…　Ⅲ . ①信息产业—产业发展—经济史—研究—中国　Ⅳ . ①F492

中国版本图书馆 CIP 数据核字（2017）第 157988 号

责任编辑：石陇辉　　　　　　　　　　　　责任校对：谷　洋
封面设计：刘　伟　　　　　　　　　　　　责任出版：刘译文

中国信息产业简史

周友兵　著

出版发行：**知识产权出版社**有限责任公司		网　　址：http://www. ipph. cn	
社　　址：北京市海淀区气象路 50 号院		邮　　编：100081	
责编电话：010 - 82000860 转 8175		责编邮箱：shilonghui@ cnipr. com	
发行电话：010 - 82000860 转 8101/8102		发行传真：010 - 82000893/82005070/82000270	
印　　刷：北京科信印刷有限公司		经　　销：各大网上书店、新华书店及相关专业书店	
开　　本：787mm×1092mm　1/16		印　　张：11.75	
版　　次：2017 年 8 月第 1 版		印　　次：2017 年 8 月第 1 次印刷	
字　　数：260 千字		定　　价：38.00 元	

ISBN 978 - 7 -5130 -4996 -2

前　言

当今世界，以信息技术为代表的高新技术产业迅猛发展，推动了全球产业结构转型和优化升级，给人类生产生活方式带来了深刻变化。进入21世纪，信息技术日新月异，其普及应用对经济、政治、社会、文化、军事发展的影响更加深刻，信息技术产业已经成为衡量一个国家或地区综合实力、国际竞争力和现代化程度的重要标志之一。

信息产业是国民经济的基础产业、主导产业、支柱产业和战略性产业。信息技术具有经济增长"倍增器"、发展方式"转换器"和产业升级"助推器"的作用。我国已成为全球最大的信息产品制造基地，在通信、高性能计算机、数字电视等领域取得一系列重大技术突破。我国电子信息制造业规模居全球第一，手机、PC、彩电、显示器、程控交换机、数码相机等主要产品产量居世界首位。当然，我国信息产业也存在一定的问题，比如大而不强，核心技术受制于人，研发、创新能力不够等。

"以史为鉴，可以知兴替"。产业史是历史的重要组成部分，特别是在近现代史中占有重要位置。加强产业史教育，可以让新一代职业人了解产业的发展历程，提高其产业文化素养，有助于促进产业升级、提升产业的核心竞争力，同时也是贯彻《国家信息化发展战略纲要》《中国制造2025》和"工匠精神"的迫切需要。

本书编写遵循"注重史实、史论精辟、脉络清晰、深入浅出、引人入胜、图文并茂、内容翔实"的原则，通过古代信息产业、近代信息产业、现代信息产业到新一代信息技术产业的产业发展历程阐述了电子信息产业的演变；分别选取世界和中国范围的典型信息产业文化，描写了一些代表性人物和标志性事件；从电子信息关键技术的发展路线着手，总览了我国信息产业的发展历程、先进的生产经营服务管理方式，以及优秀企业和典型人物所反映出来的行业文化特色，梳理总结了我国信息产业发展过程中的文化现象，对蕴藏其中的规律进行了探究。

鉴于作者水平有限，书中难免存在不足之处，恳请读者批评指正。

目　录

第1章 信息产业概论

1.1 引言

18世纪中叶，以蒸汽机为代表的第一次工业革命开创了人类的大机器工业时代。1776年，瓦特制造出第一台有实用价值的蒸汽机，之后又经过一系列重大改进，使之成为"万能的原动机"，在工业上得到广泛应用。他开辟了人类利用能源的新时代，使人类进入"蒸汽时代"。后人为了纪念这位伟大的发明家，把功率的单位定为"瓦特"（简称"瓦"，符号为W）。瓦特与他发明的蒸汽机如图1-1所示。

图1-1 瓦特和蒸汽机

19世纪后期到20世纪中叶，以电机为代表的第二次工业革命使人类进入了电气化时代。1866年，西门子提出了发电机的工作原理，并由公司的一位工程师完成了人类第一台发电机。同年，西门子还发明了第一台直流电动机。后人为了纪念这位伟大的发明家，把电导率的单位定为"西门子"（简称"西"，符号为S）。西门子与第一台直流发电机如图1-2所示。

20世纪下半叶，以计算机互联网为代表的第三次工业革命迅速席卷全球，使人类社会生产方式从以工业化为主导向信息化与工业化融合转变，劳动生产率得到了极大提高，社会生产力和人类文明达到了前所未有的新高度。1946年2月14日，世界上第一台计算机诞生，世界进入信息化时代。互联网的前身是阿帕网，是隶属于美国国防部高级计划署的一个网络。阿帕网加州大学洛杉矶分校第一节点与斯坦福研究院第二节点的联通，实现了分组交换网络的远程通信，是互联网正式诞生的标志，当时准确的时间是1969年10月29日22点30分。

图1-2　西门子和直流发电机

信息的沟通和传递是人类的基本需求。人类的信息活动与人类的发展同步。从几万年前古代的结绳记事到今天的即时通信，信息传播的效率提升了成千上万倍。回顾近100多年来人们传播信息的方式，从报纸、电话、广播、电视、计算机，到手机、平板电脑，整个演进过程本质上就是信息载体的变化。除了已有几百年历史的报纸，从电话到手机等其他信息传播设备都是近100年来信息技术发展的产物。可以说信息载体的变化体现着整个信息产业的演化进程，技术的变革直接提升信息化程度。

1.2　信息产业相关概念[①]

1. 信息的概念

信息（information）一词早期的含义基本上等同于消息（message），但到了20世纪50年代，由于"信息论"的创立，信息与消息的含义逐渐有了区别。到了20世纪末，由于微电子技术、计算机技术的发展，使移动通信和互联网普及，人类时代也由工业化时代进入到了信息化时代。

那么什么是信息呢？人们对"信息"一词有多种不同的解释。但一般说来，信息是人

---

① 黄载禄. 电子信息技术导论［M］. 北京：北京邮电大学出版社有限公司，2009.

类社会、宇宙和大自然的一切事物运动变化的表征。社会、宇宙和大自然是不断运动变化的，因而它们在不断发出信息；相反，如果事物死亡了，或者说运动终止了，那么信息也就没有了。因此，一个寂静的世界是不产生信息的，运动、变化的世界是充满信息的世界。人类正是通过获取自然界的信息来了解自然、认识自然；通过获取人类社会各方面的信息来了解社会、认识社会；并通过交换彼此获得的信息来促进人类科学技术不断发展和社会不断进步。信息是知识，是资源，也是财富，因此当代社会将信息、材料和能源并称为客观世界的三大要素。

人类能不断获得自然界的信息，丰富人类知识的前提是人类信息技术的发展，只有信息畅通，才能将信息转化为人类的共同资源和财富。考察人类的发展历史，可以说人类社会的进步即是信息技术的进步。人之所以由动物进化为人类，首先是因为人类创造了语言；动物可能也有"语言"，但是动物的语言远没有人类的语言复杂、完美。有了语言才可以彼此交流、沟通，交换各自得到的信息。后来人类又创造了文字，可以记录语言和其他信息现象，进而发展了印刷术，有了出版物和图书馆，使得人类的知识可以长期保存并传承下去。到了 1839 年，法国人达盖尔发明了银板照相机，使用感光材料解决了显影、定影的技术问题，可以成功地记录图像，使信息技术又向前跨进了一大步。至此，可用作信息载体的信息的物理形态：语言、文字和图像都已基本完善，人类社会也由原始进入了文明。人类如何有效利用语言、文字和图像这些信息载体，也反映了社会文明的进步程度。信息是客观世界各种事物特征和变化的反映。信息的范围极其广泛，任何运动着的事物都存储着信息。信息一般表现为四种形态：数据、文本、声音、图像。

2. 信息技术的概念

信息技术（Information Technology，IT）是指人们获取信息、传递信息、存储信息、处理信息、显示信息、分配信息的相关技术。信息技术主要包括传感技术、通信技术、计算机技术和控制技术。从技术层面上看，IT 可以分为以下三个层次：①传感技术，这是人的感觉器官的延伸与拓展，承担获取信息的功能；②通信技术，这是人的神经系统的延伸与拓展，承担传递信息的功能；③计算机技术，这是人的大脑功能的延伸与拓展，承担对信息进行处理的功能。20 世纪 50 年代以后，以计算机技术与通信技术为代表的现代信息技术迅猛发展，信息技术、信息产业和信息化成为经济社会发展的主要推动力。

3. 信息产业的概念

信息技术产业（简称信息产业）是社会经济活动中从事信息技术、信息服务、信息设备和产品生产的产业的统称。它涵盖了信息采集、生产、存储、传递、处理、分配、应用等众多产业领域。从狭义上讲，信息产业包括信息产品制造业、软件业、电信与信息服务业。信息产业作为一个新兴的产业部门，其内涵和外延都会随着该产业的不断扩大和成熟而扩大与变动。美国商务部按照美国 1987 年《标准产业分类》，在其发布的《数字经济2000 年》中给出的信息产业的定义是：信息产业应该由硬件业、软件业和服务业、通信设备制造业以及通信服务业等部分内容组成。

我国信息产业发展的时间不长,对于信息产业的定义和划分,由于分析的角度、标准和统计的口径不同,也形成了许多不同的观点。我国学者曲维枝认为,信息产业是社会经济生活中专门从事信息技术开发,设备、产品的研制生产以及提供信息服务的产业部门的总称,是一个包括信息采集、生产、检测、转换、存储、传递、处理、分配、应用等门类众多的产业群,主要包括信息工业(包括计算机设备制造业、通信与网络设备以及其他信息设备制造业)、信息服务业、信息开发业(包括软件产业、数据库开发产业、电子出版业、其他内容服务业)。

1.3 信息技术革命的历程

从社会发展史看,人类经历了农业革命、工业革命,现在正在经历信息革命。农业革命增强了人类的生存能力,使人类从采食捕猎走向栽种畜养,从野蛮时代走向文明社会。工业革命拓展了人类体力,以机器取代人力,以大规模工厂化生产取代个体工场手工生产。而信息革命则增强了人类脑力,带来生产力又一次质的飞跃,对国际政治、经济、文化、社会、生态、军事等领域的发展产生了深刻影响。迄今为止,人类历史上共有五次信息技术的重大革命。

1. 第一次信息技术革命——语言的使用

语言的使用发生在距今 35000~50000 年前。语言的使用是从猿进化到人的重要标志。类人猿是类似于人类的猿类,经过千百万年的演变、进化,发展成为现代人。与此同时语言也随着劳动产生。语言是人类最重要的交际工具,是人们进行沟通交流的各种表达符号。从猿到人进化的过程如图 1-3 所示。

图 1-3 从猿到人的进化过程

人们借助语言保存和传递人类文明的成果。语言是民族的重要特征之一。一般来说,每个民族都有自己的语言。语言交流是社会信息第一次革命,具有开天辟地的作用。世界各地存在着许多语言,植根于其社会历史背景之下。

2. 第二次信息技术革命——文字的出现

在公元前 3500 年人类社会出现了文字,这是信息第一次打破时间、空间的限制。从陶器上的符号，甲骨文、金文等早期文字至今数经演化，文字的出现大大促进了社会信息的积累与流传。陶器上的符号是中国最早的文字，始于原始社会母系氏族繁荣时期（河姆渡和半坡原始居民），如图 1-4 所示。

甲骨文因镌刻于龟甲与兽骨上而得名。甲骨文是中国的一种古代文字，是汉字的早期形式，有时候也被认为是汉字的书体之一，也是现存中国王朝时期最古老的一种成熟文字。甲骨文主要指殷墟甲骨文，又称为"殷墟文字"。甲骨文记录和反映了商朝的政治和经济情况，主要指中国商朝后期（公元前 14～公元前 11 世纪）王室用于占卜吉凶记事而在龟甲或兽骨上镌刻的文字，内容一般是占卜所问之事或者所得结果。甲骨文如图 1-5 所示。

图 1-4 陶器上的符号

图 1-5 甲骨文

殷商灭亡周朝兴起之后，甲骨文还继续使用了一段时期。它是中国已发现的古代文字中体系较为完整的文字。如果说今天我们用硬盘、光盘来存储信息，那么早在几千年前的上古时期，已经出现了龟甲和兽骨这种非常先进的存储介质。它可以长久地保留信息，其可靠性与安全性都让人惊叹。穿梭时空在千万年之后，它仍然可以完好地保存当时的信息。同样都是刻录，而我们今天所使用的光盘，却很难做到这一点。

金文是指铸刻在商周青铜器上的铭文，也叫钟

图 1-6 金文

鼎文，如图 1-6 所示。商周是青铜器的时代，青铜器的礼器以鼎为代表，乐器以钟为代表，"钟鼎"是青铜器的代名词。金文应用的年代，上自西周早期，下至秦灭六国，有 800 多年。

3. 第三次信息技术的革命——印刷术的发明

印刷术发明之前，文化的传播主要靠手抄的书籍。手抄费时、费事，又容易抄错、抄漏，既阻碍了文化的发展，又给文化传播带来了不应有的损失。印章和石刻给印刷术提供了直接的经验性的启示，用纸在石碑上墨拓的方法直接为雕版印刷指明了方向。中国的印刷术经过雕版印刷和活字印刷两个阶段的发展，给人类的发展献上了一份厚礼。印刷术的特点是方便灵活，省时省力。

大约在公元1040年，我国开始使用活字印刷技术（欧洲人1451年开始使用印刷技术）。它开始于隋朝的雕版印刷，经宋朝毕昇的发展、完善，发明了活字印刷，并由蒙古人传至欧洲。

毕昇在宋仁宗庆历年间发明的活字印刷术，是印刷史上的一次伟大革命，是中国古代四大发明之一。它为中国文化经济的发展开辟了广阔的道路，为推动世界文明的发展作出了重大贡献。所以后人称毕昇为印刷术的始祖，如图1-7所示。

图1-7　毕昇和活字印刷

毕昇发明的活字印刷术既简单灵活，又方便轻巧。活字印刷与雕版印刷相比优势明显：方便保存；效率极高；字可以重复使用，有利于节省费用。活字印刷术是人类近代文明的先导，为知识的广泛传播、交流创造了条件。活字印刷术先后传到朝鲜、日本、中亚、西亚和欧洲。

提到印刷术，就必须说一下造纸工艺。汉朝以前人们使用竹木简或帛作为书写材料，直到东汉（公元105年），蔡伦在前人的基础上改进造纸术，制作出便于书写的"蔡侯纸"。蔡伦的雕像如图1-8所示。

造纸术和印刷术的发展和应用，极大地推动了信息化进程，使知识具备了普及的必要条件，人类文明向前又迈进了一大步。

图 1 - 8　蔡伦的雕像

4. 第四次信息技术革命——电报、电话和广播的发明

19 世纪中叶以后，随着电报、电话的发明，电磁波的发现，人类通信领域产生了根本性的变革，利用金属导线上的电脉冲来传递信息，通过电磁波来进行无线通信。

1837 年，美国人莫尔斯研制了世界上第一台有线电报机。电报机利用电磁感应原理，使电磁体上连着的笔发生转动，从而在纸带上画出点、线符号。这些符号的适当组合（称为莫尔斯电码），可以表示全部字母，于是文字就可以经电线传送出去了。1844 年 5 月 24 日，莫尔斯发出了人类历史上第一份电报："上帝创造了何等的奇迹！"。

1864 年，英国著名物理学家麦克斯韦发表了一篇论文，预言了电磁波的存在，说明了电磁波与光具有相同的性质，都是以光速传播的。

1875 年，苏格兰青年亚历山大·贝尔发明了世界上第一台电话机，并于 1878 年在相距 300 千米的波士顿和纽约之间进行了首次长途电话实验获得成功。如今，在美国波士顿法院路 109 号的门口，仍钉着块镌有 "1875 年 6 月 2 日电话诞生在这里" 的铜牌。

1887 年 3 月 21 日，德国物理学家赫兹在实验中发现，电火花的能量能够越过空间传到远处。这是人类历史上第一次证实了电磁波的存在。

电磁波的发现产生了巨大影响，实现了信息的无线电传播，其他无线电技术如雨后春笋般涌现。1895 年意大利人马可尼成功地进行了无线电通信实验。1920 年，美国无线电专家康拉德在匹兹堡建立了世界上第一家商业无线电广播电台，从此广播事业在世界各地蓬勃发展，收音机成为人们了解时事新闻的方便途径。

5. 第五次信息技术革命——电子计算机的应用

随着电子技术的高速发展，军事、科研迫切需要的计算工具也大大得到改进，1946 年由美国宾夕法尼亚大学研制的第一台电子计算机诞生了。

经过半个多世纪的发展，在当今，以计算机技术为基础的信息技术，尤其是通信网络技术迅猛发展的情况下，信息化对社会各方面产生日益深刻的影响。人们工作、生活、学习方式出现了新变化。人们不出门便知天下事，在家可以办公。而笔记本计算机与移动通信的应用，使人的工作受地域限制减少、效率更高。社会信息的发展，给人以更多的自由空间，解放出更多的人力，加快了人类文明的进步。

1.4　信息产业的分类

信息产业可划分为以下几个组成部分：信息技术、设备制造业和信息服务业。信息服务业是以开发利用信息资源为基础，利用现代信息技术对信息进行收集、存储、传输、处理加工、检索和利用，生产信息产品，为社会提供服务的专门行业的集合。

我国著名学者乌家培认为："信息产业是一个庞大的产业群，它由信息技术产品制造业和信息内容提供服务业共同构成。从中国现行的行业分类看，信息产业的覆盖面相当于电子工业、邮电通信业、信息咨询服务业等所包括的范围。"

信息技术产业领域广泛、门类众多，主要包括微电子、计算机、软件、关键元器件及其材料等核心基础产业，以及宽带移动通信、下一代网络、信息服务等。微电子是信息技术产业的基础。这一领域技术进步很快，市场需求旺盛，投资强度极大。一些关键工艺装备在国际上形成了相对技术垄断，有的国家将此作为技术禁运的重要内容。计算技术是信息技术产业的核心。超级计算机是大型复杂计算的必要技术手段，在国民经济中和尖端科学领域具有重要作用。需要自主研发综合效能更高的超级计算机，掌握高效能计算。软件是信息技术产业的灵魂。软件具有技术和文化的双重属性，软件产业是无污染、低能耗、高就业的知识密集型战略产业。网络是迈向信息社会的关键基础设施。发展先进的网络产业，对于增强自主创新能力、保障国家信息安全、带动信息技术产业转型提升意义重大。

1.5　信息产业的地位及作用

1. 信息产业的地位

（1）信息产业是国民经济的基础产业

基础产业是指对国民经济和社会发展具有支撑和承载作用的产业。基础产业在国民经济中所占比重大、社会需求也大，它的发展规模和水平制约着整个国民经济的发展速度和质量。如果基础产业没有得到充分的发展，将成为国民经济发展的瓶颈。事实表明，作为高科技产业领头羊的信息产业，其成熟程度已经成为一国经济发展的决定力量。换句话说，信息产业的发展已经成为世界各国发展的主要动力和社会扩大再生产的基础。

（2）信息产业是国民经济的主导产业

主导产业是指对国民经济中的其他产业的发展具有导向性和较大促进作用的产业，同时主导产业对国民经济的贡献也较大。信息产业作为高新技术产业群的主要组成部分，是带动其他高新技术产业腾飞的龙头产业。信息产业不断拓展，向国民经济各个领域不断渗透，将创造出新的产业门类。信息技术产业具备增长速度高、技术进步快、经济效益好以及产业关联度强等主导产业所应有的基本特征，已经成为新时期经济增长的重要引擎。

（3）信息产业是国民经济的支柱产业

支柱产业是指那些关联高、技术含量高、发展速度快、对国民经济贡献大的产业。信息产业符合支柱产业的基本要求。从需求方面看，信息产业的收入弹性较高，潜在市场空间很大；从供给方面看，信息产业的生产成本较低，具有较强的开拓和占领市场的能力。同时，信息产业带来国民经济增长的倍增效应，发展信息产业能够直接或间接地使国民经济成倍增长。

（4）信息产业是国民经济的战略性产业

信息产业已经成为各国争夺科技、经济、人才和军事主导权及制高点的战略性产业。其中，信息产品制造业和软件业是确保与国家安全密切相关的网络与信息安全的根本保障，信息技术和装备是国防现代化建设的重要保障。同时，国际互联网的日益扩大、信息快速而自由的跨国界流动，使各国政府对信息扩散的控制能力明显减弱，弱化了主权国家的安全能力，对国家安全提出了严峻的挑战。

2. 信息产业的作用

信息产业作为一个新兴产业，既具有独立性，又对各个行业具有较强的渗透性。信息产业的发展改变了传统产业的生产方式、经营方式、管理方式和营销方式，提高了生产效益和经营效益。

（1）信息产业对第一产业的作用

第一产业包括农业、林业和畜牧业，它们的产品基本上是从自然界中取得的，所以说，自然环境或自然条件对其影响较大。但是，不可否认，信息产业作为高知识、高技术产业，以其高渗透性、高增值性的特点，对现代农业产生了广泛而深刻的影响。信息产业通过实现农业机械设备的电气化、自动化和智能化，大大提高了农业劳动生产率；通过农业科学技术的发明创造，大大提高了农副产品的产量和质量，并降低了生产成本；通过环境技术的发明及应用，协调农业生产与自然之间的关系，保持农业的可持续发展。

（2）信息产业对第二产业的作用

第二产业即工业。在工业为信息产业的形成和发展奠定了坚实的物质基础、提供了巨大的资金保障并且创造了对信息产业广泛而迫切的需求的同时，信息产业也对以工业为代表的第二产业产生了直接的作用。信息产业通过对工业生产工艺设备的改造及技术创新，大大提高了劳动生产率，降低了劳动成本，大幅度提高了产品的质量和数量；通过新材料、新能源的开发，开拓了新的资源领域或提高了原有资源的利用率。

（3）信息产业对第三产业的作用

第三产业是指繁衍于有形财富生产活动之上的无形财富生产的服务性产业。它又分为传统的服务行业和新兴的服务行业。前者包括商业、餐饮业、运输业等，后者包括通信、咨询、银行等技术服务业，以及文教、科研、卫生、法律等产业。信息产业对第三产业的促进作用十分明显。信息技术及信息服务扩展了服务性行业的经营领域和范围，如异地会诊、远程办公和电子购物等。信息技术的应用改变了传统产业的经营方式，提高了服务性行业的工作效率。

（4）信息技术深刻改变着人类的生产、生活方式

重大技术革命总是对人类生产和生活方式产生深刻影响。信息技术的应用，使人类的活动突破了对传统交通、通信手段的依赖，拓展了发展空间和交往空间。信息技术的发展促进了劳动者与劳动工具、劳动对象在空间上的灵活安排及有机结合，优化了人类的生产方式。劳动工具的革命性变化和智能设备进入生产流程，使传统的机械化、自动化生产水平得到极大提高，进一步把人类从繁重的体力劳动中解放出来，从事更多复杂的脑力劳动。刚性生产方式正在转变为柔性生产方式，单一集中的大规模生产方式正在转变为规模适度的模块组合型生产方式，从而使企业适应市场变化的能力得到很大增强。信息技术的发展提高了人们的生活质量。网上购物、远程医疗、视频点播、可视电话、电子邮件等丰富和方便了人们的生活，扩大了社会交往和信息交流的空间，增加了可自由支配的时间。尤为重要的是，超大容量存储、信息搜索等技术获得突破性进展，使人们获取、传输和利用知识的能力空前提高；电子学习和远程教育改变了传统的学习模式，丰富了教育内容，提高了学习效率，促进了终身学习，从而加速了人力资本积累，为人的全面发展创造了更好的条件。

小结：信息技术具有经济增长"倍增器"、发展方式"转换器"和产业升级"助推器"的作用。信息技术作为通用性技术，渗透率高，对其他产业和社会发展有很强的带动作用和辐射效应。信息产业对于拉动经济增长、促进产业升级、转变发展方式和维护国家安全具有重要作用。信息技术改变产业结构，对人的思想观念、思维方式和生活方式产生着重大影响。在当今世界经济中，信息产业具有十分重要的战略意义。信息产业是一个国家综合实力的重要标志。信息技术是当今世界经济社会发展的重要驱动力，对于促进社会就业、拉动经济增长、调整产业结构、转变发展方式和维护国家安全具有十分重要的作用。近半个多世纪以来，以集成电路、计算机、互联网、光纤通信、移动通信的相继发明和应用为代表，信息技术的发展深刻影响了人们的工作和生活。目前人类社会又面临以移动互联网、物联网、大数据、云计算为代表的新一轮的信息化浪潮，重塑信息产业生态链，推动信息化与工业化深度融合，拉开新产业革命的序幕，对经济和社会及全球竞争格局将产生深刻的影响。

1.6　信息产业的特征[①]

1. 信息产业是知识、技术、智力密集型产业

信息产业本是收集信息、生产和经营信息的产业，其特点是以脑力劳动为重点的大量知识、技术的开发。它由许多新型的知识、技术、智力型企业组成，是处于尖端科学前沿的高技术产业。正是由于劳动对象的这种特点，决定了这种产业对劳动者知识水平、智力水平的要求较高。如果说其他技术是人的体力的延伸，则信息技术则是人智力的扩展，信息技术的研究开发需要专业的高水平的人员来进行。

2. 信息产业是高创新性和高渗透性相结合的产业

当前世界经济的增长与技术进步息息相关。据有关资料统计，发达国家 70% ~ 90% 的经济增长是靠创新引发技术进步，进而促进经济增长。信息技术的发展和进步也是源于大量的发明和创造，是建立在现代科技最新成果基础之上，因而具有高度的创新性。例如，20 世纪发明的半导体、电子计算机、卫星通信都是以高度创新性为前提的。同时，信息技术既是针对特定工序的专业技术，又是适合于各行业的通用技术，它融合于各个产业部门，因而在国民经济各部门之间具有极强的渗透性和广泛的适用性。同时信息产业还催生了一些"边缘产业"，如信息产业带动了光学电子产业、医疗电子器械产业、航空电子产业、汽车电子产业的发展。信息技术创新成为先进生产力的主要发展方向。信息技术创新模式重塑了国家创新体系。由于信息技术和网络技术的深入应用，彻底改变了以往孤立、封闭式的研发创新活动。信息网络可以提供跨国界、跨地区、跨行业的情报资料，信息技术可以进行模拟、仿真和高速运算，有效提高了创新的范围、能力、节奏和效果。此外，信息技术还激发了商业模式、管理模式、教育模式、医疗模式等众多领域的创新。通过总结信息技术创新发展模式，各国更加深刻地意识到人类社会正处于一个信息技术创新水平决定国家竞争优势的新时代，纷纷以信息技术创新引领国家创新体系建设，抢占世界科技和产业竞争的制高点。信息产业的高渗透性还表现在它与传统产业相结合，从而改造传统产业，实现传统产业的信息化，促进传统产业的升级。

3. 信息产业的风险性高

信息产业的高收益性是建立在高风险性基础之上的。其风险性表现在以下几方面。第一，信息产业是高投入型产业，研究和开发信息产品需要巨额的资金，并且由于创造发明成功率的不确定性，巨额的投入有可能血本无归，正是因为产出的不确定性决定了信息产业的高风险性。第二，信息产品的市场需求的不确定性，主要原因是：①市场范围比较小，信息产品是技术含量高的产品，生产这种产品的企业为了获得一定的利润不得不制定较高的价格，这就无形中限制了产品的市场范围；②有些产品具有一定专用性，这在一定

---

① 杨文东. 信息产业在产业结构升级中的作用［J］. 理论月刊，2006（11）：83 – 85.

程度上限制了产品的销量。例如，有些产品只适用于少数大企业或政府机关。

4. 信息产业是具有高带动性的产业

产业间都存有关联度，信息产业也是如此，并且关联度很高，因此对其他产业有高度的带动性。比如，信息产业的发展在信息产业内部带动了微电子、半导体、激光等产业的发展，在部门外部则带动一批新材料、新能源、机器制造的发展。因为信息技术的高带动性，信息技术已成为许多发达国家的第一大产业，许多中等发达国家、新兴发达国家的支柱产业。

5. 信息产业是知识产权密集度很高的领域

以专利密集度衡量，在我国工业类别中最高的是通信设备制造业。美国前三位高专利密集度产业为计算机、通信和电子领域。信息技术是国际标准化程度最高的领域。如果只有创新而没有适时的标准化，则创新的成果就很难转化为经济福利和未来创新的制度基础。近来，技术专利化、专利标准化趋势明显，企业把专利技术嵌入到国际标准中从而极大提升其专利的价值，知识产权的竞争已提前到国际标准的制定中。信息技术是国际专利竞争最集中的领域。例如，为了抢占移动互联网和大数据源头和入口，围绕智能终端展开专利收购，谷歌公司以 125 亿美元收购摩托罗拉移动的 1.7 万件专利。

1.7 我国信息产业发展概览

1. 我国信息产业发展现状

我国的信息产业已经历多年发展，在兼具了规模和影响力的同时也形成了完整的产业链条。随着信息产业规模的不断扩大、专业门类的日益齐全、技术水平的显著提升，如今我国已经成为全球主要的信息产品生产消费和出口大国。就发展现状来看，我国目前的信息产业呈现出发展迅速、规模庞大、竞争激烈、产业集中度高、信息化程度高、国际化趋势显著等特点。

我国已成为全球最大的信息产品制造基地，在通信、高性能计算机、数字电视等领域已取得一系列重大技术突破。改革开放以来，我国信息产业实现了持续快速发展，特别是进入 21 世纪以来，产业规模、产业结构、技术水平得到大幅提升。我国信息产业主要包括信息产品的制造、软件开发、信息技术服务的推广应用等。经过改革开放和快速发展，目前我国的信息产业已形成较为完整的工业生产体系。我国信息产业制造规模居全球第一，手机、PC、彩电、显示器、程控交换机、数码相机等主要产品产量居世界首位。但是，与欧美以及日本、韩国的 IT 企业相比，我国 IT 制造业还处于产业的下游，许多从事加工、装配的 IT 企业深受价格战、高额专利费等问题的困扰。同时，随着世界上其他不发达地域的开发，我国信息制造业原来具有的劳动力和资源优势也面临着愈来愈激烈的竞争。

目前，我国已形成了以 9 个国家级信息产业基地、40 个国家信息产业园为主体的区域产业集群。特别是长江三角洲、珠江三角洲和环渤海三大区域。珠江三角洲信息产业集群和福州厦门电子带，包括深圳、东莞、中山、惠州、福州、厦门等地，是消费类电子产品、计算机零配件以及部分计算机整机的主要生产、组装基地，目前主要承担制造职能。长江三角洲信息产业集群，包括南京、无锡、苏州、上海、杭州、宁波等地，主要是笔记本计算机、半导体、消费电子、手机及零部件的生产、组装基地，目前除主要承担制造职能外还承担部分的研发职能，其中上海还是国内外知名 IT 公司总部的汇集地。环渤海信息产业集群，包括北京、天津、青岛、大连、济南等地，主要从事通信、软件、元器件、家电的生产，目前除承担制造职能外还承担研发职能，尤其是北京，是全国信息产品的研发、集散中心，国内外知名 IT 公司总部的汇集地。成都、西安、武汉等地，则主要是家电、元器件和军工电子的生产基地，目前主要承担制造职能。

长期以来，受经济实力和技术积累所限，我国信息技术发展主要采取跟随战略。为了赶上世界先进水平，国家十分重视先进信息技术的引进、消化、吸收、再创新，对科技创新的投入逐年增加，从集中投向科研院所扩大到创新型企业，信息技术企业的创新和技术储备能力稳步增强。经过多年努力，通信、集成电路设计、高性能计算、应用软件等领域科技进步取得了较大突破，数字程控交换、移动通信、数字集群通信、光通信技术跨入世界先进行列。其中，我国掌握核心知识产权的 TD‑SCDMA 已成为第 3 代移动通信国际标准之一；超高性能计算机和服务器等迈入国际前列。国产杀毒软件等已经具备与国外产品竞争的实力。

我国已经建成了一个比较完整的上下游产业链，这个产业链的概念就是从原材料到器件，再到系统设备的制造，包括仪器、仪表。其中设备制造包括核心设备、终端等。我国的一些企业，包括联想、华为、中兴等已经进入世界先进行列。除了通信设备、家电以外，我国在集成电路、计算机、网络等方面也取得了很大的进展。

2015 年，我国信息产业实现销售收入 15.4 万亿元，其中，信息制造业实现主营业务收入 11.1 万亿元，信息软件业收入 4.3 万亿元，如图 1‑9 所示。

我国信息产业总规模仅次于美国，居世界第二位；计算机、手机、彩电等电子产品生产规模全球第一；在家电等领域，我国也已经成为名副其实的全球制造业基地和世界工厂；高新技术产业规模跃居世界第三，出口额跻身全球前两位。到 2015 年，我国的信息制造业规模已经达到了 11.1 万亿元，应该说已经居于全球第一，已经形成较为完备的信息产业体系。现在我国网民的数量已经达到 7.3 亿人，网民规模全球第一。我国已经建成了全球规模最大的宽带网络，覆盖全国所有的城市、乡镇以及 95% 的行政村，一批信息技术企业和互联网企业已经进入了世界领先行列。我国已经成为名副其实的网络大国，但现在还不是网络强国。我国在信息化发展方面仍然存在着一些薄弱环节和突出短板。比如，在集成电路、技术软件、核心元器件等核心技术方面，我国还不能完全自主，受制于人；安全可控的产业生态还没有形成，行业的信息化发展不平衡、不协调。另外，我国在区域之间、城乡之间还存在着明显的数字鸿沟。

图 1 - 9　2010～2015 年中国信息产业增长情况

2. 我国信息产业存在的问题

（1）大而不强，核心技术受制于人

信息产业已经成为我国重点支柱产业，我国已经成为信息产业大国。在看到巨大的体量的同时，我们也应该清醒地认识到，中国的信息产业还主要处于代工和劳动力密集的生产加工阶段，产业的研发创新能力较弱，还远未成为信息产业的强国。一些关键基础技术和发达国家相比还比较落后，而且技术差距持续扩大。信息产品或服务仍以劳动密集型为主，出口产品附加价值低，企业综合竞争力不强。而自主创新能力急待提高，科技投入不足，鼓励创新的配套政策还不完善，管理体制和机制还不能满足自主创新的要求。核心技术掌握在发达国家手中，技术受制于人。大部分知识产权和技术标准由国外企业掌控。高端芯片、关键元器件以及专用设备、仪器仪表等领域产品和装备依赖进口，制约着我国信息技术产业自主发展。核心技术是买不来的，只能通过自主创新。

> **小结**：信息产业发展的历史证明，不掌握核心技术，产业发展就没有主动权，不创新发展模式，产业就没有大发展。发展信息产业，必须把突破核心关键技术、创新发展模式放在最突出的位置。

（2）两头在外，缺乏市场主导权

由于产业技术实力较弱，我国信息产业众多领域都存在来料加工的"两头在外"现象，即原材料和市场在外，生产加工过程在内，导致国内企业对上游的供应商和下游的渠道零售商价格谈判能力不强，上游环节的价格传导到制造业环节后就也无法继续传导，表现为能源、原材料等上游资源性产品价格节节上升，而制造品价格无法上升，制造环节的利润被不断压缩。

（3）缺乏研发、创新能力

由于技术引进风险小，我国本土信息企业大多把资金花在技术引进上，而消化吸收和自主创新投入相对较少；外资企业更是着眼于短期经济利益，直接从本国"买"技术。我国企业大多从事低附加值业务，缺乏技术创新能力，虽有一定的规模，但主要技术都依赖国外，没有掌握主动权。所以，我国也应该走合作、引进、学习、消化、吸收进而实现自主开发的路子。即在合作生产和引进的过程中，加大研究与开发的投入力度，在某些关键技术和核心技术领域逐步实现自主开发。鼓励创新，提高产业整体竞争水平。电子产业的竞争，归根结底是高新技术的竞争。要以企业为中心，以市场为导向，推动企业成为技术创新的主体，鼓励企业加大科研开发投入。要引导企业重视知识产权工作，特别是做好专利申请、无形资产与知识产权保护。要加强产学研结合，发挥企业、学校、科研机构各自所拥有的优势互补作用，提高企业自主创新和研发能力，提高企业核心竞争力。

（4）产业结构亟须优化

在国际产业分工体系中，我国信息技术产业体系处于价值链低端，加工组装比重较高，经济效益较低。企业自主发展能力弱，缺少一批有国际竞争力的大企业。

（5）人才流失严重，缺乏高技术人才

世界各国不惜花巨资来培养高水平的信息专业队伍。"科学技术是第一生产力"，对于信息产业的发展更是至关重要。只有拥有技术，信息产业才会向前发展。但是我国电子专业人才流失严重，电子特别是高科技行业严重缺乏高科技人才。加强人才培养，建立一支具有强大研发创新能力的信息人才队伍，是我国电子产业急需解决的困难。企业的健康发展，必须有高科技的技术人才、高等的现代化管理人才和高素质员工队伍作支撑，各类人才的引进需要稳定的渠道和平台，需要长效的管理机制。因此企业要建立稳定的培训体系，有计划地对各类人才进行培训，不断地提高他们的技术技能和管理水平。

3. 中国信息制造业代工之痛

战略眼光短浅、创新能力匮乏、没有长远规划、不能形成自己的产品品牌，这些原因让中国信息制造业难逃代工商的命运。中国信息制造业的代工历史已达二十多年，而这段历史还将延续。业内人士表示，没有战略眼光和长远规划，是多数中国信息制造商的命门，由此带出了中国信息制造业三大短板。①合作模式落后。国内大多数信息制造业延续着二十多年来的落后模式，单纯接受订单，完成加工组装任务，尽管有深厚的技术沉淀和工艺积累，但由于无法触及核心技术，因而只能成为国外厂商生产业的延伸部分，成为纯粹的代工机器。②业务单一。国内信息制造厂商只从事单一的订单生产，因此对产业链难以产生较大影响。由于技术门槛不高，竞争者众多，为了在同类竞争者中获得优势，有限的资源都被使用在提高生产速度和规模上，更加没有余力用于进行技术创新和产品开发。③没有自己的品牌。由于缺乏对未来发展方向的长远规划，国内信息制造厂商缺乏技术方面的积累和创新，因而在与国外厂商的合作中没有进行交易的资本，难以达到深度合作。没有资本换取对方的核心技术，又无自身研发能力，国内信息制造厂商无法创立自身的产品品牌也就不奇怪了。

4. 信息产业三大贸易壁垒

（1）信息安全

信息安全是近年来信息产业面临的主要壁垒。我国企业在"走出去"过程中面临海外国家安全审查。华为、中兴无论在贸易还是投资等方面，都多次因安全审查而遭遇挫折。在很多国家，国家安全审查存在很大的不透明性、不确定性，有些行为甚至难以界定是否属于正式的国家安全审查。

（2）知识产权

知识产权是信息产业遭遇的第二大贸易壁垒。知识产权保护为创新和公平竞争所必需，但具体制度设计则涉及诸多细致问题。比如，知识产权政策本身，以及保护和反对滥用的协调问题等；法院的判决也存在或大或小的差异，而这些差异将给企业带来较大影响。近十年来，我国信息产业发展迅速，总体上电子类发明专利的授权量保持平稳发展。从过去几年的数据来看，基本保持了较高的增长率。因此，近几年由于市场的需求，信息类知识产权将由于稳定的增长而具有较多的机会。而从世界这个大环境来看，美国仍然以其对世界经济的主导地位，深刻地影响着世界科技发展的趋势。一直以来，软件专利仍然主导美国的专利领域。这来源于软件在各个行业的重要作用。软件技术已渗透到现代社会生活、生产等各个方面。因其广泛的影响，在知识产权未来的发展趋势中，软件专利仍将保持比较优势的地位。此外，近几年来智能手机发展迅猛、竞争激烈，大量的发明专利应运而生，这也是近几年知识产权界的发展趋势之一。充分地意识到这一点，做好相关的知识储备，可以有针对性地应对将来知识产权业务发展的需要。

（3）核心技术

信息企业进行贸易和投资时频频遭遇技术壁垒。近年来，由于我国信息产品出口地位不断攀升，欧美等发达国家利用环保、节能、兼容性、安全性等方面的技术壁垒，限制我国相关产品和服务进入它们的市场，对我国信息企业对外贸易的发展造成了严重的影响。技术壁垒一般由相关国家的国内行政法规规制，应对时应该从制定措施国家的行政法入手，而国内企业对此了解其少，国内学者对此作出阐述的也不多。目前，国内企业大都从标准符合的角度被动应对，这不能说是真正的技术壁垒应对工作。因此，技术壁垒问题政府和企业均需加深认识，应联合应对。从吸引外资角度说，我国营商环境如何，很大程度上也取决于行政主管部门的行政立法和执法，因此，技术壁垒应对与国内改革开放密切相关。

> **小结：**信息产业发展面临严峻挑战。同时，我国信息产业深层次问题仍很突出。必须采取有效措施，加快产业结构调整，推动产业优化升级，加强技术创新，促进信息产业持续稳定发展，为经济平稳较快发展作出贡献。坚持自主创新与国际合作相结合。加快自主创新步伐，以系统应用为牵引，加速技术自主开发。

1.8　信息产业的发展趋势

20 世纪 90 年代以来，信息技术发展呈现出高性能、宽领域、多方向的特点，继续朝着数字化、集成化、智能化、网络化方向前进。海量和复杂信息的处理能力显著增强，资源利用水平和配置效率大幅提高；新材料和新工艺广泛应用，制约产业发展的瓶颈不断缓解；产业分工更趋深化，新生业态日渐增多；知识产权和标准竞争加剧，企业竞争态势发生新变化；泛在网络环境、数字化生产服务、信息化武器装备日益成为新技术应用的前沿领域。面向未来，信息技术产业呈现出新的发展趋势。信息产业已成为国家经济支柱产业，它已深入到经济发展的各个层面，随着信息技术产业的发展，它必将带领其他产业跨越式前进。为了更好地推进我国信息产业企业向着正确的方向发展，明确当前信息产业的发展趋势和规律显得十分重要和必要。

1. 知识产权和标准日益成为竞争的核心

知识产权和标准是激励创新的重要制度保障，也是决定企业发展成败的重要因素。利用技术标准实现知识产权利益的最大化，已成为信息技术产业有代表性的竞争手段。国际上要求技术标准的制定应具备开放新、广泛性和方便性，以便技术扩散和知识产权共享。但也有一些知识产权持有人将知识产权的专有性转化为排他性标准，以求获得更多利润和长期收益。越来越多的企业认识到，只有在获得信息技术知识产权或标准上有所作为，才能在未来竞争中赢得优势，这已成为当前和今后较长一段时期内信息技术产业竞争、合作与发展的重要方面。

2. 数字化、网络化和智能化是信息技术发展的总趋势

纵观世界经济的发展，经济全球化进程明显加快，信息化已成为全球化的迫切需要和必要保证。世界范围的产业结构调整和信息技术进步，必将对中国信息产业的发展产生深刻影响。

3. 传统信息产业、通信产业、互联网产业开始相互融合，新产品、新业务不断涌现

网络游戏、搜索引擎火爆，电子政务和电子商务持续发展，拉动信息行业中上游继续增长，推动互联网新发展。历经泡沫轮回的互联网，盈利模式逐渐成形。

4. 新一轮信息技术革命正在到来

新一代信息技术产业重点发展新一代移动通信、新一代互联网、三网融合、物联网、云计算、集成电路、新型显示、高端软件、高端服务器和信息技术等。它的影响将超越计算机和互联网，已经并将继续改变信息领域企业的竞争格局，随着信息化应用的深入还将引发其他行业的变革。对于正在转变经济发展方式的中国来说既是难得的机遇也是严峻的挑战。我们需要正视我国在核心信息技术和产业以及信息化应用方面的差距，从创新链、产业链、资金链以及推进体制改革和完善法制环境等方面集中力量抢占制高点。随着信息

化在全球的推进，信息产业已成为一个高速发展的新兴产业，在推动各国国民经济发展和社会进步中起着重要的作用，引起了世界各国的普遍关注。信息产业发达程度已经成为一个国家信息经济发达程度、国际经济状况与竞争力强弱的综合反映。

5. 信息行业跨国并购：风险与机遇同在

信息行业的很多巨头都是通过并购来提升自己的核心竞争力。Google 除搜索业务以外，有很多业务也是通过并购来的，如地图、视频（YouTube）、移动（安卓）等。所以，并购有时会帮助企业快速发展业务，增加核心竞争力。在全球化日益加剧的今天，任何人都无法否认，未来的中国企业将进行更多的海外并购，这种历史的趋势将无法阻挡。跨国并购，将是中国信息行业努力追赶世界的重要一步。放眼世界，思科、微软、IBM 等信息巨头都是通过大量的并购得到迅速成长。当前中国经济正面临着调结构的过程当中，作为高科技产业代表的信息产业能否有更迅猛的发展对中国经济整体质量的提高至关重要，在这种情况下，通过跨国并购提升中国信息产业无疑是一条捷径。在集成电路、软件、通信、新型显示器件等重点领域，可以鼓励优势企业整合国内资源，支持企业"走出去"兼并或参股信息技术企业，提高管理水平，从而增强国际竞争力。

6. 新一代信息技术朝着泛在化、融合化、智能化和绿色化方向发展

移动互联网、云计算、物联网、大数据等信息技术在经济社会各领域广泛应用，特别是工业互联网的发展正在打破智慧与机器的边界，推动人类社会进入万物互联的时代。随着跨界融合步伐的加快，新技术、新产品、新模式不断涌现，对传统产业体系带来猛烈冲击，信息产业格局也在发生深刻变革。我国信息产业既迎来新的发展机遇和发展空间，也面临新一轮产业升级及市场竞争的严峻挑战。在产业层面，基于软件、内容和终端的产业链整合成为推动产业增长的新引擎。在应用层面，以移动互联网、云计算、物联网为核心派生出的大批新兴应用快速兴起，随着宽带接入的普及和便携式移动终端的发展，信息产业正从 PC 时代步入移动互联网时代。云计算服务将成为未来信息产业服务最重要的商业模式之一。

1.9 新时期我国信息产业发展战略

我国信息技术产业已经形成了较大规模，同时结构性矛盾仍很突出，做强做大的任务十分艰巨；发达国家整体上占优势的压力将长期存在，创新投入和成果转化的机制有待完善；企业应对高端竞争和参与国际分工的能力还不够强；信息化水平参差不齐，信息化与工业化的融合亟须深入。面向未来，我们应立足我国国情，树立全球思维，超前研究部署，统筹规划安排，明确产业定位，提出和部署新的发展战略，充分发挥信息技术产业作为经济增长"倍增器"、发展方式"转换器"和产业升级"助推器"的作用，不失时机地实现信息技术产业新跨越。按照全面建成小康社会以及走新型工业化道路的要求，到2020年前后把我国建设成为信息技术产业强国，必须坚持自主可控、开放兼容、融合集成、军民互动、市场导向、跨越发展的方针，实现信息技术产业从规模速度型向创新效益型转

变，充分发挥信息技术产业在经济结构战略性调整和经济社会全面发展中的能动作用，以信息化带动工业化，以工业化促进信息化，走出一条中国特色的信息技术产业发展道路。

1. 瞄准技术前沿，掌握自主知识产权

通过自主创新掌握知识产权，占领信息技术前沿，是走中国特色信息技术产业发展道路的必然选择。对于关系国家安全的信息技术，必须实现自主可控；对于买不来、换不来的核心技术，必须攻坚克难，立足自我。信息技术的创新空间很大，应当选择有可能产生重大突破、引领技术变革的前沿领域，优先支持，努力实现原始创新；抓住信息技术渗透融合的机遇，鼓励学科间交叉发展，大力推进集成创新；利用信息技术高度国际化的特点，始终不渝地学习借鉴世界先进成果，兼收并蓄，博采众长，加强引进技术的消化、吸收、再创新。通过产学研用结合，形成从研发、生产到应用的完整创新链条，力争在信息技术的关键领域重点攻关，取得重大突破。促进企业发挥创新主体作用，提高研究开发能力，使企业拥有更多知识产权，从而增强信息技术产业的核心竞争力。

2. 发挥国内市场优势，以应用带动产业发展

大国大市场是我国的特点，也是走中国特色信息技术产业发展道路应当发挥的独特优势。当前，我国经济保持平稳较快增长，工业化、信息化、城镇化、市场化、国际化深入发展，消费结构正处于转型升级阶段；推进国民经济和社会信息化，加快机械、冶金、交通、轻纺等现有产业的信息技术改造，推进金融、商贸、物流、电子商务等领域现代服务业发展，推行电子政务，提高教育、科研、卫生等社会事业信息化水平；实施信息普遍服务，普及计算机和网络应用，开辟农村和低收入群体市场：这些举措可以为信息技术产业提供广阔的市场空间和巨大的市场需求。发展信息技术产业，需要抓住市场机遇，把握市场趋势，挖掘市场潜力，还需要不断提高产品和服务的质量、诚信和售后服务水平，注重建立知名品牌和有竞争力的大企业群体，赢得广大消费者的信任。同时，加强市场监管和服务，鼓励和规范市场竞争，减少政府干预，创造有利于信息技术产业发展的市场环境。

3. 坚持在开放中发展，提高我国在国际产业分工中的地位

对外开放是中国快速发展的成功经验，也是走中国特色信息技术产业发展道路应当长期坚持的原则。适应全球化条件下生产要素流动和产业转移加快的趋势，我们应积极争取主动，融入国际产业分工体系，努力占据在产业链垂直分工中的高端位置，扩大水平分工中的市场份额，全方位参与生产、服务和科研领域的国际分工与合作，实现互利共赢。同时，深化与国际上有实力的大型跨国公司的战略合作，注重吸引国际领先的、高端的信息产品制造业和信息服务业向中国集聚，推动外商直接投资来华设立全球或区域研发中心和运营中心，促使研发、生产、服务的本地化和一体化。积极承接信息技术外包、业务流程外包等服务外包，改善信息技术产品进出口结构。转变贸易发展方式，开拓服务贸易市场，同时探索新型的国际投资与技术合作模式，参与国际技术和产业联盟的相关工作，提高"走出去"的层次。

4. 注重政府和市场联动，发挥集中力量办大事的优势

把政府引导与市场机制结合起来，是走中国特色信息技术产业发展道路的内在要求。随着社会主义市场经济体制的完善，发展信息技术产业应当进一步发挥市场配置资源的基础性作用，把市场可以解决的事情真正交给市场，使各种所有制经济在市场竞争中发挥各自优势，相互促进，共同发展。同时，信息技术产业发展也离不开政府扶持和引导。国家应当针对发展的不同阶段、不同领域和不同地区的特点，以及市场发育的程度，制定科学的发展规划，确定相应的政策措施，纠正市场失灵，弥补市场缺陷。解决制约信息技术产业发展的瓶颈问题，还需要通过实施重大工程、科技专项，促进军民互动、双向转化，进而体现政府意志，鼓励优先应用创新成果，拉动国内产业发展。继续深化改革，解决好制约产业发展的体制机制问题。

小结： 随着信息化在全球的推进，信息产业已成为一个高速发展的新兴产业，在推动各国国民经济发展和社会进步中起着重要的作用，引起了世界各国的普遍关注。信息产业发达程度已成为一个国家信息经济发达程度、国际经济状况与竞争力强弱的综合反映。信息产业是当前知识经济时代的战略产业和基础产业，迎接知识经济挑战，必须立足于本国国情，利用一切积极因素优先发展信息产业。信息产业创新性强、带动性大、渗透性广，对于转变发展方式、拉动经济增长、促进社会就业和维护国家安全具有十分重要的作用。经过多年的建设和发展，我国已形成了涵盖通信、计算机、软件、信息服务等领域的较为完善的信息产业体系，特别是在技术研发、产业支持和人才储备等方面的基础和大国大市场的独特资源，为现代信息技术产业体系发展提供了有利条件。同时应该清醒地认识到，我国信息技术产业自主创新能力不强、关键技术受制于人、产品附加值低、国际竞争力和抗风险能力低等问题还十分突出，处于创新突破可期和掉队风险亦存的重要关口。我们必须顺应全球新一轮技术和产业变革大趋势，抓住机遇，着眼长远，发挥优势，选准突破口，努力构建现代信息技术产业体系。

第 2 章　中国古代信息产业（1840 年以前）

——信息产业的起源

2.1　引言

通信是人们进行社会交往的重要手段，其历史悠久。我们的祖先在没有发明文字和使用交通工具之前，就已经能够互相通信了。我国古代有多种通信方式。古时写信用绢帛，把信折叠成鲤鱼形。唐朝李商隐在《寄令狐郎中》中写道："嵩云秦树久离居，双鲤迢迢一纸书。休问梁园旧宾客，茂陵秋雨病相如。"古乐府诗《饮马长城窟行》也有"客从远方来，遗我双鲤鱼"之语。

除书信以外，人们还通过其他方式交换信息。千百年来，人们一直在用语言、图符、钟鼓、烟火、竹简、纸书等传递信息，古代人的烽火狼烟、飞鸽传信、驿马邮递就是这方面的例子。在现代社会中，交通警察的指挥手语、航海中的旗语等不过是古老通信方式进一步发展的结果。这些信息传递的基本方式都是依靠人的视觉与听觉。

2.2　古代通信方式

2.2.1　烽火戏诸侯

烽火是我国古代用以传递边疆军事情报的一种通信方法。在边防军事要塞或交通要冲的高处，每隔一定距离建筑一高台，称为烽火台。烽火台里装满柴草，有驻军守候，发现敌人入侵时举放烽火以报警。举放烽火的方法昼夜不同：白天举烟，夜晚放火。遇到敌人入侵时，便一个接一个地点放起烽火报警，以达到报告敌情、求得援兵的目的。名句"烽火连三月，家书抵万金"出自唐代诗人杜甫的《春望》。这两句诗的意思是指国家动乱不安，战火经年不息，人民妻离子散、音信不通，这时候收到家书显得尤为难能可贵。

在距今 2700 多年前的西周时期，周幽王有个宠爱的妃子褒姒。她长得很美，可是总不爱笑。有一天，周幽王为了逗她发笑，就下令点起烽火。各路诸侯看到警报，以为京城告急，都纷纷带兵赶到。结果自然是白跑一趟，怀怨而回。这么一来，竟然把褒姒逗笑了。可是后来真有敌兵入侵的时候，各路诸侯看到烽火都不再相信，谁也不派兵来救。周幽王因为得不到各路诸侯的援助，抵抗不了敌人的进攻，不但自己被杀，西周王朝也因此灭亡。这就是历史上赫赫有名的"烽火戏诸侯"的故事，如图 2-1 所示。

（a）烽火传军情

（b）烽火戏诸侯

图 2-1　烽火

"烽火戏诸侯"的故事表明有组织的通信方法在中国很早就出现了。中国历代王朝，利用这种烽火报警的方法来传递军事情报，相沿很久。从后来发掘出来的"汉简"可以知道，在两汉时代烽火台设置规模很大，据说是"五里一燧，十里一墩，卅里一堡，百里一城"。这些烽火台由各地地方官吏管辖，采用各种不同的暗号来表示进犯敌人的多少，如敌人在五百人以下的放一道烽火，五百人以上的放两道烽火等。这种通信方法对防守边疆、抵御敌人有一定的作用，直到明、清时代，许多地方还在使用。例如山东省的烟台市，就是因为明朝在那里设置狼烟台，防止倭寇入侵而得名的。

用烽火传递军情固然很快，但它不能把详细的敌情从边境传达上来，更不能把上面的命令传达下去。所以，随着社会的发展和政治、军事的需要，形成了传送官府文书的更严密的邮驿制度。

2.2.2　八百里加急

我国是世界上最早建立组织传递信息的国家之一，邮驿历史长达 3000 多年。驿站是古代供传递官府文书和军事情报的人或来往官员途中食宿、换马的场所。古代驿站与相关的壁画如图 2-2 所示。

周朝时期，各诸侯都自成一国。他们为政治、军事上的需要，都在大道上设有驿马和邮车，往返传送官府文书。春秋时代的孔子就曾说过："德之流行，速于置邮而传命"，意思是说，他所提倡的道德学说，会比邮驿传送命令传播得更快。可见那时邮驿通信不仅已相当完备，而且速度也相当快了。

（a）古代驿站

（b）驿使壁画

图 2 - 2 驿站

邮驿通信随着政治、经济和文化的发展逐渐完备起来。秦始皇统一中国后，在全国修筑驰道，"车同轨、书同文"，更促进了邮驿通信的发展。三国时期，魏国制定的《邮驿令》极大促进邮驿的发展。到了唐朝，邮驿制度更是盛极一时。唐朝的邮驿分陆驿、水驿和水陆兼办三种，共有 1600 多处，其中水驿 260 多处，水陆兼办的有 80 多处。邮驿的行程也有明文规定，如陆驿规定马每天走 70 里，驴 50 里，车 30 里。遇有紧急事情，驿马一天能跑 300 里以上。

我国元朝时期，邮驿又有了很大发展。由于军事活动范围的扩大，通信事业就更加发展了。那时仅在中国境内，就设有驿站 1496 处。意大利人马可·波罗在他所著的《马可·波罗行纪》里提到，元朝每 25 里必设一处驿站，每个驿站都有宏大华丽的房屋，内备床铺，被褥皆以绸缎制成，住宿时所需物品无不俱全，专为钦使来往休息之用。他说，即使国王来住，也必定觉得非常舒适。他还说，这样大的驿站足有 1 万多处，驿马共有 30 万匹。马可·波罗的描写有夸大之处，但元朝驿站规模之大可以想象。另外元朝还沿袭宋朝的办法，在各州县广泛设置"急递铺"，专门传递官府的紧急公文，有点像现在的军邮，全国估计约有两万处。每铺有几个铺丁，日夜不停地递送文件。这样，一铺接一铺不停地传递，一昼夜规定要走 400 里。

明代在沿袭旧制的基础上，由于海上交通日渐发达，随着郑和七下西洋，还开辟了海上邮驿。清初有官办驿站 1600 余处，驿卒 7 万余名，驿马 4 万多匹，归兵部主管。19 世纪中叶以后，驿站经费多被官吏贪污，驿政废弛。到了清朝末年，近代邮政逐步兴起，驿站的作用日渐消失。1913 年 1 月，北洋政府宣布全部撤销驿站。

两千多年来的邮驿通信，虽然在边防和经济、文化的交流等方面起到一定的作用，但对广大人民却是沉重的负担。例如，唐明皇为了让他的宠妃杨贵妃吃到新鲜荔枝，就为她从长安（今西安）到涪陵专设了一路邮驿，昼夜飞驰，运输新鲜荔枝。唐朝诗人杜牧所写的"一骑红尘妃子笑，无人知是荔枝来"，就是对这件事的讽刺。

驿站是官府的通信组织，只能传送官府文书，除了宋朝准许高官显宦附寄家信之外，一般都不准附寄私人信件。既然这样，私人如遇有紧急事情需要通信，地主、富商还可以派家丁或雇脚夫远道传书，一般老百姓只能托人捎带，不但辗转传递，缓不济急，而且往往延误或遗失。

由于生产的发展和生活的需要，人们往来频繁，出外经商、做工的，以及在战乱年代被迫出征的战士和远离家乡逃荒避难的人们，都需要和家乡亲友通信。特别是各地商人，为了互相交流商情、商谈贸易、寄递账单等，更迫切需要通信。于是民间传递信件的业务就应时而起，后来就形成专业的民信局。民信局开始出现于沿海沿江通商方便的城市，以后逐渐发展到内地，直到东北和西北各省。清朝道光、咸丰、同治年间（公元1821～1874年）是民信局发展最兴盛的时期，当时全国大小信局总共有几千家。自从清朝政府与英国签订丧权辱国的《五口通商章程》以后，上海商业和交通畸形发展，各民信局纷纷扩大组织，在上海设立总号，在各地商埠设立分号、联号或代理店。规模小的民信局就联合起来营业。这样，在全国各商埠和交通较方便的大市镇连成了一个稀疏的民间通信网。

从很早的时候起，广东、福建等沿海地区的贫苦人民，就有很多到海外谋生。还有一些人是被骗到外国去做苦工的。这些旅居国外的侨胞，或者需要和他们的家属通信，或者需要把千辛万苦挣得的一些零星银钱寄回家里，起先都是托人捎带，很不方便。后来，广东和福建有些民信局就向海外发展业务，专门办理旅外侨胞的通信和汇兑业务。因为福建方言把"信"叫做"批"，把华侨汇款附寄的信叫作"侨批"，所以把这种寄递华侨信件和汇款的机构叫作"侨批局"。侨批局除在国内出国华侨较多的城镇开设外，还在国外设立分号。据1930年统计，全国登记的侨批局共有180家，所属国内外分号共700多家。到1948年还有侨批局100多家，国内外分号共1000多家。它们对便利海外华侨寄信汇款和与祖国联系起到了积极作用，受到了海外广大侨胞的欢迎。

自从帝国主义国家侵入中国以后，封建统治阶级并没有设法对中国官办的驿站和民办的民信局以及侨批局加以改革，而是任由侵略者侵夺我国的邮权。民信局和侨批局虽然遭到侵略势力的打击和摧残，但是由于它们有着悠久的历史并受到人民群众的信赖，还维持了相当长的一段时期，没有被扼杀。后来，清政府海关总税务司英国人赫德创办海关邮政，利用其亦官亦洋的特殊权利，对民信局采取登记办法，强令民信局接受海关邮政领导，限制民信局向轮船交运邮件，提高民信局交寄邮件总包费用，遭到民信局联合罢业反抗。赫德就改用另一种办法，将海关邮政国内平信资费由四分降为一分，本埠平信由四分降为半分，以资本主义不正当竞争手段使民信局备受打击。到1935年，在国民党政府勒令限期结束的高压政策之下，民信局被迫停办。

> **小结**：我国古代驿站各朝代虽形式有别、名称有异，但是组织严密、等级分明、手续完备的特点是相近的。封建君主依靠这些驿站实现信息采集、指令发布与反馈，以达到封建统治控制目标的实现。由于当时历史条件的限制，科学技术发展的水平局限，其速度与数量与今日无法相比，但就其组织的严密程度、运输信息系统的覆盖水平并不亚于现代通信运输。在通信手段十分原始的情况下，驿站担

负着各种政治、经济、文化、军事等方面的信息传递任务，在一定程度上也是物流信息的一部分，也是一种特定的网络传递与网络运输。

2.2.3　鸿雁传书

"鸿雁传书"的典故，出自《汉书·苏武传》中"苏武牧羊"的故事（如图 2－3 所示）。据载，汉武帝天汉元年（公元前 100 年），汉朝使臣中郎将苏武出使匈奴被鞮侯单于扣留，他英勇不屈，单于便将他流放到北海（今贝加尔湖）无人区牧羊。19 年后，汉昭帝继位，汉匈和好，结为姻亲。汉朝使节来匈奴要求放苏武回去，单于不肯，却又说不出口，便谎称苏武已经死去。后来，汉昭帝又派使节到匈奴，和苏武一起出使匈奴并被扣留的副使常惠通过禁卒的帮助，在一天晚上秘密会见了使节，把苏武的情况告诉了汉使，并想出一计，让使节对单于讲："汉朝天子在上林苑打猎时射到一只大雁，大雁足上系着一封写在帛上的信，上面写着苏武没死，而是在一个大泽中。"使节听后非常高兴，就按照常惠的话来责备单于。单于听后大为惊奇，却又无法抵赖，只好把苏武放回。从此，"鸿雁传书"的故事便流传成为千古佳话。而鸿雁，也就成了信差的美称。

图 2－3　苏武牧羊

2.2.4　飞鸽传书

传说汉高祖刘邦被楚霸王项羽围困时，就是以信鸽传书、引来援兵脱险的。常见的信鸽如图 2－4 所示。

在唐代，飞鸽传书就已经很普遍了。五代时期，王仁裕在《开元天宝遗事》一书中有"传书鸽"的记载："张九龄少年时，家养群鸽。每与亲知书信往来，只以书系鸽足上，依所教之处，飞往投之。九龄目为飞奴，时人无不爱讶。"张九龄是唐朝政治家和诗人，他不但用信鸽来传递书信，还给信鸽起了一个美丽的名字——飞奴。此后的宋、元、明、清诸朝，信鸽传书一直在人们的通信生活中发挥着重要作用。

现在有信鸽协会，并常常举办长距离的信鸽飞行比赛。信鸽之所以在长途飞行中不会迷路，源于它特有的一种功能，即可以通过感受磁力与纬度来辨别方向。

2.2.5 马拉松

公元前 490 年，强大的波斯军队在希腊雅典东北的马拉松附近登陆，对希腊进行侵略。雅典当时只有 11000 人的军

图 2-4 信鸽

队，要抵挡数倍敌人的进攻。希腊将士同仇敌忾，加上统帅米太雅得的英明指挥，竟然使希腊军队取得了辉煌胜利。这场惊心动魄的战斗关系着雅典人民甚至全希腊的生死存亡，所以激烈交战时雅典人都汇集在雅典城的中央广场，翘首等待马拉松前线的信息。前线统帅米太雅得为了尽快让大家听到胜利的喜讯，派出了快跑能手斐力庇第斯跑回雅典报信。这时斐力庇第斯已经受了伤，但他毅然接受了任务。当斐力庇第斯满身血迹、筋疲力尽出现在雅典人民面前时，他激动地高喊了一声："欢乐吧，我们胜利了！"之后便倒地牺牲了。这个古代英勇信使的故事流传了 2000 多年，至今仍使人激动不已。人们为了纪念他，在奥林匹克运动会上，规定了一项马拉松长跑竞赛的项目（如图 2-5 所示），并把战场至雅典的距离 42.195 公里定为马拉松竞赛的长度。

图 2-5 国际马拉松比赛

2.3 古代计算工具演变历程

在漫漫的历史长河中，随着社会的发展和科技的进步，人类运算时运用的工具也经历

了由简单到复杂、由低级向高级的发展演变。这一演变过程反映了人类认识世界、改造世界的艰辛历程和广阔前景。现在我们溯本求源，看一看计算工具是怎样演化的。

计算早在远古时代就和人们的生活起居息息相关，在很久以前，我们的祖先开始探索计算，试图掌握计算。在现代生活中，计算与人们的关系更是密不可分，它不仅是数学的基础技能，而且是整个自然科学的工具。科研、教育、国民经济、高性能计算机都以计算作为基础。21 世纪，随着计算机的普及，计算跟人们的关系更进一层。

2.3.1　手动式计算工具

人类最初用手指进行计算。人有两只手、十个手指头，所以，自然而然地习惯用手指记数并采用十进制记数法。用手指进行计算虽然很方便，但计算范围有限，计算结果也无法存储。于是人们用绳子、石子等作为工具来延伸手指的计算能力，如中国古书中记载的"上古结绳而治"。

1. 指算——人类最早的计算工具

远古时代，从人类社会开始形成的时候起，人就不可避免地要和数打交道。在茹毛饮血的原始社会，狩猎、采集野果是人类赖以生存的手段。伴随着生存斗争，自然而然地产生了"多与少""有与无"等最早的数学萌芽，数的概念就此应运而生。人们对数的认识是和计数的需要分不开的。计数，应该有计数工具的帮助才不容易出错。远古时代又有什么计数工具呢？

人的双手就是最古老最现成的计数工具。最初，人们用一只手表示一，两只手表示二。由于人类文明发展的不平衡，在澳洲的原始森林中至今还有停滞于这种发展水平的原始部落。他们一般人只知道一、二、三。即使部落中的"聪明人"，充其量也只知道四和五。再多，他们一概称为"好多好多"。这其实就是人类远古状态的再现，可以看作"活化石"。

随着狩猎水平的提高，接触的数也多了起来。人们觉得有必要进一步用一个手指代表一，五个手指代表五，来"一五一十"地计数。于是，数的范围得到了扩大。用手指还可以进行一些简单的加减法运算。手指计数如图 2-6 所示。

用手指计数固然方便，但不能长时间保留，而且它们能表示的物体个数也很有限，成语"屈指可数"就表示东西少得可怜。于是，有人想到了用小石块、小木块等表示数。小石块、小木块等不仅能计数，还能做简单的加减法。这无疑是一个进步。

图 2-6　手指计数

手指计数应该是人类最早的计算工具，因为这种计算工具是天生就有的，在人类从猿向人转化的过程中，在人类认识世界和改造世界的能力还非常弱小的时候，手指必然成为人类首先选择和使用的计算工具，而且手指计算形成了人类对计数制度的认识和革新。远在商代，中国就创造了十进制的记数方法，领先于世界千余年。但是，由于手指只能实现数字计算的功能，不能实现数字存储的功能，且其运算局限于 0 ~ 20，因此这种计算工具有其一定的局限性。尽管如此，手指计算仍是人类迄今使用最长久且可永远维持的计算工具，任何人哪怕是刚学会识数的小孩子，在需要进行简单计算时，都可随时运用。

2. 结绳记事——原始先民广泛使用的记数方式

结绳记事是文字发明前人们使用的一种记事方法，即在一条绳子上打结，用以记事。上古时期的中国及秘鲁印第安人皆有此习惯，直到近代，一些没有文字的民族仍然采用结绳记事来记载信息，如图 2-7 所示。

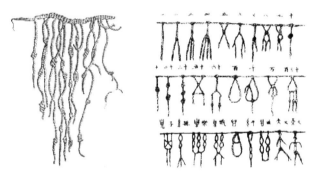

图 2-7　结绳记事与结绳记数

结绳方法，据古书记载为："事大，大结其绳；事小，小结其绳，之多少，随物众寡"（《易九家言》），即根据事件的性质、规模或所涉数量的不同结系出不同的绳结。古人为了要记住一件事，就在绳子上打一个结，以后看到这个结，他就会想起那件事。如果要记住两件事，他就打两个结；记三件事，他就打三个结；如此等等。如果他在绳子上打了很多结，恐怕他想记住的事情也就记不住了，所以这个办法虽然简单但并不可靠。

早期的结绳记事包含了记事与记数两项内容。记数与记事的数量大了，事多结绳也多，哪个结具体表示什么有时就记不住了。逐渐地，有人就把记事同记数分开，在不同的绳子上打结，逐渐地就从结绳记事分离出了结绳记数。"结绳计数"是远古时代的人最常用的记数方法，因为那个时候还没有发明阿拉伯数字，人们在计数的时候就只能借助外物的帮助了。

所谓"结绳计数"就是用打绳结的办法来计算物体的数量。传说中，古代的国王出去打仗的时候，因为没有日历，就采取在绳子上打结的办法计算天数。当绳子上所用的结都被打开的时候，也就是战争该结束的时候。单独结绳记数，也就有了专门从事记数与计量的人员，各个生活群体有了自己的"会计"，开始了计数的历史。结绳计数是对石子计数的一种发展和进步，它携带比较方便，对数字进行了远距离传达，拓展了计数的使用范围，发挥了计数的重要作用。

3. 算筹——运筹帷幄

最原始的人造计算工具是算筹，我国古代劳动人民最先创造和使用了这种简单的计算工具。算筹最早出现在何时现在已经无法考证，但在春秋战国时期，算筹已经普遍使用。根据史书的记载，算筹是一根根同样长短和粗细的小棍子，一般长为 13 ~ 14cm，径粗0.2 ~ 0.3cm，多用竹子制成，也有用木头、兽骨、象牙、金属等材料制成的，如图 2-8 所示。

图 2-8　算筹

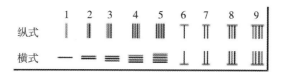

图 2-9　算筹的计数方法

算筹可以随意移动、摆放，较之上述各种计算工具就更加优越了，因此沿用的时间较长。祖冲之用它把圆周率计算到小数点后第七位。算筹采用十进制记数法，有纵式和横式两种摆法，这两种摆法都可以表示 1、2、3、4、5、6、7、8、9 九个数字，数字 0 用空位表示，如图 2-9 所示。算筹的记数方法为：个位用纵式，十位用横式，百位用纵式，千位用横式……这样从右到左，纵横相间，就可以表示任意大的自然数了。

原始社会的生产力低下，接触的数比较小，用这些天然或人工的简陋工具计数已经绰绰有余。随着社会的发展，这些计数工具日渐落伍，人们不得不考虑设法创造出更为先进的计数工具和运算工具了。筹算是我国古代传统的计算方法，它具有简单、形象、具体等优点，但也存在占用面积大、运筹速度加快时容易因摆弄不正而造成错误等缺点。所以，筹算经过数百年的改革，终于导致了一种新的计算方法——珠算及其计算工具——算盘的出现。

4. 算盘——古代精密计算设备

人类的文明发展到一定阶段，就会不断有新的东西出现并影响今后的生活，反映在计算工具方面的一个重要标志就是算盘的出现，这可谓是人类古代计算工具发展史上第一项伟大的发明。

算盘是中国人在长期使用算筹的基础上发明的。算盘结构简单，造价低廉，携带轻巧，使用方便，计算迅速、准确，是我国人民一项杰出的创造和发明。其采用十进位制且具有严密的计数规则，虽纵横变换但既不会混淆，也不会错位，计算结果精确且很容易让人掌握。

算盘是我国人民日常生活中常用的计算工具。在乘除的运算里,熟练掌握珠算的人运算速度与现代化的电子计算器运算速度差不多,加减的运算使用算盘还比电子计算器快。算盘如图2-10所示。

图2-10 算盘

我国珠算的发明很早,东汉数学家徐岳在《数术纪遗》里就说:"珠算控带四时、经纬三才。"可见汉代已有算盘,只是制作的形状与今天的算盘有些不同,但中梁以上一珠当五,以下各珠当一,这种结构还是同现在的算盘一样。算盘采用十进制记数法并有一整套计算口诀,如"三下五除二""七上八下"等,这是最早的体系化算法。算盘能够进行基本的算术运算,是公认的最早使用的计算工具。

算盘是我国古代重大科学成就之一。它具有结构简单、运算简易、携带方便等优点,因而被广泛采用,历久不衰。直到今天,珠算仍是我国小学生的必修课。尽管各种电子计算机、电子计算器已经相当普及,但做加减法时,它们的计算速度仍赶不上珠算的熟练操作者手中的算盘。

5. 计算尺——对数计算

公元1620年,英国人甘特发明了计算尺。在20世纪70年代,广大的工程技术人员几乎人人都有一把模样奇特、精致美观的"尺"。这把奇妙的"尺"既不用来绘图,也不用来测量长度,而是用作计算,这就是计算尺。利用计算尺可以方便地进行乘除、乘方、开方及有关三角函数的运算。在电子计算机出现以前的百余年里,它一直是工程师们的忠实助手。这种计算尺是利用对数原理制成的,全称应该是对数计算尺,如图2-11所示。

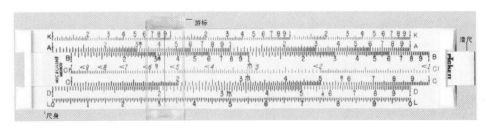

图2-11 对数计算尺

对数的创始人是英国著名的数学家耐皮尔。耐皮尔一生与数字打交道，深深地感到计算是一项十分艰巨而繁难的工作，迫切需要找到一种能够简化运算的手段。经过数十年不懈努力，耐皮尔终于在 1614 年创立了对数理论，对人类作出了巨大的贡献。在他之后，英国数学家布里格斯对耐皮尔的对数进行了深入的研究，最终在 1624 年将它转换成实用价值很高的常用对数，并制作了常用对数表。

利用对数，可以将乘方、开方运算化为乘除运算，将乘除运算化为加减运算，这就大大地减轻了广大科技工作者的负担。对数能够简化运算，但有一个缺点，就是必须经常查阅对数表。如何克服这一不足之处使运算更为快捷呢？许多科学家又为此付出了艰辛的劳动。

英国科学家甘特首先在这方面取得了突破。他在 1620 年利用对数制作出世界上第一把能进行乘除等运算的计算尺。1621 年，英国数学家威廉·奥特雷德根据对数原理发明了圆形计算尺，也称对数计算尺。对数计算尺在两个圆盘的边缘标注对数刻度，然后让它们相对转动，就可以基于对数原理用加减运算来实现乘除运算。17 世纪中期，对数计算尺改进为尺座和在尺座内部移动的滑尺。18 世纪末，发明蒸汽机的瓦特独具匠心，在尺座上添置了一个滑标，用来存储计算的中间结果。对数计算尺不仅能进行加、减、乘、除、乘方、开方运算，甚至可以计算三角函数、指数函数和对数函数。在精度要求不很高的场合，它几乎取代了人们的手工乘除运算，带来了很大的方便，直到 20 世纪 80 年代初才逐渐被使用更方便、运算速度更快、精度更高的电子计算器所取代。

6. 手摇计算机——第一台计算机

公元 1642 年，法国数学家巴斯加制造了盘式手摇计算机，这也是世界上第一台计算机。后来传教士把这种盘式手摇计算机介绍给爱好自然科学的康熙皇帝，深得康熙皇帝的喜爱。手摇计算机如图 2 - 12 所示。

图 2 - 12　手摇计算机

这台盘式手摇计算机，黄铜质，盘表面镀金，装在特制的黑漆木盒里，由清宫造办处按照巴斯加计算机的构造原理自制，利用其齿轮系统转动可进行加减乘除运算。计算机表面有 10 个大小相等的圆盘，表示十位数。每个圆盘分为上盘与下盘，上盘中央刻有拉丁拼音的数位名称，周围按逆时针方向刻着 1~9 九个阿拉伯数字。1 与 9 之间有一空格，在空格中安一能上下移动的铜挡片，移动挡片，可以看到下盘两种刻数的一个数码。下盘周围也分为 10 格，里外又分为 3 圈，其外圈均布 10 个小孔，用拨针插入小圆孔，可以按顺时针方向转动下层圆盘。在下盘的 10 个圆盘之下各安装一 10 个齿的齿轮，下盘转动，齿轮也随之转动。当上盘空格的读数超过 9 时，如果继续转盘，齿轮可带动左边的齿轮转动一格，就使左边的读数增加 1 或减少 1。明确地说，按顺时针方向转动下盘，读其中圈的数码，可体现进位，适用于加法及乘法；读其内圈的数码，可体现退位，适用于减法及除法。这台盘式计算机能进行加、减、乘、除运算，如结合着算筹还能进行平方、立方、开平方、开立方等运算。

2.3.2 机械式计算工具

17 世纪，欧洲出现了利用齿轮技术的计算工具。1642 年，法国数学家帕斯卡发明了帕斯卡加法器，这是人类历史上第一台机械式计算工具，其原理对后来的计算工具产生了持久的影响。帕斯卡加法器由齿轮组成，以发条为动力，通过转动齿轮来实现加减运算、用连杆实现进位。帕斯卡从加法器的成功中得出结论：人的某些思维过程与机械过程没有差别，因此可以设想用机械来模拟人的思维活动。帕斯卡加法器如图 2-13 所示。

图 2-13　帕斯卡加法器

德国数学家莱布尼茨阅读了帕斯卡关于帕斯卡加法器的论文后，决心把这种机器的功能扩大为乘除运算。1673 年，莱布尼茨研制了一台能进行四则运算的机械式计算器，称为莱布尼茨四则运算器，如图 2-14 所示。

这台机器在进行乘法运算时采用进位-加的方法，后来演化为二进制，被现代计算机采用。莱布尼茨四则运算器在计算工具的发展史上是一个小高潮，此后的 100 多年中，虽有不少类似的计算工具出现，但除了在灵活性上有所改进外，都没有突破手动机械的框架，使用齿轮、连杆组装起来的计算设备限制了它的功能、速度以及可靠性。

图 2 - 14　莱布尼茨和四则运算器

　　1822 年，英国数学家巴贝奇开始研制差分机，专门用于航海和天文计算。在英国政府的支持下，差分机历时 10 年研制成功，这是最早采用寄存器来存储数据的计算工具，体现了早期程序设计思想的萌芽，使计算工具从手动机械跃入自动机械的新时代。1832 年，巴贝奇开始进行分析机的研究。在分析机的设计中，巴贝奇采用了三个具有现代意义的装置：①存储装置，采用齿轮式寄存器保存数据，既能存储运算数据，又能存储运算结果；②运算装置，从寄存器取出数据进行加、减、乘、除运算，并且乘法通过累次加法来实现，还能根据运算结果的状态改变计算的进程，用现代术语来说，就是条件转移；③控制装置，使用指令自动控制操作顺序、选择所需处理的数据以及输出结果。

　　巴贝奇的差分机是可编程计算机的设计蓝图，实际上，我们今天使用的每一台计算机都遵循着巴贝奇的基本设计方案。但是巴贝奇先进的设计思想超越了当时的客观现实，由于当时的机械加工技术还达不到所要求的精度，使得这部以齿轮为元件、以蒸汽为动力的分析机一直到巴贝奇去世也没有完成。巴贝奇与他发明的差分机如图 2 - 15 所示。

图 2 - 15　巴贝奇和差分机

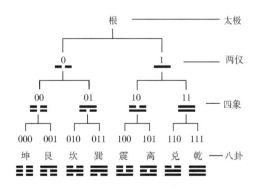

图 2 - 16　《易经》与二进制

2.3.3 易经

计算机是二进制机器，用数字电路完成各种作业，所有计算机数据和文件的储存和处理，都使用二进制。《易经》也表达出了二进制原理，如图 2 – 16 所示。

《易经》诞生于三千年前。如果从伏羲八卦算起，易学最少也有七八千年的历史。"人法地，地法天，天法道，道法自然。"易乃中国文化之源，是我们的祖先对待天文、地理、历史和生活环境的经验写照。《易经》是个储存量很大的信息库。它的思想与理念至今仍然深深地影响着计算架构、数据结构、算法模型等领域。

第3章 中国近代信息产业（1840～1949年）

——信息产业的萌芽

3.1 引言

19世纪中叶以后，随着电报、电话的发明，电磁波的发现，人类通信领域产生了根本性的巨大变革，实现了利用金属导线来传递信息，甚至通过电磁波来进行无线通信，神话中的"顺风耳""千里眼"变成了现实。从此，人类的信息传递可以脱离常规的视听方式。用电信号作为新的载体，带来了一系列的技术革新，开始了人类通信的新时代。

有线电报一出现就改变了世界信息传递的形式。在此之前，中国的信息传递方式还是相当迅捷有效的，跟西方比，不仅不逊色，而且有优势。遍布各地的驿站网络一站站地传递着官方的信息，顺便也捎带一些民间的信件。碰上紧急公文，往往会四百里加急或八百里加急，一站站马不停蹄地传递，几天工夫，公文就可以从北京传到云南这样的边疆省份。

当西方这个陌生人来到中国，并用坚船利炮打开中国大门的时候，他们的信息传递已经用上了有线电报，而中国人第一次知道这个东西还是在1851年。1860年之后，中国被西方强行纳入它们的世界体系，但西方屡次要求在中国架设有线电报，都为总理衙门所拒绝。诸多洋务派大臣，如曾国藩、李鸿章和沈葆桢等，都提出要自己架设电线的主张，也没有得到落实。第一次突破是因为军情。同治十三年（1874年）日军侵台，闽台各地的海关由于有洋人的有线电报，事先都知道了消息，但北京方面却好长时间不明就里。受此刺激，总理衙门的王公大臣终于开恩，由中国留洋归国的学生在福州和海口之间架设了一条电线用来传递军情。只是，这条电线的命运跟第一条铁路一样，很快就被拆掉，设备挪到了台湾。

3.2 有线电报的发明

1. 莫尔斯电码

1832年，美国医生杰克逊在大西洋航行的一艘邮船上给旅客们讲电磁铁原理，旅客中41岁的美国画家莫尔斯被深深地吸引了。当时法国的信号机体系只能凭视力所及传讯数英里，莫尔斯梦想着用电流传输电磁信号，瞬息之间把消息传送到数千英里之外。莫尔斯如图 3 - 1 所示。

莫尔斯从在电线中流动的电流在电线突然截止时会迸出火花这一事实得到启发。如果将电流截止片刻发出火花作为一种信号，电流接通而没有火花作为另一种信号，电流接通时间加长又作为一种信号，这三种信号组合起来，就可以代表全部字母和数字，文字就可以通过电流在电线中传到远处了。1837 年，莫尔斯终于设计出了著名的莫尔斯电码，它利用"点""划"和"间隔"的不同组合来表示字母、数字、标点和符号，如表 3 - 1 所示。

图 3 - 1　电报之父莫尔斯

表 3 - 1　莫尔斯电码

字符	电码符号	字符	电码符号	字符	电码符号	字符	电码符号
A	. —	H	. . .	O	— — —	U	. . —
B	— . . .	I	. .	P	. — — .	V	. . . —
C	— . — .	J	. — — —	Q	— — . —	W	. — —
D	— . .	K	— . —	R	. — .	X	— . . —
E	.	L	. — . .	S	. . .	Y	— . — —
F	. . — .	M	— —	T	—	Z	— — . .
G	— — .	N	— .				

2. 世界第一份电报

莫尔斯在 1832 年旅欧途中开始对电磁信号产生了兴趣，经过 3 年钻研之后，1835 年，第一台电报机问世（见图 3 - 2）。

图 3 - 2　莫尔斯电报机

1843 年，莫尔斯获得了 3 万美元的资助，他用这笔资助修建成了从华盛顿到巴尔的摩的电报线路，全长 64.4 公里。1844 年 5 月 24 日，在座无虚席的国会大厦里，莫尔斯用他那激动得有些颤抖的双手，操纵着他倾多年心血研制成功的电报机，向巴尔的摩发出了人类历史上的第一份电报——上帝创造了何等奇迹！

说到这里，还有一个故事必须提到。1912 年"泰坦尼克号"撞到冰山后发出电报"SOS，速来，我们撞上了冰山"。几英里之外的"加利福尼亚号"客轮本能够救起数百条生命，但是这条船上的报务员不值班，因此没有收到这条信息。从此以后，所有的轮船都开始全天候的无线电信号监听。

1865 年 5 月 17 日，为了顺利实现国际电报通信，法、德、俄、意、奥等 20 个欧洲国家的代表在巴黎签订了《国际电报公约》，国际电报联盟（International Telegraph Union，ITU）宣告成立。1932 年，70 多个国家的代表在西班牙马德里召开会议，决定自 1934 年 1 月 1 日起国际电报联盟正式改称为"国际电信联盟"（International Telecommunication U-nion）。1969 年 5 月 17 日，国际电信联盟第 24 届行政理事会正式通过决议，决定把国际电信联盟的成立日 5 月 17 日定为"世界电信日"，并要求各会员国从 1969 年起，在每年 5 月 17 日开展纪念活动。

国际电信联盟是重要的联合国专门机构，负责分配和管理全球无线电频谱与卫星轨道资源，制定全球电信标准，向发展中国家提供电信援助，促进全球电信事业发展。目前有 193 个成员国、700 多个部门成员和学术成员。

赵厚麟是国际电信联盟 150 多年历史上首位中国籍秘书长，也是担任联合国专门机构主要负责人的第三位中国人，于 2015 年 1 月 1 日正式上任，任期为 4 年。赵厚麟成功当选，既是世界对中国信息通信业快速发展成绩的肯定，也是各成员国对其近 30 年国际电信联盟工作业绩的认可。经过多年发展，中国已建成世界第一大固定网络和移动网络，固定宽带用户数和互联网网民数位居世界首位，具有自主知识产权的 TD - LTE - Advanced 技术成为国际电信联盟推荐的全球 4G 移动通信标准，全球市值排名前十的互联网企业中有 4 家来自中国。

电报的发明拉开了电信时代的序幕，开创了人类利用电来传递信息的历史。从此，信息传递的速度大大加快了。电报经过了从有线到无线、从人工到自动的漫漫历程，如今虽在民众生活中难得所用，但在电信史上开创的地位是其他任何电信方式所无法替代的。

3.3　谁是电话的发明者

公元 968 年，北宋时期的中国人发明了竹信，可以通过竹管长距离传送声音。意大利人穆齐的早期发明也是利用管子来传送声音。在国际电信联盟出版的《电话一百年》中，认为竹信是今天电话的雏形。

电话的发明并不是哪一个人的功劳，而是大批学者共同努力的结果。在 1876 年以前，已有不少科学家从理论上对这种通信方式进行说明。但是，历史上通常认为，第一部电话机于 1876 年在美国投入使用，电话机的发明权应属于美国的亚历山大·贝尔。然而，这项伟大的发明却是在一次偶然"事故"的启发下诞生的。1871年，贝尔从苏格兰回到美国，任波士顿大学音响生理学教授。贝尔的父亲是著名的语言学家，是聋哑人手语的发明者。贝尔的妻子就曾是他的学生，是一位耳聋的姑娘。贝尔在致力于研究声学和教授哑语之余，还潜心研制一种多路传输的电报系统。

1875年的一天，贝尔和他的助手沃森分别在两个房间配合做一项试验，由于机件发生故障，沃森看管的发报机上的一块铁片在电磁铁前不停地振动。这一振动产生了波动的电流沿着导线传播，使邻室的一块铁片产生了同样的振动，振动发出的微弱声音被贝尔听到了，引起这位善于发现与思考的年轻人的极大注意，由此启发他新奇的联想和构思。1875年6月贝尔和沃森利用电磁感应原理，试制出世界上第一部传递声音的机器——磁电电话机，并于1876年2月14日向美国专利局递交了专利申请书。这种电话机的原理是，对着话筒说话使话筒底部的金属膜片随声音而振动，膜片的振动带动一根磁性簧片随之振动，在电磁线圈中便产生了感应电流，电流经导线传至受话一方，使受话器上的膜片相应振动，从而将话音还原出来。然而，这台机器真正开始工作是在1876年3月10日。这一天贝尔正在做实验，不小心把硫酸溅到脚上，他痛得不禁对着话筒向正在另一房间里的沃森大叫："沃森，快来帮帮我！"不料，这一求助声竟成为世界上第一句由电话机传送的话音，沃森从听筒里清晰地听到了贝尔的声音。贝尔与他发明的电话机如图3－3所示。

图3－3 贝尔与第一台电话机

在贝尔研制电话机的同时，格雷发明了相同原理的液体电话机。而且十分巧合，在贝尔提出专利申请的同一天，格雷也向纽约专利局提出专利申请，并将专利发明权转让给威斯汀电信公司。于是，一场旷日持久的争夺电话发明权的诉讼案一直持续了10多年。经详细调查，发现贝尔申请专利的时间比格雷大约早两小时，法院据此裁决，电话发明专利当属亚历山大·贝尔。

1876年2月14日，贝尔在美国专利局申请电话发明专利权；3月10日，贝尔获得了电话发明的专利，宣告了人类新时代的到来；两年后的1878年，贝尔成立了电话公司，并实现了波士顿和纽约之间相距300公里的长途电话试验。从此，电话很快在北美各大城市盛行起来，并且迅速地风靡全球。

3.4　谁是无线电的发明者

1864 年，英国科学家麦克斯韦在总结前人研究电磁现象的基础上，建立了完整的电磁波理论。他断定电磁波的存在，推导出电磁波与光具有同样的传播速度。麦克斯韦和电磁波方程组如图 3 - 4 所示。

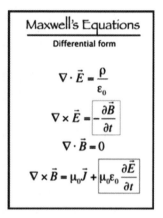

图 3 - 4　麦克斯韦和电磁波方程组

1887 年，德国物理学家赫兹用实验证实了电磁波的存在（见图 3 - 5）。之后，人们又进行了许多实验，不仅证明光是一种电磁波，而且发现了更多形式的电磁波，它们的本质完全相同，只是波长和频率有很大的差别。赫兹验证了麦克斯韦的理论，证明了无线电辐射具有波的所有特性。

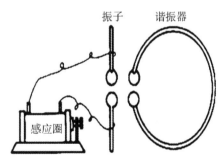

图 3 - 5　赫兹与他的实验装置

无线电是科学史上最伟大的发明之一，有了无线电，人们不管身处地球的什么位置，都能够快捷方便地相互联系。无线电是谁发明的？在西方公认是马可尼，俄罗斯却认为是波波夫，这个问题争论了一个多世纪至今也没有定论。

1859 年 3 月波波夫出生在俄国一个牧师的家庭里，他从小就对电工技术有一种特别的喜爱。18 岁时波波夫考进彼得堡大学物理系。1888 年，波波夫听说赫兹发现电磁波的消息后萌生要让电磁波飞跃全球的梦想。1894 年，35 岁的波波夫成功发明了当时世界上最先进的无线电接收机。波波夫对无线电通信的最主要贡献在于他发现了天线的作用，他的接收机所使用的导线是世界上第一根天线。1895 年 5 月 7 日，波波夫带着他发明的无线电接收机在彼得堡的俄罗斯物理学会上宣读论文并且进行演示，结果大获成功。1896 年 3 月 24 日，波波夫又进行了一次正式的无线电传递莫尔斯电码的表演。波波夫把接收机安放在物理学会会议大厅内，然后把发射机安装在森林学院内，两地间隔 250 米。当他的助手把信号发射出去后波波夫这边的接收机立即清晰地接到信号。然而波波夫的发明在俄国却没有被采用。波波夫和他发明的无线电接收机如图 3 - 6 所示。

图 3 - 6　波波夫和无线电接收机

　　再说说马可尼。1874 年马可尼出生在意大利一个农庄主的家庭。1894 年赫兹去世，刚满 20 岁的马可尼在杂志上读到了赫兹的实验报告。从小就喜欢摆弄线圈电铃的他一下子就对电磁波发生了浓厚的兴趣，他认为，既然赫兹能在几米外测出电磁波，那么只要有足够灵敏的接收机就一定能在更远的地方接收到电磁波。他在家里的楼上安装了发射电波的装置，在楼下放置了接收机与电铃来相接。父亲见他不务正业大为不满，斥责他是不切实际的空想家，邻居们更是对他百般嘲讽。可是他并不气馁。终于有一天父亲正在楼下看报纸忽然听到一阵铃声，接着，儿子欢天喜地跑下来抱着他大叫"我成功了！"父亲此时才看到儿子的杰出的才能，开始给马可尼经济资助，让他一心搞实验。第二年夏天，马可尼又完成了一次非常成功的实验，到了秋天实验又取得空前的进展。他把发射机放在山冈的一侧，接收机安放在山冈的另一侧，中间距离 2.7 公里。当助手发送信号时他守候着的接收机的电铃发出了清脆的铃声。可是接下来的实验需要大量的资金，父亲已经没有能力来供给。于是，马可尼向政府寻求援助，但是保守的意大利当局对此不屑一顾。不过，英国人对此表现出了浓厚的兴趣，很多财团愿意支持他。于是，马可尼在 1896 年来到英国。1901 年，马可尼在英国建立了一座高耸入云的发射塔向大西洋彼岸发射信号获得了成功。马可尼接收无线电信号的实验如图 3 - 7 所示。

图 3 - 7　马可尼接收无线电信号

1905 年，一场关于无线电发明权的诉讼在美国沸沸扬扬。最终，北美巡回法庭判定，马可尼是无线电的发明人。1909 年 11 月，35 岁的马可尼荣获该年度的诺贝尔物理学奖。

尽管马可尼在西方的地位已经无可动摇，但是俄罗斯人始终认为波波夫才是第一个发明无线电的人。这个遗案，至今还没有解决。实际上，关于无线电的发明者别的国家也有不同的看法。英国人把麦克斯韦奉为无线电之父，认为他最先指出电磁波的存在；德国人认为赫兹才是无线电的开创者，因为他最早发现了电磁波；美国人则认为德·福雷斯特是无线电发明者，因为他发明了无线电通信器材的心脏——三极管。究竟是谁发明了无线电通信呢？或许可以这样认为：无线电的发明是众多科学家集体智慧的结晶，他们的功绩都是不可磨灭的。

3.5　电子管的发明

1883 年，为人类贡献了 2000 余件发明的美国科学家爱迪生，为寻找电灯泡的最佳灯丝材料时做了一项实验。他在真空电灯泡内部碳丝附近安装一小截铜丝，希望铜丝能阻止碳丝蒸发。实验结果使爱迪生大失所望。但在无意中，他发现没有连接在电路里的铜丝因接收到碳丝发射的热电子而产生了微弱的电流。爱迪生并未重视这个现象，只是把它记录在案，申报了一个未找到任何用途的专利，称为"爱迪生效应"。

被爱迪生本人忽略的"爱迪生效应"惊动了大洋彼岸的一位青年。1885 年，30 岁的英国电气工程师弗莱明坚持认为，一定可以为热电子真空发射找到实际用途。经过反复试验，他终于发现，如果在真空灯泡里装上碳丝和铜板分别充当阴极和阳极，灯泡里的电子就能实现单向流动。经过多次实验，1904 年，弗莱明研制出一种能够充当交流电整流和无线电检波的特殊灯泡——热离子阀，从而产生了世界上第一只电子管，也就是人们所说的真空二极管。弗莱明和他的热离子阀如图 3 - 8 所示。

图 3-8　弗莱明和热离子阀

　　然而，直到真空三极管发明后，电子管才成为实用的器件。真空三极管的发明者是美国工程师德·福雷斯特，如图 3-9 所示。

　　一次偶然的机会，德·福雷斯特邂逅了无线电发明者马可尼，激发了他创新无线电检波装置的发明之梦。1906 年，为了提高真空二极管检波灵敏度，德·福雷斯特在弗莱明的玻璃管内添加了栅栏式的金属网，形成第三个极。这个"栅极"就像百叶窗那样，能控制阴极与屏极之间的电子流。只要栅极有微弱电流通过，就可在屏极上获得较大的电流，而且波

图 3-9　德·福雷斯特

形与栅极电流完全一致，标志着这是一种能够起放大作用的真空三极管器件。

　　帕洛阿托市的德·福雷斯特故居，至今依然矗立着一块小小的纪念牌，以市政府名义书写着一行文字："德·福雷斯特在此发现了电子管的放大作用。"用来纪念这项伟大发明为新兴电子工业所奠定的基础。电子管主要应用在无线电装置里，它的诞生为通信、广播、电视等技术的发展铺平了道路。可是，人们不久还发现，真空三极管除了可以处于放大状态外，还可充当开关器件，其速度要比继电器快成千上万倍。电子管很快受到计算机研制者的青睐，计算机的历史也由此跨进电子元器件的纪元。

3.6　世界第一台电子计算机的发明

1. ABC 的发明

　　20 世纪 30 年代，阿塔纳索夫在爱荷华州立大学物理系任副教授，为学生讲授物理和数学物理方法方面的课程。在求解线性偏微分方程组时，他的学生不得不面对繁杂的计算，那是要消耗大量时间的枯燥工作。阿塔纳索夫于是开拓新的思路，尝试运用模拟和数字的方法来帮助他的学生们处理那些繁杂的计算问题，从 1935 年开始探索运用数字电子

技术进行计算工作的可能性。他确定了 4 个设计思路：①采用电能与电子元器件，在当时就是电子真空管；②采用二进位制，而非通常的十进位制；③采用电容器作为存储器，可再生而且避免错误；④进行直接的逻辑运算，而非通常的数字算术。阿塔纳索夫的设计目标是制造一台能解含有 29 个未知数的线性方程组的机器。经过两年反复研究试验，思路越来越清晰，设计也大体清楚了。但他还需要一位聪明并且懂得机械、又有动手能力的人共同完成这项发明。于是他找到当时正在物理系读硕士学位的研究生克利福德·贝里。

　　两个人终于在 1939 年造出来了一台完整的样机，证明他们的概念是正确的并且是可以实现的。人们把这台样机称为 ABC，代表的是包含他们两人名字的计算机（Atanasoff - Berry Computer）。这台计算机是电子与电器的结合，电路系统中装有 300 个电子真空管执行数字计算与逻辑运算，机器使用电容器来进行数值存储，数据输入采用打孔读卡方法，还采用了二进位制。因此，ABC 的设计中已经包含了现代计算机中

图 3 - 10　ABC

四个最重要的基本概念，它是一台真正现代意义上的电子计算机，如图 3 - 10 所示。

　　ABC 不可编程，仅仅设计用于求解线性方程组。但从 ABC 开始，人类的计算从模拟向数字挺进。

　　2. ENIAC 的发明

　　1946 年 2 月 14 日，世界第一台通用计算机 ENIAC（Electronic Numerical Integrator And Computer）在费城公之于世。它因战争而生，专门为计算弹道和射击特性表面而研制。ENIAC 由美国政府和宾夕法尼亚大学合作开发，使用了 18000 个电子管、70000 个电阻器、耗电 160 千瓦，如图 3 - 11 所示。

图 3 - 11　ENIAC

　　ENIAC 能够编程，解决各种计算问题，是计算机发展史上的里程碑。

3.7 晶体管的发明

1947年12月，美国贝尔实验室的肖克利、巴丁和布拉顿组成的研究小组，研制出一种点接触型的锗晶体管。晶体管是20世纪的一项重大发明，是微电子革命的先声。晶体管出现后，人们就能用一个小巧的、消耗功率低的电子器件来代替体积大、功率消耗大的电子管了。晶体管的发明为后来集成电路的诞生吹响了号角。最早的晶体管如图3-12所示。

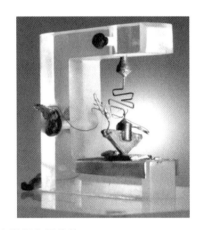

图3-12 肖克利、巴丁、布拉顿和晶体管

20世纪最初的10年，通信系统已开始应用半导体材料。20世纪上半叶，在无线电爱好者中广泛流行的矿石收音机就采用矿石这种半导体材料进行检波。半导体的电学特性也在电话系统中得到了应用。

1945年秋天，贝尔实验室成立了以肖克利为首的半导体研究小组，成员有布拉顿、巴丁等人。他们经过一系列的实验和观察，逐步认识到半导体中电流放大效应产生的原因。1947年12月，世界上最早的实用半导体器件终于问世了。在首次试验时，它能把音频信号放大100倍。在为这种器件命名时，布拉顿想到它的电阻变换特性，即它是靠一种从"低电阻输入"到"高电阻输出"的转移电流来工作的，于是取名为trans-resister（转换电阻），后来缩写为transister，中文译名就是晶体管。

由于点接触型晶体管制造工艺复杂，致使许多产品出现故障，它还存在噪声大、功率大时难于控制、适用范围窄等缺点。为了克服这些缺点，肖克利提出了用一种"整流结"来代替金属半导体触点的大胆设想。半导体研究小组又提出了这种半导体器件的工作原理。1950年，第一只"PN结型晶体管"问世，它的性能与肖克利原来设想的完全一致。今天的晶体管，大部分仍是这种PN结型晶体管。1956年，肖克利、巴丁和布拉顿三人因发明晶体管同时荣获诺贝尔物理学奖。

3.8 中国近代的信息产业发展简史

鸦片战争后，西方列强在中国掠夺土地和财富的同时，也为中国带来了近代的邮政和电信。为了在亚洲第一大国扩展势力，西方国家相继在我国开办电信业务。它们在攫取我国经济财富的同时，也带来了先进的通信技术。

1. 外国人在中国开设电报、电话

早在 1871 年，丹麦大北电报公司就把敷设在日本长崎至上海间的海底电缆接至吴淞口外的大山岛，并与上海英租界的电报局相连，在南京路 12 号设立报房，于 1871 年 6 月 3 日开始收发国际电报。这是帝国主义入侵中国后架设的第一条电报线路。

1873 年，法国驻华人员威基杰参照《康熙字典》的部首排列方法，挑选了 6800 多个常用汉字编成第一部汉字电码本，名为《电报新书》。后由我国的郑观应将其改编成《中国电报新编》。这是中国最早的汉字电码本。

1881 年，上海英商瑞记洋行在英租界内创立华洋德律风公司装设电话。

1882 年 2 月 21 日，丹麦大北电报公司在上海开通了第一个人工电话交换所。当时有用户 20 多家，每个话机年租金为银圆 150 元。

1897 年，德国强占山东胶州湾的同时，在青岛设立邮电局，经营邮政、电报、市内电话业务。

1900 年，丹麦人 C. O. P. 濮尔生乘八国联军入侵中国之际，在天津装设电话，通达塘沽、北塘，1901 年又把电话线延伸到北京。

从 1905 年起，中国政府陆续收回了京津、津沽、淞沪岸线，上海至烟台、大沽和烟台至威海卫（今威海市）的电报线路，上海、青岛、济南、哈尔滨的无线电台，以及大东、大北、太平洋三家电报公司在上海设立的电报收发处等。

2. 中国自办电报、电话和无线电通信等业务

在外国侵占中国电信权的同时，中国也自办电信业务。从 1861 年起，多国外交机构相继向清政府或上海府衙提出装设电报线要求，遭拒后恃强而行，清政府予以默认。其间，我国不少有识志士呼吁自办电报，洋务首领李鸿章上奏，促成中国民族电信业的兴起。

（1）自办电报

1875 年，福建巡抚丁日昌积极倡导创办电报，在福建船政学堂设电报学堂，培训电报技术人员，这是中国第一所电报学堂。1877 年，丁日昌利用去台湾就职的机会提出设立台湾电报局，拟定修建电报线路的方案，并派电报学堂学生苏汝灼、陈平国等专司其事。线路先由旗后（今高雄）造至府城（今台南），负责工程的是武官沈国光。该线路于 1877 年 8 月开工，同年 10 月 11 日完工，全线长 95 华里。这是中国人自己修建、自己掌管的第一条电报线，开创了中国电信的新篇章。

1877 年，在津沪间试设同城电报，并相继建成上海行辕至制造局电报线及天津督辕至机器局电报线，这是我国自办电报业务的开端。1879 年 5 月，国内首条军用电报线在天津至大沽及北塘宣告建成。1880 年 9 月，天津至上海间电报线明线沿运河架设，全长约 1771 公里，次年竣工营业。

1879 年，李鸿章在其所辖范围内修建大沽（炮台）、北塘（炮台）至天津，以及从天津兵工厂至李鸿章衙门的电报线路。这是中国大陆上自主建设的第一条军用电报线路。

1880 年，李鸿章在天津设立电报总局，派盛宣怀为总办，并在天津设立电报学堂，聘请丹麦人博尔森和克利钦生为教师，委托大北电报公司向国外订购电信器材，为建设津沪电报线路作准备。1881 年，津沪电报线路从上海、天津两端同时开工，12 月 24 日，全长 3075 华里的津沪电报线路全线竣工；12 月 28 日正式开放营业，收发公私电报，全线在天津设电报总局，在紫竹林、大沽口、清江浦、济宁、镇江、苏州、上海七处设立了电报分局。这是中国自主建设的第一条长途公众电报线路。天津电报总局如图 3 - 13 所示。

图 3 - 13　天津电报总局

1883 年春开始架设沪粤线，次年夏全线通报。电报总局也迁往上海，在各地设分局、子局、子店、报店四个等级的分理机构。1884 年，清政府设内城电报局专事收发官用电报，外城电报局收发商民电报，并把自行创建的第一条电报干线延伸至京郊通州引入京城。自此，北京才开始通电报。

1887 年，在当时的台湾巡抚刘铭传的主持下，清政府花费重金敷设了长达 433 里的福州至台湾的电报线路——闽台海缆，于 1887 年竣工。它使台湾与大陆联通一体，对台湾的开发起了重要作用。这是中国自主建设的第一条海底电缆。

到 1890 年初步建成覆盖全国的有线电报网。到 1899 年，国内先后建成数条电报线路，基本构成了我国干线通信网。

20 世纪初，国内繁忙的线路开始广泛使用进口的莫尔斯自动电报机，以提高通信速度和质量。民国时期，时局较为混乱，电报这一通信手段发展极为缓慢。20 年代末，电传打字电报机传入中国，1927～1937年的这十年，国家着重整修改建电报旧线、新架线路5000公里，共有电报局所1500处。抗日战争期间，电报局遭到不同程度地破坏，直到抗战胜利后各大城市才开始恢复并开办特快电报、国际电报等业务。新中国成立前，国内仅有两条干线：国内线路为沪宁干线，国际线路为上海至美国旧金山相片传真电路。1946年，上海与南京在沪宁电报电路上用电传机通报，改变了长期使用莫尔斯信号通报的方式，加速了电报传递，提高了通报质量。

（2）自办电话

1899年，清政府规定由电报局兼办电话业务，先后在全国各大城市及部分中等城市装设了市内电话，全部采用磁石电话交换机。1900年，我国第一部市内电话在南京问世。中国古老的邮驿制度和民间通信机构被先进的邮政和电信逐步替代。1925年起，有些城市改建自动电话交换机。1935年全国已安装市内电话共8.5万部，其中有官办的，也有商办的。1905～1934年陆续建成近距离长途电话线路2.7万多公里。1935年开始在河北、河

图3-14 清朝电话机

南、湖北、湖南、山东、江苏、浙江、江西、福建九省间建设铜线线路3000多公里，安装音频电话增音机和单路载波电话机，开通远距离长途电话。1937年后扩大到其他各省并使用三路载波电话机。清朝电话机如图3-14所示。

民国时期，我国的邮电通信仍然在西方列强的控制中，加上连年战乱，通信设施经常遭到破坏。抗战时期，日本帝国主义出于战争需要和企图长期统治中国的目的，改造和扩建了电信网络体系。他们利用当时中国经济、技术的落后和政治制度的腐败，在技术、设备、维修、管理等方面对中国的通信事业进行控制。1949年以前，中国电信系统发展缓慢，到1949年，中国电话的普及率仅为0.05%，电话用户只有26万户。

（3）自办无线电通信

中国的无线电台建设是从军事通信开始的。1899年两广总督在广州总督公署、马口、前山等要塞及较大军舰上架设无线电台。1904～1905年，俄国在烟台至牛庄架设了无线电台。北洋舰队于1905年在南苑、保定、天津行营和4艘军舰上分别装设无线电台。1907年为解决崇淞之间的直达通信，在江苏省吴淞、崇明装设无线电台。1912年起，陆续在北京、张家口、武昌、福州、广州、兰州、迪化（乌鲁木齐）、奉天（沈阳）等城市架设了无线电台。

1906年，因广东琼州海缆中断，在琼州和徐闻两地设立了无线电机，开通了民用无线电通信。这是中国民用无线电通信之始。1920年9月1日，中国加入《国际无线电报公约》。1927年北伐军到上海后，开办工厂制造短波无线电收发报机，并陆续在全国各大城市设立短波电台。1928年，全国各地新建了27个短波无线电台。1933年，中国电报通信

首次使用打字电报机。1929年起在上海枫林桥、真茹、刘行建设国际收发电台,装置大功率发报机。1930年起,该台陆续与旧金山、柏林、巴黎、日内瓦、西贡、伦敦、莫斯科、东京等地建立了无线电直达电报电路。这时,中国的国际电报通信已初具规模。

与此同时,1928年中国共产党在上海建立了秘密无线电台。为便于中共中央在上海与南方局、长江局、北方局等党组织联系,1930年陆续组建九龙、天津、赣东南、鄂豫皖、湘鄂西(洪湖)等无线电台,同年开始建立红军无线电大队。随着中国革命事业的发展,一个在革命中发挥巨大作用的无线电通信网逐渐形成。

3. 广播事业在中国的兴起

在影响人类社会的100项科技发明中,收音机排在很靠前的位置,仅次于火的使用、车轮、印刷技术对人类社会带来的推动。在有了收音机这种全球通信工具后,各国之间的信息交流恍然间加快了无数倍。19世纪初的时候,一个叫作Greenleaf Whittier Pickard的人制作了世界上第一台矿石收音机,如图3-15所示。

图3-15 第一台矿石收音机

矿石收音机的诞生宣告着一个时代的开始,收音机作为消费品进入千家万户。矿石收音机是一个简单的无线电接收机,由长导线天线、用于选择信号频率的调谐器和由二极管解调器构成的检波器组成。这种收音机的最大特点是它不需要任何电能就能够工作,这一特点让其在那个电力并不普及的年代获得了极大的优势。

在世界经过了一次大战的洗礼之后,人类的科学技术以战争为催化剂得到了极大的发展,军工民用的风潮第一次席卷全球,这一风潮为电子管收音机在普通民众中的普及起到了加速推进的作用。早期电子管收音机如图3-16所示。

图3-16 早期电子管收音机

19世纪20年代初期是电子管收音机疯狂发展的时期,这首先得益于军事科技的发展。其次,1920年美国匹兹堡KDKA电台作为世界上第一家商业电台面向民众正式开播之后,人们对信息的渴望如决堤的洪水一样汹涌而出。在短短的两年之内商业电台就以惊人的速度在美国范围内增长到了 500 家。

　　1923 年 1 月 23 日是中国广播史上值得纪念的一天。这一天，美国记者奥斯邦在上海创办了中国第一座广播电台"大陆报——中国无线电公司广播电台"，发射功率 50 瓦，呼号 XRO。自从清王朝灭亡之后，中国一直没有一个正式经营的商业电台，这个窘迫的局面在这一天被一个美国人打破了。和美国本土的情况一样，对资讯极度渴望的上海富裕人群开始蜂拥走向商店抢购电子管收音机。随后的两年时间内商业电台如雨后春笋般在中国破土而出：1926 年 10 月 1 日，中国自办的第一座广播电台"哈尔滨广播电台"正式运营，呼号 XOH；1928 年 8 月 1 日，国民党政府在南京建立"中国国民党中央执行委员会广播无线电台"，简称"中央广播电台"，呼号 XKM；1932 年 11 月 12 日，国民党政府在南京建立新的"中央广播电台"，发射功率 75 千瓦，呼号 XGOA，成为当时亚洲发射功率最大的广播电台。

　　也许实体的收音机目前已经淡出我们的视野，慢慢消失在卖场之中，但是它所带来的信息革命依然影响着一代又一代人。在未来的岁月中，收音机大致向两个方向发展：一是向更加专业方向发展，主要面向爱好者和发烧友；二是向大众化方向发展，在手机、手表等产品中附加收音机功能，满足消费者的多样化需要。前者市场较小，后者市场相对较大。所以，专业制造收音机的企业会减少，但在技术研发和实用性拓展方面，仍然有着巨大的发展空间。

　　4. 中共中央抗战时期的无线电通信

　　1928 年 11 月上旬，中共中央组织成立中共中央特别行动科，下设总务、情报、行动、无线电通讯科，李强担任无线电通讯科科长。无线电通讯科主要负责研究组装收发报机、秘密设立无线电台，为各地的地下党培训无线电技术人员，建立与中央局、分局和共产国际的无线电通信联络。红色电信由此发源，为中共中央在抗战中进行无线电通信联络奠定了基础。中共中央抗战时期的无线电通信如图 3 - 17 所示。

图 3 - 17　中共中央抗战时期的无线电通信

　　（1）东北抗日联军的无线电通信

　　东北抗日联军的前身是"九一八事变"后东北各地组织的"义勇军、救国军、自卫军"等各种名称的抗日队伍（统称为抗日义勇军）。1934 年 9 月，在苏联国际无线电训练班的于保合被派遣回上海工作，由于未能与组织取得联系，即返回哈尔滨抗联第三军，根据司令赵尚志的指示，在现伊春市南端巴浪河东北 35 公里的山坡上，成立抗联电信学校，进行训练和抄收新闻。学校教学设备是在汤旺河老钱柜一次战斗中缴获的一部日军电台。学校课程除补习文化基础课外，主要讲无线电技术：1/3 的时间讲电工原理和无线电常识，2/3 的时间进行收发报训练等。学员们在艰苦的生活条件下学习无线电通信技术。纸笔不足，就用小木棍在地上抄写；电键不够，就在手指上练。3个月后，学校与抗日联军总政治部汤旺河政治军事学校合并。电信学校连续办了三期，培养了200名军政干部和部分电报员。

1939年，北满省委派刘铁石去苏联伯力学习无线电收发报业务和有关维修技术。刘铁石在北满指挥部工作期间，兼任报务员等职务。抗联电台主要同苏联伯力远东军司令部通信电台联系。在抗联艰苦时期，因小部队活动携带电台不便，有的丢掉，有的埋藏在深山密林里。后来在小兴安岭、尚志、宁安、汤原、八面通等地，都有抗联电台出土。1942年8月，东北抗日联军在苏联伯力成立了东北抗联教导旅，下设无线电营，刘铁石等人为教官，培训了一批电报员。

（2）八路军新四军的无线电通信

1937年7月8日，中共中央就"卢沟桥事变"向全国发出通电，号召全国各界结成抗日民族统一战线，共同抗日。毛泽东、朱德、彭德怀、林彪等联名致电蒋介石，要求将红军队伍开赴抗日前线。为保证党中央和中央军委的战略指挥，军委三局于1937年7月至1938年年初进驻延安东关，下设通信联络、技术材料、行政管理3个科。直属单位编有通信学校、电话队和5个无线电分队。5个无线电分队同各地电台之间逐步建成了6个无线电通信网。其中两个网为党中央联络网：一个联络八路军、新四军驻各地办事处，另一个联络各地党组织的米尼电台和共产国际；有三个网为军委联络网：一个联络八路军总部及所属各师、旅，一个联络新四军军部及所属各师、旅，一个联络留守兵团及所属各旅、团；还有一个新闻广播网，除播送新华通讯社电讯外，还参加国民党政府的联络网，抄收国内外主要通讯社的新闻电讯。

在中共中央和中央军委的统筹下，军委三局先后在西安、南京、太原、武汉、洛阳、长沙、桂林、迪化（今乌鲁木齐）、兰州、重庆等20多个城市设立了八路军办事处或联络处，建立了延安同八路军驻各地办事处的无线电通信联络。其中，八路军驻上海办事处成立于1937年8月25日，潘汉年任主任，由中共驻南京办事处周恩来直接领导。八路军办事处是对外开放的公开机关，李克农、潘汉年曾在这里多次会见上海各界救国会、各爱国团体的代表和知名的进步人士。

1937年10月12日，湘、赣、闽、粤、浙、鄂、豫、皖八省中国工农红军游击队改编为国民革命军陆军新编第四军，开赴皖中、苏南敌后开展抗日游击战争，创建根据地。新组建的新四军急需通信人员和通信设备。根据中共中央指示，上海中共地下党组织以各种形式，动员电信工程技术人员到华中地区各根据地工作，将无线电零部件、电话线、电池、收发报机等电信器材送到新四军部队。然而，在当时的战争条件下，新四军获得的通信器材也是杯水车薪，前线部队通信器材极其缺乏。为从根本上解决这个问题，中央军委和八路军总部在军委三局通信材料科的基础上创办通信材料厂，以保证前线部队的通信联系。创办通信材料厂需要技术人员，远在上海的黄炎培知道后，主动联系和介绍了几位技术工人辗转从上海到延安。

抗日战争时期，军委三局派出通信干部前往根据地，先后建立了晋察冀、东北抗联、琼崖纵队等部队与中共中央、中央军委的无线电通信联系。在延安，无线电台发展到 12 个分队，建成了 8 个台。后来，又将 8 个台集中合并，分别成立集中一台、集中二台。1941 年 10 月，军委三局办的《通信战士》刊物创刊一周年，毛主席为全军通信兵题词："你们是科学的千里眼顺风耳"，如图 3 - 18 所示。

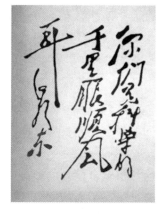

图 3 - 18 毛主席题词"你们是科学的千里眼顺风耳"

1945 年 4～5 月，根据中共中央军委指示，军委三局将集中二台和集中一台以及其他的电台全部集中，成立军委无线电总台。无线电总台的成立，使总部的无线电通信人员和通信器材全部集中，加强了统一管理与合理使用，提高了无线电通信的质量和效率。龚氏家庙是中国工农红军第一部无线电侦察台诞生旧址，由部队出资重建，2008 年 3 月落成，如图 3 - 19 所示。

图 3 - 19 中国工农红军第一部无线电侦察台旧址

1940 年 12 月 30 日，在延安西北 19 公里的王皮湾村，中国共产党创建了第一座广播电台——延安新华广播电台，如图 3 - 20 所示。1949 年 3 月 25 日，党中央领导的延安新华广播电台迁入北平，后来更名为"北京人民广播电台"并沿用至今。

图 3 - 20 延安新华广播电台

在抗日战争时期，有不少国际友人参加中国共产党领导的抗日斗争，林迈可就是其中的一位。林迈可原是燕京大学英籍教师，他同情中国的抗日斗争，曾在沦陷后的北平秘密为八路军工作。珍珠港事件后，他偕夫人离开北平，来到山西武乡县砖壁村的八路军总部，担任通讯部技术顾问。林迈可为部队技术员讲授无线电课程，林妻李效黎在通讯部任英语课教员。他们发现用阿拉伯数字电码发报，一个数字错了，就会译成完全不同的另一个字，而英语是以字母形式构成的语言，拼错一个字并不会影响理解原意。于是，他们帮助部队用简单的英语来传递信息。1942～1944年，林迈可一直在晋察冀军区从事电台设备的整修改进和教学工作，开办了晋察冀军区无线电技术高级训练班，还设计了一个通信网络，以便为美军飞机提供气象预报。他的学生中有很多人后来成为新中国电讯界的高级干部、技术专家和骨干，林迈可还被朱德总司令任命为八路军总部通信顾问。

5. 新中国成立前我国的电子工业发展状况

我国的电子工业出现于20世纪20年代。1929年10月，国民党政府军政部在南京建立电信机械修造总厂，主要生产军用无线电收发报机。后来又组建了"中央无线电器材有限公司""南京雷达研究所"等研究生产单位。

1937年年初，国民党政府经济部资源管理委员会组建了中央电工器材厂，开发和制造各种电气电子产品。组建不久就爆发了抗日战争，中央电工器材厂迁往别处，并且在湖南、昆明、重庆等地设立了分厂，而这些分厂后来成为当地重要的电气电子企业，至今仍然存在。其中有一个分厂发展成为南京无线电厂，就是熊猫电子公司的前身。

1937年，中央电工器材厂与美国班克届勒电子管公司开展技术贸易后，以单宗肃为领导的电子管专家积极倡导引进与吸收相结合的精神，依托美国技术专利、工艺流程，不但制造出美国式样的电子管，还生产出了中国实地需要的产品，如电话机等所必需使用的特制电子管，如图3-21所示。

 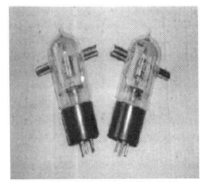

（a）根据美国图纸生产的电子管　　　（b）技术消化后自制的电子管

图3-21　中央电工器材厂生产的电子管

抗战时期，重庆电器工业厂家绝大部分由外地迁来，以中央电工器材厂规模最大。民营厂中，西亚电器厂生产灯泡，华生电器厂生产发电机、变压器、电动机、开关、电压表等。

整个重庆电器工业，最值得称道的是电灯泡的生产，1941 年生产了 33.16 万只，1942 年增长 60.51%，年产量达 54.8 万只。中央电工器材厂成立不久就进入了照明行业，由国民政府资源委员会与美国亚克脱勒斯电子管公司签订合约组建的"中央电工器材二厂"负责生产灯泡，1938 年 7 月，普通白炽灯泡在该厂投入生产。后来，该厂发展成为南京电照厂。

熊猫无线电厂最早的前身是湖南电器制造厂，1936 年诞生于长沙。它是"最早孕育中国民族电子工业的摇篮"，后在战火中辗转迁址、更名。在长沙时期制造的"环球牌"五灯收音机，开创了中国无线电制造业的先河。1937 年制造的 15W 无线发射机，用于中国抗战前线。抗战时期制造的发射机曾被美国援华空军飞虎队订购。1941 年迁至南京，成立"中央无线电器材有限公司"，主要制造收音机、军事、交通通信机。1949 年，该厂回到人民怀抱，迅速发展壮大，成为中国电子工业著名的支柱企业之一。1956 年 1 月 11 日，毛泽东主席参观视察熊猫无线电厂。

中华人民共和国成立后，政府十分重视电子工业的发展。最初，在中央人民政府人民革命军事委员会成立电讯总局，接管了官僚资本遗留下来的 11 个无线电企业，并与原革命根据地的无线电器材修配厂合并，恢复了生产。1950 年 10 月，政务院决定在重工业部设立电信工业局。1963 年，国家决定成立第四机械工业部，专属中国国防工业序列，这标志着中国信息产业成为独立的工业部门。1983 年，第四机械工业部改称电子工业部。1998 年，电子工业部撤销，其原有职能由信息产业部执行。2008 年，国家组建工业和信息化部。

中国的电子工业经过几十年的建设和发展，已经具有相当规模，形成了军民结合、专业门类比较齐全的新兴工业部门。到 20 世纪 90 年代初，中国电子工业已经能够主要依靠国产电子元器件生产 20 多类、数千种整机设备以及各种元器件，许多精密复杂的产品达到了较高水平，并形成了雷达、通信导航、广播电视、电子计算机、电子元器件、电子测量仪器与电子专用设备六大产业。中国信息产业已具有门类齐全的军用电子元器件科研开发与配套能力，具有一定水平的系统工程科技攻关能力，基本能满足战略武器、航天技术、飞机与舰船、火炮控制和各种电子化指挥系统的需要。到 2008 年，信息产业所提供的产品都达到了较高技术水平，其中不少达到世界先进水平。

小结： 新中国成立前我国通信的发展还停留在电报和无线电机的层面，从引进国外的电报设备到自行开办磁石式电话局，再到成立国际无线电台，在不断的摸索中，我国的通信产业一步步发展起来，为后来的腾飞式进步打下了坚实的基础。

3.9　信息论之父香农

克劳德·香农（见图3-22）是一位美国数学工程师、信息论的创始人，他是20世纪最伟大的科学家之一。他在通信技术与工程方面的创造性工作，为计算机与远程通信奠定了坚实的理论基础。人们尊崇香农为信息论及数字通信时代的奠基之父。

确实，他对人类的贡献超过了一般的诺贝尔获奖者。回顾20世纪的信息革命风暴，经他阐明的信息概念、连同"比特"这个单位一起深入人心，成为今天日常生活都离不开的词汇。

1948年香农发表了题为"A Mathematical Theory of Communication"的论文。这篇奠基性的论文建立在香农对通信的观察上，即"通信的根本问题是报文的再生，在某一点与另

图3-22　信息论之父香农

外选择的一点上，报文应该精确地或者近似地重现"。这篇论文建立了信息论这一学科，给出了通信系统的线性示意模型，即信息源、发送者、信道、接收者，这是一个新思想。此后，通信就考虑把电磁波发送到信道中，通过发送1和0的比特流，人们可以传输图像、文字、声音等。今天这已司空见惯，但在当时是相当新鲜的理论。他建立的信息理论框架和术语已经成为如今的技术标准。他的理论在通信工程师中立即获得成功，并刺激了今天信息时代所需要的技术发展。

第4章 中国现代信息产业（1949年至今）

——信息产业的发展

4.1 引言

信息产业发展至今已经历三次浪潮：以计算机为代表的信息处理掀起信息产业的第一次浪潮；以互联网为代表的信息传输推动了信息产业的第二次浪潮；以物联网为代表的信息获取正在推动信息产业进入第三次浪潮。

4.2 新中国成立后我国通信产业发展历程

4.2.1 通信产业起步阶段（1949～1978年）

1949年中华人民共和国成立后，我国迅速地建设和恢复了北京至全国各主要城市的长途电信线路。同年11月1日，邮电部成立，其旧址如图4-1所示。

20世纪50年代开始，中国创立了电子工业和电信工业，陆续设计制造出各类电信技术设备。1958年建起来的北京电报大楼成为新中国通信发展史的一个重要里程碑。北京电报大楼是当时全国电报通信的总枢纽，如图4-2所示。

图4-1　邮电部旧址　　　　　　　图4-2　北京电报大楼

1970年，我国第一颗人造卫星"东方红1号"发射成功。1976年在北京、天津、上海等8个城市之间开放长途电话自动拨号业务。1978年，全国电话普及率仅为0.38%，不及世界水平的 1/10，每 200 人中拥有话机还不到一部！那时的中国的电信网络规模小且技术手段也很简单，通信状况基本可以用三句话形容："装不上，打不通，听不清"。

4.2.2　通信发展阶段（1979～1985 年）

1980 年国家特别批准市话企业收取电话初装费，使之成为电话资费的重要组成部分。但过高的初装费也极大地限制电话用户的总容量，阻碍了电话普及的步伐，限制了中国通信行业的整体发展。当时，电话初装费大多数都在 5000 元左右，而且电话资费也非常高。

1983 年 9 月 16 日，上海用 150 兆赫频段开通了我国第一个模拟寻呼系统。1984 年 5 月 1 日，广州用 150 兆赫频段开通了我国第一个数字寻呼系统。1985 年，上海贝尔公司组装第一批 S－1240 程控交换机。

到 1983 年年底我国已与 45 个国家和地区开通了直达电话和直达电报电路。1984 年 4 月 8 日中国发射的试验通信卫星定点于东经 125°赤道上空，这标志着中国通信技术有了新的发展。

4.2.3　通信产业快速发展阶段（1986～1997 年）

1993 年 9 月 19 日，我国第一个数字移动电话通信网在浙江省嘉兴市开通。1998 年，邮电部在全国推行邮政、电信分营，成立了中国邮电电信总局，经营和管理全国电信业务。自 1987 年 11 月我国第一个 TACS 制式模拟移动电话系统在广东省建成并投入使用开始，移动通信进入飞速发展时期。1988～1998 年 10 年间，我国经历了移动通信发展的第一个高峰期，移动通信能力建设呈飞速发展态势，在此期间，移动通信已开始由模拟网向数字网转变。

4.2.4　通信业务发展百花齐放（1998～2008 年）

1998 年 3 月，国务院撤销邮电部，将其并入电子工业部重组为信息产业部，电信业实现了政企分开，为随后一系列的电信产业改革奠定了最基本的体制基础。

1999 年 2 月，信息产业部决定对中国电信拆分重组，中国电信的寻呼、卫星和移动业务剥离出去，原中国电信拆分成新中国电信、中国移动和中国卫星通信 3 家公司。

2000 年 4 月 20 日，中国移动通信集团公司的正式成立，掀开了中国通信业新的一页。移动用户的快速增加，使得中国移动很快就取代了过去的中国电信，成为新的行业垄断者，造成了中国电信行业新的不平衡。为了彻底打破这种局面，2008 年年初，国家进行了大部门制改革。改制后，国家取消了旧的信息产业部，成立了新的工业与信息化部。信息产业部、工业和信息化部如图 4－3 所示。

图 4－3　信息产业的国家监管部门

4.2.5　工业和信息化时代（2008 年后）

2008 年 5 月 23 日，电信运营商重组方案正式公布。中国联通的 CDMA 网与 GSM 网被拆分，前者并入中国电信，组建为新中国电信，后者吸纳中国网通成立新中国联通，铁通则并入中国移动成为其全资子公司，中国卫星通信的基础电信业务并入中国电信。重组方案如图 4－4 所示。

2009 年 1 月 7 日，工业和信息化部为中国移动、中国电信和中国联通发放 3 张第三代移动通信牌照，标志着我国正式进入 3G 时代。2013 年 12 月，工信部发放 4G 网络牌照。

图 4－4　三大电信运营商重组

> **小结：**回顾新中国成立以来我国通信业的发展历史，通信业从来没有如此深入地渗透到国民经济的各行业和各领域，从来没有如此深刻地影响到广大人民群众的物质文化生活。展望未来，通信业前景光明，随着通信改革的深入、技术水平的提高，通信业的服务能力将会进一步提高，服务水平和服务质量有望再上新台阶。

4.3　我国家电产业的发展历程

4.3.1　概述

1. 家电行业发展历程

20 世纪七八十年代的中国，电视机、电冰箱、洗衣机等主要家用电器还十分稀有，甚至在某种程度上较为短缺。鉴于当时中国自身的工业基础与民众日益增长的需求，"高起点引进、走现代化工业之路"最终成为中国家电业的选择。30 多年来，我国家电企业的国际竞争力大大提高，主要家电产品产量已跃居世界前列，电冰箱、洗衣机产量占全球40%以上，空调、微波炉产量占全球70%，小家电产量占全球近80%。中国已成为全球家电产品制造大国和主要供应国。

2. 跨国并购是家电行业扩展版图有力工具

继海尔以54亿美元收购美国通用家电、美的以292亿元收购德国库卡后，其他家电企业也不断探索新的海外市场，扩大自己的全球版图。TCL宣布与埃及当地最大家电业者Elaraby合作，计划共同在埃及设立液晶电视生产线，将产品拓展至整个非洲及中东市场；创维收购了东芝印度尼西亚工厂，并成立"东南亚制造基地"，尝试"东芝"和"创维"双品牌运作。海信收购的夏普墨西哥彩电工厂，面向美洲地区供应彩电。而欧洲占长虹海外市场份额比例达到35%，2015年长虹捷克工厂也达到近100万台的设计产能。

3. 中国家电业实现领跑

从一穷二白起家，完全靠模仿、借鉴起步的中国家电企业，凭什么在短短20多年的时间里在全球家电市场上超欧美、越日韩，终于成就全球家电霸主的地位？显然，如果只是单靠规模化驱动，只会是"昙花一现"；必须要拥有技术创新、原创产品的"金刚钻"。中国家电企业异军突起绝非偶然，背后主要因素便是中国家电企业如履薄冰的心态，以及永不服输的拓展精神。当前中国家电企业手握规模化优势、技术创新能力，以及充裕的资本，已成为全球家电业版图中最具活力的军团和力量。只要继续坚持改革开放与自主创新，中国家电行业就可以在全球竞争中实现全面"领跑"。

4.3.2　海尔与张瑞敏

1. 海尔集团发展历程

海尔集团前身是一个濒临倒闭的集体小厂。海尔的发展历程可以分为四个阶段。①1984~1991年，名牌战略阶段。1985年，海尔从德国引进了世界一流的冰箱生产线。一年后，有用户反映海尔冰箱存在质量问题。海尔公司在给用户换货后，对全厂冰箱进行了检查，发现库存的76台冰箱虽然不影响冰箱的制冷功能，但外观有划痕。时任厂长张瑞敏决定将这些冰箱当众砸毁，并提出"有缺陷的产品就是不合格产品"的观点，在社会上引起极大的震动。作为一种企业行为，砸冰箱事件不仅改变了海尔员工的质量观念，为企业赢得了美誉，也对中国企业及全社会质量意识的提高产生了深远的影响。1988年海尔摘取了中国冰箱行业历史上第一枚质量金牌。②1992~1998年，多元化战略阶段。在名牌战略成功的基础上，进行新的战略创新和转移。按"东方亮了再亮西方"的战略指导思想，发挥海尔文化的优势，以吃休克鱼的方式进行多元化扩张，由一个名牌产品发展成为全部系列家电名牌产品群，增强了企业的整体实力。③1999~2005年，国际化战略阶段。这个阶段旨在增强国际上的核心竞争能力。以1999年为转折点，在多元化战略成功的基础上，又一次进行战略创新和转移。海尔产品目前已出口106个国家和地区，其中欧美占

60% 以上，进入了 19 家世界大的连锁集团，海外设厂 6 个，在建厂达到 10 个。国际市场布局日趋合理，海外销售增长迅速。④2005 年至今，全球化品牌战略阶段。海尔集团同时拥有"全球大型家电第一品牌、全球冰箱第一品牌、全球洗衣机第一品牌、全球冷柜第一品牌与第一制造商"等共 8 项殊荣。海尔集团总部大楼如图 4－5所示。

图 4－5　海尔集团总部大楼

2. 海尔企业文化

海尔文化以观念创新为先导、以战略创新为方向、以组织创新为保障、以技术创新为手段、以市场创新为目标。海尔从日本借鉴了"6S 现场管理法"，从摩托罗拉公司借鉴了"6σ 质量管理办法"。海尔的企业文化理念体系如下。①愿景：成为国际家电名牌。②质量：有缺陷的产品就是废品，精细化，零缺陷。③用人理念：赛马不相马，人人是人才。④服务理念：真诚到永远，用户永远是对的。⑤竞争理念：打价值战，不打价格战。⑥创新理念：产品、机制、文化创新。⑦生存理念：永远战战兢兢，永远如履薄冰。

3. 张瑞敏

张瑞敏，1949 年 1 月出生，山东省莱州市人，现任海尔集团董事局主席兼首席执行官。1984 年，张瑞敏由青岛市家电公司副经理出任青岛电冰箱总厂厂长。他确立了"名牌战略"，带领员工抓住机遇，加快发展，创造了从小到大、从弱到强、从中国到国际的发展奇迹。在管理实践中，张瑞敏将中国传统文化精髓与西方现代管理思想融会贯通，"兼收并蓄、创新发展、自成一家"，创造了富有中国特色、充满竞争力的海尔文化。

4.3.3　TCL 与李东生

1. TCL 集团发展历程

TCL 集团股份有限公司创立于 1981 年。TCL 是中国企业国际化的先行者，已经走过早期探索、跨国并购、稳步成长三个阶段。2016 年，TCL 彩电出货量突破 2000 万台，成为全球著名电视机生产厂商。TCL 集团总部大楼如图 4－6 所示。

2. TCL 企业文化

①企业愿景：为用户提供极致体验的产品与服

图 4－6　TCL 集团总部大楼

务，让生活更精彩。②企业使命：为用户创造价值，为员工创造机会，为股东创造效益，为社会承担责任。③企业价值观：用户至上，开放创新，合作分享，诚信尽职。④企业精神：敬业、诚信、团队、创新。

3. 李东生

李东生，1957 年 7 月出生于广东，1982 年毕业于华南理工大学无线电技术系。1996年年底，李东生出任 TCL 集团公司董事长兼总裁。

2002 年，TCL 以 820 万欧元并购了施耐德的光学仪器企业，成为第一家进入德国的中国制造企业，这次并购很成功。2004 年，TCL 一口气并购了汤姆逊的电视业务和阿尔卡特的手机业务，引发国际震动。汤姆逊是当时法国最大的集团之一，也是全球第四大消费类电子生产商，占据全球彩电霸主地位多年。阿尔卡特也是全球通信行业的巨头，手机业务遍布全球。通过这个机会，TCL 如愿拿到了汤姆逊的彩电技术，还接手了其北美、欧洲、南美的市场，避开欧美国家的贸易壁垒，一举建立了全球最大的彩电供应企业。2004 年年底，全球彩电市场从显像管电视逐步转向平板电视，汤姆逊的阴极射线管技术开始落后于时代。出于并购"后遗症"，TCL 慢了半拍。2005 年，TCL 第一次出现亏损，全年亏损 3.2 亿元。一年后，该数字激增至令人咋舌的 19.3 亿元。为了生存，李东生壮士断腕，先是出售了曾被视为集团未来核心的计算机业务，紧接着咬牙关闭了法国的工厂。2009 年，重生的 TCL 恢复元气，电视和手机业务在国际上都形成了比较大的规模，盈利水平逐年攀升。

4.3.4 格力与董明珠

1. 格力集团发展历程

1）创业阶段——抓产品。1991 ～ 1993 年，新成立的格力电器是一家默默无闻的小厂，只有一条简陋的、年产量不过 2 万台窗式空调的生产线，但格力在朱江洪董事长的带领下，发扬艰苦奋斗、顽强拼搏的精神，克服创业初期的种种困难，开发了一系列适销对路的产品，抢占了市场先机，初步树立格力品牌形象，为公司后续发展打下良好的基础。

2）发展阶段——抓质量。1994 ～ 1996 年，格力开始以抓质量为中心，提出了"出精品、创名牌、上规模、创世界一流水平"的质量方针，实施了"精品战略"，建立和完善质量管理体系，推行"零缺陷工程"。几年的狠抓质量工作，使格力产品在质量上实现了质的飞跃，奠定了格力产品在质量上的竞争优势，创出了"格力"这一著名品牌，在消费者中树立良好的口碑。1994 年，董明珠开始主管销售工作，凭借不断创新的营销模式，1995 年格力空调的产销量一举跃居全国同行第一。

3）壮大阶段——抓市场、抓成本、抓规模。1997 ～ 2001 年，格力狠抓市场开拓，董明珠独创了被誉为"21 世纪经济领域的全新营销模式"的"区域性销售公司"，成为格力制胜市场的法宝。格力的生产能力不断提升，形成规模效益；同时，通过强化成本管理，为公司创造最大利润。自此产量、销量、销售收入、市场占有率一直稳居国内行业领头地位，公司效益连年稳步增长，在竞争激烈的家电业内一枝独秀。

4）国际化阶段——争创世界第一。2001～2005 年，格力提出"争创世界第一"的发展目标，在管理上不断创新，推行卓越绩效管理模式，加大拓展国际市场力度，向国际化企业发展。

5）创全球知名品牌阶段。格力在成功实现"世界冠军"的目标后，2006 年提出"打造精品企业、制造精品产品、创立精品品牌"战略，努力实践"弘扬工业精神，追求完美质量，提供专业服务，创造舒适环境"的崇高使命，朝着"缔造全球领先的空调企业，成就格力百年的世界品牌"的愿景奋进格力集团总部如图 4 - 7 所示。

图 4 - 7　格力集团总部

2. 董明珠

董明珠，1954 年出生于南京一个普通人家。1990 年，36 岁的她毅然辞掉南京的工作，南下广东打工。1990 年进入当时还叫海利的格力，现任珠海格力电器股份有限公司副董事长、总裁。

自主创新是"中国创造"的重要基石，董明珠呼吁企业要切实提高科技创新能力，追求环保、节能、低碳和全面协调可持续发展；诚信自律是"中国创造"的重要条件，积极营造和谐消费环境，切实保护消费者合法权益，努力拓展企业发展空间，不断提升企业创新能力。"走自主创新道路，为中国能够服务于世界，让世界爱上中国造，这就是我们的梦想。"董明珠表示从"好空调格力造""格力掌握核心科技"，到现在"让世界爱上中国制造"，格力走出了一条独特的中国制造之路。

4.4　信息产业的心脏：集成电路

集成电路俗称芯片，是信息产业的基石。自 1958 年集成电路发明以来，几乎每 18 个月集成电路上的晶体管数就能加倍，这一发展速度被称为摩尔定律。集成电路产业有以下特点：①门槛高、投资大、折旧高；②设备难、精密强；③技术难。

4.4.1　集成电路的诞生

1. 世界第一块集成电路

1958 年 9 月 12 日，在美国得州仪器公司的实验室里，工程师杰克·基尔比成功地制作出世界第一块集成电路（见图 4 - 8），因此，基尔比被称为集成电路之父。

集成电路的发明揭开了 20 世纪信息革命的序幕。集成电路的诞生，使微处理器的出现成为可能，也使计算机变成普通人可以使用的日常工具。在 2000 年，即集成电路问世 42 年以后，人们授予基尔比诺贝尔物理学奖，以肯定他发明集成电路的价值。

2. 集成电路发展规律

英特尔公司的联合创始人戈登·摩尔早在 1965 年就对集成电路的未来做出预测：集成电路上可容纳的元器件的数目，每隔 18~24 个月便会增加一倍，性能也将提升一倍。此即"摩尔定律"。

摩尔定律问世已 50 多年，人们惊奇地看到半导体芯片制造工艺水平以一种令人目眩的速度提高。从技术的角度看，随着硅片上线路密度的增加，一旦芯片上线条的宽度达到纳米数量级

图 4-8　第一块集成电路

时，现行工艺的半导体器件将不能正常工作，摩尔定律也就不再适用。前不久，摩尔本人认为这一定律到 2020 年的时候就会黯然失色。

3. 硅谷的蒲公英

仙童半导体公司成立于 1957 年，是美国的一家半导体设计与制造公司，曾经开发了世界上第一款商用集成电路，如图 4-9 所示。

1955 年，肖克利离开贝尔实验室创建了"肖克利半导体实验室"。不久，因仰慕"晶体管之父"的大名，八位年轻的科学家相继来到硅谷，加盟肖克利实验室。他们是摩尔、罗伯茨、克莱尔、诺伊斯、格里尼克、布兰克、霍尔尼和拉斯特。可惜，肖克利是天才的科学家，却

图 4-9　美国仙童半导体公司

缺乏经营能力。不久后，八位青年瞒着肖克利出走，肖克利怒不可遏，骂他们是"八叛逆"。

"八叛逆"创办了仙童半导体公司，1958 年 1 月，IBM 公司给了他们第一张订单，订购 100 个硅晶体管。1959 年 2 月，得州仪器公司工程师基尔比申请第一个集成电路发明专利的消息传来，诺伊斯十分震惊。他当即召集"八叛逆"商议对策。基尔比在得州仪器公司面临的难题，如在硅片上进行两次扩散和导线互相连接等，正是仙童半导体公司的拿手好戏。诺伊斯提出，可以用蒸发沉积金属的方法代替热焊接导线，这是解决元器件相互连接的最好途径。仙童半导体公司开始奋起疾追。1959 年 7 月 30 日，他们也向美国专利局申请了专利。为争夺集成电路的发明权，两家公司开始旷日持久的争执。1966 年，基尔比和诺伊斯同时被富兰克林学会授予"巴兰丁"奖章，基尔比被誉为"第一块集成电路的发明家"，而诺伊斯被誉为"提出了适合于工业生产的集成电路理论"的人。1965 年，摩尔发表了"摩尔定律"，成为 IT 产业的"第一定律"。

后来，人才纷纷离仙童而去。最终仙童中的桑德斯创立了超微，而诺伊斯和摩尔则创立了英特尔。仙童，一个永远让世人铭记和仰慕的名字，对半导体界乃至全世界做出了后

人无法企及的贡献。引用苹果公司乔布斯的一句话："仙童半导体公司就像个成熟了的蒲公英，你一吹它，这种创业精神的种子就随风四处飘扬了。"

4.4.2　我国集成电路发展历程

1. 中国第一块集成电路

1965 年 9 月，我国第一块集成电路诞生于中国科学院上海微系统与信息技术研究所。第一块集成电路是与非门集成电路，总共只有 9 只元器件。现在看来非常粗糙，性能也很简单，但却拉开了我国半导体集成电路的发展序幕，填补了中国半导体集成电路的空白。

2. 第一枚"中国芯"

2002 年 9 月 28 日，对于中国处理器领域来说是一个全新的起点：小名"狗剩"的中国第一颗通用式处理器芯片——"龙芯一号"终于展示在了世人的面前（见图 4 – 10）。它是中国科学院计算技术研究所历时两年、独立研制成功的我国首枚高性能通用 CPU。"龙芯一号"的成功问世，标志着我国已经结束了在计算机关键技术领域"无芯"的历史。

图 4 – 10　"龙芯一号"

在 IT 硬件领域，特别是在 CPU 等核心技术上，我们跟国外厂商有着较大的差距。而 CPU 又是计算机中最为关键、最为核心的部件，缺乏具有自主知识产权的芯片尤其是中央处理器芯片，已成为我国计算机产业的一大"芯"病。可以毫不夸张地说，龙芯虽然是一块小小的处理器芯片，但是它却承载着我国太多的期望。它打破了我国长期依赖进口国外处理器产品的尴尬局面。"龙芯一号"的推出可以算是中国处理器历史上一个新的里程碑。

3. 中国芯片之父

邓中翰，中星微电子有限公司董事长。2001 年 9 月，他和团队研发出第一枚具有完全自主知识产权的"星光一号"芯片，终结了"中国无芯"的历史，并成功打入国际 IT 市场。"星光一号"芯片被飞利浦、三星等品牌用于计算机摄像头核心芯片。目前，"星光"数字多媒体芯片产品已被成功推向全球市场，广泛应用于个人计算机、宽带、移动通信和信息家电等高速成长的多媒体应用领域，产品销售已经覆盖了欧、美、日、韩等 16 个国家和地区，客户囊括了索尼、三星、惠普、飞利浦、富士通、罗技、联想、波导、中兴等大批国内外知名企业，占领了全球计算机图像输入芯片 60% 以上的市场份额。邓中翰因此被称为"中国芯片之父"。

4. 我国集成电路产业发展现状

近年来，我国虽然涌现出中芯国际、展讯、海思等一批具有相当水平的集成电路设计与制造企业，但集成电路产业从产业规模、技术水平、市场份额等方面都与国际先进水平有较大差距。2016 年我国进口芯片金额超过 2296 亿美元，超过石油成为第一大进口产品。

我国是世界上最大的芯片消耗国，但自己提供的芯片不足10%。究其原因，主要在于以下几个方面。一是产业布局不集中。从国际集成电路产业发展路径看，集成电路产业基地往往积聚于知识与技术创新基地。而我国集成电路产业存在分散现象，产业基地与自主创新基地不通联，不利于产业规模化、高端化、可持续化发展。二是支持投入严重不足。集成电路产业，特别是高端芯片产业是资金、技术、人才高度密集产业，而我国在这方面的支持投入明显不足。三是龙头企业特别是领军企业不强。目前我国还缺乏像英特尔、三星、高通这样具有国际竞争力的龙头企业。四是核心技术受制于人。我国芯片制造的核心技术、关键设备、关键原材料等长期依靠进口，国内芯片制造企业几乎都是代工厂，自主创新能力薄弱，拥有自主知识产权和自主品牌的公司比较少。目前我国集成电路产业还比较落后，远不能满足国民经济和社会发展以及国家信息安全、国防安全建设的需要。加快发展集成电路产业，已成为当务之急。

4.4.3　我国集成电路知名企业

1. 中芯国际

中芯国际集成电路制造有限公司（见图4-11）是世界领先的晶圆代工企业之一。中芯国际总部位于上海，在上海建有一座300毫米晶圆厂和一座200毫米超大规模晶圆厂。公司装备了先进的光掩膜生产线，技术能力跨越0.5微米到45纳米。

中芯国际和高通2014年12月19日共同宣布，双方合作的28纳米高通骁龙410处理器已经成功制造。骁龙410是高通面向中端市场推出的集成LTE的64位移动处理器。这一进展表示着中芯国际在28纳米工艺成熟上的路径上迈出重要一步。

图4-11　中芯国际

张汝京毕业于台湾大学，于纽约州立大学布法罗分校获得工程学硕士学位，并在南方卫理公会大学获得电子工程博士学位。曾在得州仪器工作了20年。2000年4月，张汝京来到上海创办中芯国际，目标是创办一流水平的晶圆代工厂。张汝京已经带领中芯国际在上海盖了3座8寸晶圆厂，又买下摩托罗拉在天津的一座8寸厂，另外在北京的一座12寸晶圆厂也已经投产。

2. 台积电

张忠谋，1931年7月生于浙江宁波，台湾积体电路制造股份有限公司（台积电）创始人，现任台积电董事长，有"芯片大王"、台湾"半导体教父"之称。张忠谋本科就读于哈佛大学，获得麻省理工学院的硕士学位和斯坦福大学的博士学位。27岁那年，作为麻省理工学院毕业的硕士生，他与英特尔公司创办人摩尔同时踏入半导体业，与集成电路发明人杰克·基尔比同时进入得州仪器公司。

1985 年，张忠谋辞去在美国的高薪职位返回台湾。1987 年，张忠谋在台湾新竹科学园区创建了全球第一家专业代工公司台积电，并迅速发展为台湾半导体业的领头羊。

4.4.4　集成电路产业的重要地位

集成电路产业是国民经济和社会发展的战略性、基础性和先导性产业，是培育发展战略性新兴产业、推动信息化和工业化深度融合的核心与基础，是转变经济发展方式、调整产业结构、保障国家信息安全的重要支撑，其战略地位日益凸显。卫星、导弹、战机、核电……无一例外地使用着芯片。国外芯片厂商有可能通过芯片植入木马来窃取我国的商业机密。小小芯片关乎国家信息安全。如果在芯片方面没有自己的核心技术，安全就难以保障。我国信息产业缺芯少魂，已经危及我国信息安全。集成电路国产化率提升迫在眉睫。

> **小结：**集成电路是信息产业的"粮食"，其技术水平和发展规模已成为衡量一个国家产业竞争力和综合国力的重要标志之一。长期以来，我国在一些高附加值的芯片领域几乎全部依赖进口，究其原因还是核心技术受制于人，缺乏关键技术人才和领军企业，多为国外厂商代工生产，产品附加值较低。集成电路产业技术高度密集、投资十分巨大，呈现"强者愈强、赢者通吃"的特点。我国发展集成电路产业已上升为战略国策，发展集成电路产业已是大势所趋，集成电路产业起飞条件逐步具备。

4.5　计算机产业发展历程

4.5.1　计算机的发明

1. 计算机之父

提到计算机，就不能不提到冯·诺依曼，他被称为"计算机之父"。1945 年，冯·诺依曼提出了新型计算机的设计思想，可归纳为以下三点。第一，新型计算机不应采用原来的十进制，而应采用二进制。第二，采用"存储程序"的思想，把程序和数据都以二进制的形式统一存放到存储器中，由机器自动执行。不同的程序解决不同的问题，实现了计算机通用计算的功能。第三，把计算机从逻辑上划分为五个部分，即运算器、控制器、存储器、输入设备和输出设备。人们把冯·诺依曼的这个理论称为冯·诺依曼体系结构，根据这些原理制造的计算机被称为冯·诺依曼结构计算机。世界上第一台冯·诺依曼结构计算机是 1949 年研制的 EDVAC（Electronic Discrete Variable Automatic Computer，离散变量自动电子计算机），是为美国陆军弹道研究实验室研制。当前最先进的计算机都采用冯·诺依曼体系结构。冯·诺依曼和 EDVAC 如图 4－12 所示。

图 4 - 12　冯·诺依曼和 EDVAC

图 4 - 13　我国第一台数字电子计算机——103 机

4.5.2　中国计算机产业发展历程

1. 我国第一台计算机

1956 年夏，由毛泽东主席提议，在周恩来总理的领导下，我国制定了《十二年科技规划》，把开创我国的计算技术事业等项目列为四大紧急措施之一。华罗庚被任命为中国科学院计算技术研究所筹备委员会主任。1958 年 8 月 1 日，我国第一台数字电子计算机——103 机诞生，如图 4 - 13 所示。

2. 银河 I 型机

1983 年 12 月 22 日，国防科技大学研制成功"银河 I 号"巨型计算机，运算速度达每秒 1 亿次。"银河"的出现，在我国计算机发展史上是一个重大的突破性事件，可以说是我国现代计算机技术开始直追世界先进水平的开始。银河亿次巨型计算机如图 4 - 14 所示。

3. 长城 286 计算机

1987 年，长城 286 计算机问世。慢慢地，在我们的视野中，有了多媒体的概念，视频、图像、文字、声音开始冲击我们的感官。长城 286 计算机如图 4 - 15 所示。

20 世纪 90 年代是我国计算机应用高速普及的一个时期。在这个阶段，我们最能耳熟能详的就是"86 系列"计算机，即从 286、386、486 到最后的 586。

图 4 - 14　银河亿次巨型计算机

图 4 - 15　长城 286 计算机

4. 中国硅谷

尽管国内的计算机企业只能从事低附加值的微机组装工作，但是由于计算机走入日常百姓家庭，国内民用和商务领域对于计算机的需求巨大。这也导致了一个北京新地标——中关村的兴起。今天，中关村是北京的高科技中心，它被誉为"中国硅谷"。今天的中关村如图 4 - 16 所示。

图 4 - 16　中关村高科技园区

5. 中国计算机发展史奠基人华罗庚

华罗庚出生于江苏常州，是世界著名数学家。1953 年，第一批"海归"科学家中的华罗庚意识到计算机技术是科学发展新的突破点，向中央提出了重视、发展计算机研究的想法。华罗庚堪称国内传播计算机理念的"第一人"，他就此成为中国计算技术的奠基人和创始人。华罗庚如图4 - 17所示。

早在 1947～1948 年，华罗庚在美国普林斯顿高级研究院任访问研究员，和冯·诺依曼、哥尔德斯坦等人交往甚密。华罗庚在数学上的造诣和成就深受冯·诺依曼等的赞誉。当时，冯·诺依曼正在设计世界上第一台存储程序的通用电子数字计算机，冯让华罗庚参观他的实验室，并

图 4 - 17　**华罗庚**

经常和华罗庚讨论有关的学术问题。这时，华罗庚的心里已经开始盘算着回国后也要在中国开展电子计算机的研制工作。华罗庚 1950 年回国，1952 年在全国大学院系调整时，他从清华大学电机系物色了闵乃大、夏培肃和王传英三位科研人员，在他任所长的中国科学院数学所内建立了中国第一个电子计算机科研小组，任务就是要设计和研制中国自己的电子计算机。1956 年 8 月，成立了由华罗庚为主任的科学院计算所筹建委员会，组织了计算机设计、程序设计和计算机方法专业训练班，首次派出一批科技人员赴苏联实习和考察。

6. 中国超级计算机

超级计算机是国家科研的重要基础工具，在地质、气象、石油勘探等领域的研究中发

挥关键作用，也是汽车、航空、化工、制药等行业的重要科研
工具。超级计算机能干些什么？有人通俗地解释：算天、算
地、算人。它能计算天气，预测未来气候变化；能给大地做
CT，探明地下矿藏；能分析人类基因，解读生命的奥秘。新
一期全球超级计算机 500 强榜单 2016 年 6 月 20 日公布，使用
中国自主芯片制造的"神威太湖之光"取代"天河二号"登
上榜首。神威太湖之光如图 4 - 18 所示。

图 4 - 18　神威太湖之光

4.5.3　计算机产业知名企业

1. 英特尔

英特尔公司是世界上最大的半导体公司之一，也是第一家推出 x86 架构处理器的公
司，总部位于美国加利福尼亚州圣克拉拉，由罗伯特·诺伊斯、戈登·摩尔和安迪·葛洛
夫以"集成电子"之名在 1968 年 7 月 18 日共同创办。1971 年，英特尔推出了全球第一个
微处理器。微处理器所带来的计算机和互联网革命，改变了整个世界。英特尔也开发主板
芯片组、网卡、闪存、绘图芯片、嵌入式处理器等与通信与运算相关的产品。

创办人之一摩尔以其敏锐的眼光，准确地预测到了 PC 的成功。他果断地做出决定，
进行战略转移，专攻微型计算机的"心脏"部件 CPU，让英特尔成为这场变革和进步的最
大推动者和胜利者。1971 年 11 月 15 日，这一天被当作全球 IT 界具有里程碑意义的日子
而被写入许多计算机专业教科书。这一天英特尔公司的工程师霍夫发明了世界上第一个微
处理器 4004，如图 4 - 19 所示。

图 4 - 19　英特尔公司和 4004CPU

1981 年是英特尔发展史上具有重要意义的一年。英特尔销售工程师维斯顿维找到了一
位重要的客户——蓝色巨人 IBM，在随后 IBM 制造的个人计算机中开始使用英特尔的
8088 微处理器作为其核心处理器。英特尔从此名声大振。1993 年，具有里程碑意义的英
特尔 Pentium 处理器正式发布，宣布个人计算机开始进入多媒体时代。2003 年 3 月，英特
尔有史以来首次发布一种完整的计算解决方案——迅驰移动计算技术，此次发布可以看作
英特尔全面进军移动便携式计算机的先兆。

英特尔公司及其生产的 CPU 始终居于技术的制高点和产业的核心地位。无论是出于主观的战略规划还是客观的研发规律，数十年来英特尔芯片技术的研发和制造工艺基本遵循着摩尔定律有条不紊地演进发展并保持技术领先，进而带动其他半导体元器件和设备的技术变革，摩尔定律也因此成为全球 IT 硬件技术的基本规律。英特尔的成功，不可否认是技术创新的成功，从微米到纳米制程，从 4 位到 64 位处理器，从奔腾到酷睿，从硅技术、微架构到芯片与平台创新，在 IT 计算机行业的最前沿技术领域，英特尔一直是创新的领导者。

2. IBM

IBM 公司于 1911 年由托马斯·沃森创立，其公司总部位于美国纽约，如图4-20 所示。

图 4-20　托马斯·沃森和 IBM 公司

IBM 公司有着近百年的历史，在美国企业界享有独一无二的地位，20 世纪 50 年代初转入计算机行业，便开始演绎着一部轰轰烈烈的 IT 产业史。它不但成为美国 IT 界的巨擘，在世界 IT 产业界亦扮演着举足轻重角色。从一定意义上讲，IBM 公司的历史就是一部计算机的产业史。在电子计算机半个多世纪的历史中，IBM 的身影无处不在，并长时间独领风骚。从计算器、鼠标到 CPU、硬盘、内存再到大型机和数据中心，从软件到硬件再到 IT 服务和管理咨询，在过去的近百年来，世界经济不断发展，现代科学日新月异，IBM 始终以先进的技术、出色的管理和独树一帜的产品和服务，推动着全球信息工业的发展，涵盖了世界范围内几乎所有行业用户对信息处理的全方位需求。

2004 年，IBM 将旗下 PC 业务出售给了中国的联想集团。2008 年，IBM 推出"智慧地球"计划，利用计算机智能为基础电网、交通管理、食品配送、水利和医疗卫生提供更加高效的运行系统。目前，IBM 拥有覆盖业务咨询服务、IT 服务及业务流程服务的全面服务能力，并通过 IBM 全球企业咨询服务部、全球信息科技服务部及全球业务流程服务部三大服务部门，为各类客户提供强大的服务支持。

IBM 公司经营的宗旨是尊重人、信任人，为用户提供最优服务及追求卓越的工作。这一经营宗旨就是 IBM 的价值观，它指导 IBM 公司的经营活动。尊重人是尊重职工和顾客的权利和尊严，并帮助他们自我尊重；信任是信任职工的自觉性和创造力；追求卓越就是尽力以最优的方式达成结果，但并不是要求完美、无缺。卓越不仅指突出的工作成就，而且最大限度地培养追求杰出工作的理想和信念，激发出为企业尽忠竭力的巨大热忱。

3. 联想

（1）联想集团——中国信息产业发展史上的传奇

联想集团是1984年中科院计算所投资20万元人民币、由11名科技人员创办的，是一家在信息产业内多元化发展的大型企业集团、富有创新性的国际化科技公司。在公司发展过程中，联想勇于创新，实现了许多重大技术突破，其中包括成功研制可将英文操作系统翻译成中文的联想式汉卡，开发出可一键上网的个人计算机，并于2003年推出完全创新的关联应用技术，从而确立了联想在3C时代的重要地位。凭借这些技术领先的个人计算机产品，联想登上了中国IT业的顶峰。

1990年联想开始生产及供应联想品牌个人计算机。2004年12月8日，联想正式宣布完成收购IBM全球PC业务，完成收购后的新联想以130亿美元的年销售额一跃成为全球第三大PC制造商。2013年，联想计算机销售量升居世界第一，成为全球最大的PC生产厂商。2014年1月23日联想集团宣布，以23亿美元收购IBM低端服务器业务。2014年10月，联想集团宣布已经完成对摩托罗拉移动的收购，并借此成为全球第三大智能手机厂商。自2014年4月1日起，联想集团成立了四个新的、相对独立的业务集团，分别是PC业务集团、移动业务集团、企业级业务集团、云服务业务集团。

（2）中国IT教父柳传志

柳传志1966年毕业于西安军事电讯工程学院，现任联想集团有限公司董事局主席。柳传志是联想公司创办人之一。30多年来，柳传志致力于高科技产业化的探索和实践，不断引领企业开展自主创新，走出了一条具有中国特色的高科技产业化道路，使联想集团的技术实力和市场份额都跻身世界同行的前列。在他的领导下，联想高举民族计算机产业大旗，立足中国本土，不断研究摸索行业规律，在与国外强手的竞争中一举胜出，不仅确立了在中国市场的领先地位，而且带动了一大批民族IT企业的发展。联想集团通过并购IBM全球PC业务走出国门，成为全球领先的计算机公司之一，证明了中国企业的能力，也为中国企业实现国际化积累了宝贵的经验。

小结：计算机是20世纪最先进的科学技术发明之一，对人类的生产活动和社会活动产生了极其重要的影响，并以强大的生命力飞速发展。它的应用领域从最初的军事科研应用扩展到社会的各个领域，已形成了规模巨大的计算机产业，带动了全球范围的技术进步，由此引发了深刻的社会变革。它带来的影响可以和蒸汽机的发明相比拟。随着计算机的发展，人类传统的生产方式、生活方式和生存状态必然会发生翻天覆地的变化。

4.6　软件产业发展历程

4.6.1　概述

软件被誉为信息产业的"大脑"，具有技术和文化的双重属性。软件产业是无污染、低能耗、高就业的知识密集产业，是信息产业的核心，是信息社会的基础性、战略性产业。软件产业不仅能创造十分可观的经济效益，而且由于其强大的渗透和辐射作用，对经济结构的调整优化、传统产业的改造提升和全面建成小康社会可起到重要的推动作用，是国民经济和社会发展的"倍增器"。发展和提升软件和信息技术服务业，对于推动信息化和工业化深度融合，培育和发展战略性新兴产业，加快经济发展方式转变和产业结构调整，提高国家信息安全保障能力和国际竞争力具有重要意义。

软件主要包括以下几种：①系统软件，如操作系统、数据库系统等；②支撑软件，如中间件、网络及通信管理软件、安全保密软件、语言及工具软件及平台等；③应用软件，如通用软件、各行业应用软件、文字语言处理软件等；④嵌入式软件。

4.6.2　中国软件产业发展历程

我国的软件产业主要经历了萌芽期、起步期、进入期和发展期四个阶段。

第一阶段：萌芽期（20 世纪 70 年代至 80 年代初）。1978 年，以计算机工业管理局的成立为标志，我国的计算机工业真正开始登上历史舞台。在此期间，中国计算机服务公司、中国计算机软件公司、中国计算机系统集成公司等相关公司相继成立，对于中国的软件产业而言，有着非常重大的意义。

第二阶段：起步期（20 世纪 80 年代初至 80 年代末）。20 世纪 80 年代初，中关村出现在人们的视野里。由于科研要面向经济、要服务于经济的发展观念深入人心，许多科研院所的研究员们也纷纷走向市场。许多提供代理销售、增值服务、应用软件开发的公司如同雨后春笋般纷纷成立。中国的软件产业开始了面向市场、面向客户的转变。

第三阶段：进入期（20 世纪 90 年代初至 2000 年初）。90 年代初，为了发挥集群优势，中国的软件产业开始了集群式的发展。与此同时，一系列金字工程的建立，更触动了软件在各个方面的应用。2000 年，随着国务院 18 号文件颁布，软件产业获得了更好的发展环境、更大的发展空间，中国软件产业的发展全面提速。

第四阶段：发展期（2000 年至今）。进入 2000 年以后，中国的软件企业开始进入网络软件时期，互联网和软件网络营销大规模兴起，腾讯等公司崛起，中国软件出口逐渐增加，中国软件走出国门。

4.6.3 中国软件产业发展现状

1. 企业创新能力不足，核心技术受制于人

我国在涉及国计民生重要行业领域的软件和信息技术服务仍然被跨国公司垄断，如政府、电力、金融、交通等的关键信息基础设施的操作系统和数据库，交通、能源、高端装备制造等行业领域的工业软件仍依赖于进口，国内企业基本上还没有能力提供同水平的软件产品和配套服务，无法满足行业用户需求。另外，我国在云计算、移动互联网、物联网等新兴领域的关键技术薄弱，与国外差距较大，核心专利数量少，缺乏自主知识产权的核心产品。企业研发投入整体水平偏低，技术创新与产业化结合不足，多处于产业链和价值链低端。

2. 我国软件关键产品市场占有率较低

当前，我国在操作系统、数据库、中间件、云计算等领域，产品综合性能与国外知名品牌仍有较大差距，市场占有率较低。在操作系统领域，全球智能手机和平板电脑搭载的操作系统基本被谷歌和苹果的操作系统垄断，其中智能手机 80% 以上采用谷歌安卓系统。PC 操作系统基本被微软 Windows 垄断。

我国软件产品市场占有率较低主要存在以下几方面原因。一是软件技术水平存在差距。例如在云计算领域，由于受到传统操作系统、数据库等基础产品长期落后的影响，我国虚拟化等深层次核心技术与国际先进水平还存在较大差距。二是商业生态系统不健全。当前信息产业的发展已经从单一企业竞争演变为商业生态系统的竞争，而我国企业尚未构建起成熟、健康的生态系统，在跨国公司主导的产业生态体系中被边缘化，缺乏产业发展的话语权，长期处于被动跟随、同质化竞争、低附加值的发展阶段。三是骨干企业实力依然较弱。虽然我国电子信息企业已经得到长足发展，但与国外企业相比依然比较弱小。

> **小结：** 软件产业是 20 世纪最具广阔前景的新兴产业之一。作为一种"无污染、微能耗、高就业"的产业，软件产业不但能大幅度提高国家整体经济运行效率，而且自身也能形成庞大规模，拉升国民经济指数。随着信息技术的发展，软件产业将会成为衡量一个国家综合国力的标志之一。因此，发展和扶持软件产业，是一个国家提高国家竞争力的重要途径，也是参与全球化竞争所必须占领的战略制高点。

4.6.4 知名软件企业

1. 微软

微软（Microsoft）公司（见图 4 – 21）是世界 PC 软件开发的先导，由比尔·盖茨与保罗·艾伦创立于 1975 年。微软公司主要产品为 Windows 操作系统、InternetExplorer 网页浏览器及 MicrosoftOffice 办公软件套件。

比尔·盖茨（BillGates）1955 年 10 月 28 日出生于美国华盛顿州西雅图，微软公司创始人。盖茨是一个对技术有热情、对人类有使命感的人。最能概括微软公司文化精髓的是比尔·盖茨的一句话："每天早晨醒来，一想到所从事的工作和所开发的技术将会给人类生活带来的巨大影响和变化，我就会无比兴奋和激动。"

图 4 - 21　微软公司

微软还积极倡导：诚实和守信；公开交流，尊重他人，与他人共同进步；勇于面对重大挑战；对客户、合作伙伴和技术充满激情；信守对客户、投资人、合作伙伴和雇员的承诺，对结果负责；善于自我批评和自我改进、永不自满等企业文化元素。这些文化理念所形成的文化氛围，就是取之不尽、用之不竭的天然动力源泉，就能爆发出强大的信仰力，从而形成巨大的凝聚力、战斗力、创造力和竞争力。在微软的文化和价值观中，以下五点对微软的成功最有帮助：①充满激情、迎接挑战；②自由平等、以德服人；③自我批评，追求卓越；④责任至上、善始善终；⑤虚怀若谷、服务客户。

2. 民族软件第一人

求伯君，金山软件股份有限公司创始人。1964 年 11 月出生于浙江新昌县，有"中国第一程序员"之称。1984 年，求伯君毕业于国防科技大学，后分配到河北省徐水县石油部物探局的一个仪器厂。1986 年，从仪器厂辞职，加盟北京四通公司。1988 年，加入香港金山公司，在深圳从事软件开发。1989 年转到珠海，成功开发国内第一套文字处理软件 WPS（见图 4 - 22）。1994 年，在珠海独立成立金山公司，自任董事长兼总经理。1997 年，WPS97 诞生，成为中国对抗 Word 的第一个中文软件。1999 年，WPS2000 面世，金山公司走向国际化。2011 年 7 月 6 日，副董事长雷军接任金山公司董事长。2011 年 10 月 24 日，求伯君正式退休。

图 4 - 22　WPS 软件

图 4 - 23　瑞星杀毒软件

3. 中国杀毒软件第一人

刘旭，曾任国家反病毒专家、瑞星杀毒软件（见图 4 - 23）的原设计者和发明人，从事反病毒技术研究超 20 年，是我国第一个发现并解决 CIH 病毒专家，在业内被称为"中国杀毒软件第一人"。

刘旭1989年开始从事计算机病毒的防治研究工作。2000年之前，作为设计者与发明人，由他设计、开发的瑞星防病毒卡和瑞星杀毒软件产品，分别在1993年和1999年获得国家重大科技成果奖，被授予国家重点新产品称号，并被列入国家"火炬计划"项目。2005年，刘旭自筹资金1000万元，带领科研人员成功研制了国际上首套全新技术的主动防御软件，同时申请了6件国家专利。他创办的北京东方微点信息技术有限责任公司被批准为高新技术企业。

4. 360 杀毒软件

360杀毒软件采用第三代QVM人工智能引擎技术，将人工智能技术应用于病毒识别过程中，具备"自学习、自进化"能力，无须频繁升级特征库就能检测到90%以上的新病毒。同时配合"云查杀"技术和"白名单"机制，能够在识别未知恶意程序的同时降低误报，其防杀病毒能力得到多个国际权威安全软件评测机构认可，荣获多项国际权威认证。360杀毒软件如图4-24所示。

图4-24　360杀毒软件

4.6.5　软件产业的知识产权保护

我国作为软件行业起步较晚的发展中国家，对于软件知识产权保护力度较弱。掌握自主知识产权成为软件企业赢得竞争优势的主要手段之一。从软件企业自身的角度看，首先，加强自主创新是企业发展的原动力，也是企业拥有知识产权的重要手段。软件企业应积极加大研发投入，提高技术创新水平，加强与政府、高校、科研院所等机构的交流和合作。其次，将知识产权战略纳入企业总体发展战略，专门设立知识产权管理机构。从软件产业总体发展的角度看，一是完善知识产权制度，建立和健全与软件产业知识产权保护相关的法律法规，通过行政手段打击软件盗版行为，运用司法审判等方式保护软件企业和软件权利人的合法权益；二是建立知识产权侵权行为应对机制，制定积极有效的知识产权侵权和盗版反应机制，搭建软件知识产权保护平台，切实改善我国软件知识产权保护的环境；三是进一步加大对软件知识产权保护的宣传力度，积极引导软件企业加强知识产权管理与运用，使其有能力在日益激烈的国际软件知识产权竞争中争取到有利地位。

小结：只有练好内功，掌握核心技术，中国的企业才能在竞争中取得胜利。我国在基础软件研究与开发方面原始创新不足，多为跟踪和模仿，造成在操作系统、开放工具平台、大型数据库管理系统等基础软件方面几乎没有自主版权的产品，无法形成自主健全的软件产业链，严重影响了我国软件产业再发展能力。

4.7　互联网产业发展历程

4.7.1　信息产业发展的第二次浪潮

美国为了军事研究，建立了国防部高级研究计划署，聘请罗伯茨设计网络。1968 年，由罗伯茨设计的"资源共享的电脑网络"研究计划被批准。此后，在这个计划指导下建立的网络就叫作"阿帕网"，罗伯茨当之无愧地被人们称为"阿帕网之父"。

互联网（Internet）是在阿帕网的基础上发展起来的。互联网是人类历史发展中的一个伟大里程碑，它正在对人类社会的文明悄悄地起着越来越大的作用。正如瓦特发明的蒸汽机导致了一场工业革命一样，互联网将会极大地促进人类社会的进步和发展。互联网堪称最为伟大、最具颠覆性、最具创造性的发明。它正在改变世界，改变我们的社会，改变我们的生活方式和思维方式，改变信息传递和传播的模式。互联网是人类有史以来出现的最具革命性的事物。从来没有一种事物能够像它一样对人类社会具有如此深刻的影响。它是一种生产工具，使人类的社会化大生产进入了全新的信息化、智能化时代；它又是一种能充分实现人类思想沟通的工具，其对作为人类社会上层建筑的意识形态产生了直接的巨大的作用。

4.7.2　互联网之父

"互联网之父"指互联网的创始人、发明人，这一美称被先后授予多人，包括蒂姆·伯纳斯·李、温顿·瑟夫、罗伯特·卡恩等。所以"互联网之父"不是一个人，而是一个群体。

蒂姆·伯纳斯·李是万维网的发明者。1989 年 3 月他正式提出万维网的设想，1990 年 12 月 25 日，他在日内瓦的欧洲粒子物理实验室里开发出了世界上第一个网页浏览器。他是关注万维网发展的万维网联盟的创始人，并获得世界多国授予的各种荣誉。他最杰出的成就，是把万维网的构想推广到全世界，让万维网科技获得迅速发展，深深改变了人类的生活面貌。

温顿·瑟夫，互联网基础协议 TCP/IP 协议和互联网架构的联合设计者之一，谷歌全球副总裁、互联网奠基人之一。20 世纪 70 年代，温顿·瑟夫曾经参与互联网的早期开发与建设，并因此获得了"互联网之父"的美誉。

罗伯特·卡恩，现代全球互联网发展史上最著名的科学家之一，TCP/IP 协议合作发明者，互联网雏形 Arpanet 网络系统设计者，"信息高速公路"概念创立人。2004 年，卡恩和瑟夫因为他们在互联网协议方面所取得的杰出成就而荣膺美国计算机学会颁发的图灵奖。

4.7.3　中国互联网的发展历程

1. 中国第一封电子邮件

1987 年 9 月 14 日晚，在北京中国兵器工业计算机应用研究所的一栋小楼里，13 位中德科学家围在一台西门子大型计算机旁进行电子邮件的试验发送。维纳措恩在接收邮件的地址里输入了包括自己在内的 10 位德国科学家的电子邮箱地址。邮件的内容是由英文和德文两种文字书写的，内容是李澄炯教授提议的 "Across the Great Wall we can reach every corner in the world"。（越过长城，走向世界）。维纳措恩敲下了回车键开始发送。他坐在那里一动不动地等信号，可是怎么等也没收到邮件。大家重新检查计算机软件系统和硬件设施，后来发现是一个数据交换协议有点小漏洞，导致邮件未发出去。于是他们又用了一周的时间解决了这个问题。1987 年 9 月 20 日 20 点 55 分，回车键再次按下，与上次相比这次大家都很紧张。过了一会儿，计算机屏幕出现"发送完成"字样，众人鼓掌庆贺。从此揭开了中国人使用互联网的序幕。中、德两国科学家首发电子邮件如图 4-25 所示。

图 4-25　中、德两国科学家首发电子邮件

2. 连接 Internet

1994 年 4 月 20 日是中国互联网发展的一个标志性的日子。经过卓越努力，中国在这一天终于可以全方位地访问国外 Internet。在北京计算机应用技术研究所钱天白研究员和德国卡尔斯鲁厄大学 Zorn 教授的协助下，1994 年 5 月 21 日完成了中国国家顶级域名（CN）的注册，运行了中国自己的域名服务器，在 NCFC 主干网设了主服务器，在美国和欧洲设了四个副服务器，改变了中国的顶级域名服务器一直在国外运行的历史，揭开了我国互联网发展的历史。互联网正式接入中国后，中国四大骨干网相继展开建设，拉开了中国互联网发展的序幕。

3. 中国第一家互联网公司

1996 年春，一个名叫"瀛海威"的公司在北京中关村竖起了一个硕大的广告牌，上面赫然写着："中国人离信息高速公路有多远——向北 1500米"。这个广告牌成为当年国内最受关注的商业事件之一，同时也令瀛海威和它的创始人张树新成为当年的焦点，如图 4-26 所示。

图 4-26　"瀛海威"在中关村竖起的广告牌

商业史中的无数案例证明，行业内第一个进入者未必会是最后的胜利者，但是它却不得不担当启蒙者的角色。瀛海威亦不例外。作为中国第一家互联网公司，无论他们从事的业务还是这个公司本身，在外界看来都是一个"异类"。他们的盈利模式是用户向瀛海威缴纳一定的费用，即可以接入互联网，进行网络聊天、收发电子邮件，以及阅读电子报纸。自诞生之日起，瀛海威就在不间断的自造的"热点"中被新闻轰炸，在短短几年时间里，从一个无名的地方性网络公司成为广为人知的"中国信息行业的开拓者"。瀛海威以重金租用了两条通信线路。就在瀛海威一切准备进行得非常顺利的时候，意识到互联网接入服务重要性的中国电信突然开始涉足这一领域。与瀛海威相比，中国电信的接入价格更低，更为重要的是，它拥有瀛海威无法比拟的资金优势。一个是资金规模仅为千万元的民营企业，另一个是中国的基础网络运营商、拥有世界第一大固定电话网络、手握数十亿现金的特大型国企巨头，在同一市场采用同样的盈利模式，除非进行商业模式的转型，否则从任何数据分析都已注定了瀛海威走向失败的命运。由于中国电信涉足后大幅降低了互联网接入费用，导致 1997 年年底瀛海威巨额亏损并出现了大量的用户流失。2001 年，瀛海威开始裁员并逐渐淡出公众视线。

4. 我国互联网的现状与发展趋势

中国互联网络信息中心（CNNIC）2017 年 1 月 22 日发布的第 39 次《中国互联网络发展状况统计报告》指出：中国网民规模达 7.31 亿人，互联网普及率为 53.2%。中国网民规模和互联网普及率变化情况如图 4 - 27 所示。

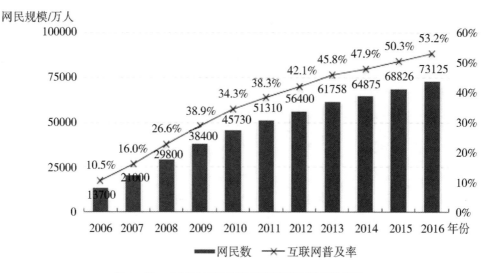

图 4 - 27　中国网民规模和互联网普及率变化情况

中国的互联网走在世界前列，互联网的发展正在打破一个个壁垒，更好地改善人民生活，推动整个中国经济的发展。在互联网产业生态方面，行业加速整合，市场竞争呈现新格局；积极布局海外市场，国际合作取得新进展。在网络安全与网络空间治理方面，网络安全法治建设持续推进，产业发展法律环境日益优化。中国互联网产业发展有如下趋势：互联网发展基础条件进一步提升；全国互联网普及率过半，农村与城市"数字鸿沟"进一步缩小；高速移动网络加快普及，提速降费持续推进；互联网技术进一步带动市场发展；大数据交易相关标准逐步出台，市场交易转向活跃；物联网推动城市生活智能化，平台入口之争愈发激烈。

今后，互联网产业将蓬勃发展。"互联网＋工业"方面，工业互联网加速改造制造业，助推中国向制造强国转型；互联网创新成果与能源系统逐步融合，智能电网加速发展。"互联网＋农业"方面，现代信息技术与农业融合加快，"互联网＋"改变农业传统生产经营格局。"互联网＋服务业"方面，分享经济影响范围快速扩展，信用服务体系初步建立；移动互联网促进"互联网＋健康"向个性化服务演进；移动支付业务形态向金融生态圈演变；"互联网＋"服务商开始出现。

4.7.4 知名互联网企业

1. 雅虎公司

雅虎创办于 1994 年，当时杨致远和费罗还是斯坦福大学的研究生，而当时的互联网还是一片荒凉之地。于是他们搞了个网站，帮助人们在网上查找内容，上线之初就获得了百万的点击量，资金接踵而来。1995 年，雅虎公司成立。2005 年，雅虎斥资 10 亿美元，收购了阿里巴巴 40% 的股份。雅虎公司总部如图 4-28 所示。

图 4-28　雅虎公司总部

从市值 1300 亿美元，到微软 446 亿美元的出价，再到 Verizon（威瑞森，美国电信公司）以 48 亿美元收购，雅虎后来的境遇让人唏嘘短叹。雅虎曾经是全球最受欢迎的入门网站，一个以搜索引擎和电邮客户闻名的网站。然而就是这样一家有 20 多年历史的网站完全被后起之秀谷歌赶超，公司更是于 2016 年 4 月 18 日在美国加州宣告"死亡"。

> **小结：** 从雅虎的兴衰我们可以看到互联网技术跌宕起伏的发展历程，也能够体会在信息时代其实很难追求一个基业长青的百年老店，我们所能做的就是尽量把握每一次技术大潮。对于任何公司来讲，它都属于一个时代，当一个时代过去了，它的历史使命就已经完成了，因此它的终结并非是一件坏事，只有这样才可以释放出资源投入到更重要的产业中去。

2. 谷歌公司

1998 年 9 月 7 日，拉里·佩奇和赛吉·布林在美国加利福尼亚州山景城一个车库里创立了谷歌公司，提供搜索引擎服务。谷歌公司通过率先推出的广告商业模式获得了巨大的成功。随着搜索引擎逐渐成为互联网的信息入口，谷歌的广告收入不断壮大，一步步取代了传统的媒介形式，成为互联网时代最早的行业领导者。2005 年，谷歌完成对手机操作系统 Android 的收购注资。Android 是一种基于 Linux 的自由及开放源代码的操作系统，主要使用于移动设备，如智能手机和平板电脑，由谷歌公司和开放手机联盟领导及开发。2012 年谷歌公司完成对摩托罗拉的收购，开始进军手机硬件生产。谷歌公司总部如图 4 - 29 所示。

图 4 - 29　谷歌公司总部

2009 年，谷歌无人驾驶汽车项目正式启动，目标在 2020 年发布一款无人驾驶的汽车。谷歌无人驾驶汽车利用 GPS、传感器、雷达、激光等装置对周围环境进行探测。传感器甚至能发现距离汽车两个足球场远的物体，包括行人、车辆、施工区，甚至是一只鸟。2012 年 10 月 2 日，谷歌已经超越微软，成为按市值计算的全球第二大科技公司。2015 年 8 月 11 日，谷歌联合创始人拉里·佩奇在官方博客上宣布，谷歌将进行重组，成立名为 Alphabet 的新的集团公司，而原有的谷歌公司作为其旗下的子公司。

3. Facebook

扎克伯格，1984 年 5 月生于美国纽约州白原市，社交网站 Facebook（脸书）的创始人兼首席执行官，被人们冠以"盖茨第二"的美誉。他是哈佛大学计算机和心理学专业辍学生，是全球最年轻的自行创业亿万富豪。

2004 年 2 月，还在哈佛大学主修计算机和心理学的二年级学生扎克伯格突发奇想，要建立一个网站作为哈佛大学学生交流的平台。用了大概一个星期的时间，扎克伯格就建立起了这个名为 Facebook 的网站。意想不到的是，网站刚一开通就大为轰动，几个星期内，哈佛一半以上的大学部学生都登记加入会员，主动提供他们最私密的个人数据，如姓名、住址、兴趣爱好和照片等。如今，Facebook 已成为世界上最重要的社交网站之一。Facebook 的成功，是持续微创新的成功，不断改进的产品体验让 Facebook 超越了一个又一个的行业领先者，发展成为新一代的互联网巨头。

4. 百度

百度公司于 2000 年 1 月由李彦宏创立于北京中关村（见图 4 - 30），致力于向人们提供"简单、可依赖"的信息获取方式。"百度"二字源于宋朝词人辛弃疾的《青玉案·元夕》词句"众里寻他千百度"，象征着百度对中文信息检索技术的执着追求。

经过十多年的发展，百度已经发展成为全球第二大独立搜索引擎和最大的中文搜索引擎。百度搜索引擎的出现，颠覆网民获取信息的方式，通过搜索可以轻易到达互联网的每个角落。曾经我们有问题不知道找谁解决，别人告诉我们的答案是不是正确我们不得而知，需要寻求一个答案时往往要翻阅大量的书籍或材料。而

图 4 - 30　百度公司

今，搜索引擎已经成为快速获得答案的最直接方式，"不懂的，问度娘"已经成为人们寻找信息、获取答案的习惯。搜索引擎已经成为人们公认的无所不能的贴身秘书，随时随地陪伴左右，有问必答，无所不能。

5. 腾讯公司

深圳市腾讯计算机系统有限公司（见图4-31）成立于1998年11月，由马化腾等人创立，是中国最大的互联网综合服务提供商之一，也是中国服务用户最多的互联网企业之一。腾讯多元化的服务包括：社交和通信服务QQ及微信、社交网络平台QQ空间、腾讯游戏旗下QQ游戏平台、门户网站腾讯网、腾讯新闻客户端和网络视频服务腾讯视频等。

图4-31　腾讯大厦

马化腾，1971年10月生于广东省汕头市，现担任腾讯公司控股董事会主席兼首席执行官。1993年从计算机专业毕业后，马化腾进入深圳润迅通讯发展有限公司，开始做软件工程师，专注于寻呼机软件的开发。1998年马化腾与他的同学张志东"合资"注册了深圳腾讯计算机系统有限公司。1999年2月，腾讯开发出第一个"中国风味"的ICQ，即QICQ后，受到用户欢迎。人数增加就要不断扩充服务器，而那时一两千元的服务器托管费对公司而言不堪重负。2000年，第一次网络泡沫席卷了整个中国互联网，腾讯进入了最为困难的时期，马化腾只好四处去筹钱，最后碰到了IDG和盈科数码，获得了第一笔投资，腾讯的发展逐渐步入正轨。2004年6月16日，马化腾带领腾讯在香港交易所主板挂牌上市。

QQ用户可在计算机、手机以及无线终端之间随意、无缝切换，开创陌生交友先河，让陌生人坐在计算机前"面对面"交流成为可能。随着用户越来越多，人们发现，自己已经越来越离不开QQ了。

微信是腾讯公司于2011年1月21日推出的一款通过网络快速发送语音短信、视频、图片和文字，支持多人群聊的手机聊天软件。用户可以通过微信与好友进行形式上更加丰富的类似于短信、彩信等方式的联系。这款基于熟人的社交软件，为用户与朋友、亲人联系提供了非常大的便利。微信的出现基本上取代了短信的作用，而且还有图片、语音、视频，交流形式更加丰富。

(a) QQ

(b) 微信

图4-32　腾讯公司的产品

2012年，微信先后推出了朋友圈和微信公众号，恰是这两个功能，加上"微信群"等即时多人互动等功能，让微信开始全面抢占包括微博等互联网产品在内的大量时间。用户还可以在朋友圈中和好友实时分享生活点滴。作为时下最热门的移动社交平台，微信正在改变人们的沟通方式和生活方式。QQ与微信如图4-32所示。

4.7.5 网络信息安全

网络信息安全事关国家安全和社会稳定，已经成为大国博弈的新战场。保障国家网络信息安全是信息产业发展肩负的历史使命。当前，随着信息技术和网络的快速发展，网络信息安全威胁的范围和内容不断扩大和演化，信息安全形势与挑战日益严峻复杂，每年全球都发生多起以泄露和窃密为目的的网络安全攻击事件。

1. 网络安全事件频发，警钟长鸣

（1）斯诺登"棱镜门"事件

2013 年 6 月 5 日，美国国家安全局（NSA）前雇员爱德华·斯诺登将该局"棱镜"监听项目的秘密文档披露给了英国《卫报》。报道称，NSA 监控了数百万用户的通话记录。美国秘密利用超级软件监控网络、电话或短信，包括谷歌、雅虎、微软、苹果、Facebook、美国在线、PalTalk、Skype、YouTube 九大公司帮助提供漏洞参数、开放服务器等，使其轻而易举地监控有关国家机构或上百万网民的邮件、即时通话及相关数据。

（2）微软对 XP 系统停止服务

微软官方于 2014 年 3 月 8 日开始向 WindowsXP 用户发出弹窗通知，告知其将从 4 月 8 日起停止对 WindowsXP 的支持。这意味着已经服役近 13 年的 WindowsXP 将迎来"退役"。WindowsXP 发布于 2001 年，是微软最具影响力的操作系统。13 年来，虽然微软先后推出了 Vista、Windows7 和 Windows8 操作系统，但是 XP 系统仍然是最受欢迎的操作系统。最新发布的《中国软件使用调查报告》显示，在中国的个人计算机中，XP 操作系统的市场份额达 73.5%，在部分部委和大型国企中，XP 系统应用比例最低超过 60%，最高的甚至接近 95%。微软停止支持 XP 系统是为了让更多的用户采用 Windows8 系统，这也是微软在移动时代扩大生态系统、抗衡苹果 iOS 系统与谷歌安卓系统的必然选择。但从用户角度看，微软此举以牺牲用户安全为代价，属于典型不负责任的做法。

2. 网络安全核心技术受制于人

当前，我国在网络安全相关核心技术方面仍受制于一些发达国家。这些国家在技术思路、标准协议、核心技术、产品服务方面都处于主导地位，我国还一直处于"跟随者"角色。比如网络和通信协议，我国不仅较少参与制定，研究成果也很少。之所以会出现这种情况，一是因为我国在网络安全领域基础性、前沿性研究薄弱，自主创新缺少根基。由于基础研究门槛高、周期长、投入大、出成果难，我国在此方面投入的人力、物力都严重不足，导致在基础性、前沿性研究方面落后于发达国家。二是核心技术以发达国家的体系为标杆，缺少自主创新环境。作为信息技术领域的后来者，我国一直处于模仿和学习阶段，特别是在基础网络协议和核心技术标准方面，往往全盘接收，缺少质疑、改变的创新思维，自主创新基于西方的技术体系和核心技术展开，有些核心技术根本没有理解和吸收就拿来应用。我国政府部门、重要行业的服务器和存储设备、操作系统以及数据库主要是国外的专利，网络安全形势不容乐观。长期以来，基础软件主要由国外企业垄断，国产操作系统和国产数据库的市场份额不足 10%；国外路由器在国内大型网络项目的建设中处于垄断地位，包括政府、海关、邮政、金融、铁路、民航、医疗、军警等要害部门的网络，重要信息系统和基础信息网络大量使用国外基础软件及设备，给我国带来了极大的信息网络安全隐患。我国在引入互联网的同时，几乎全盘接受来自国外的 CPU、操作系统、路由器和服务器等产品。因为无法掌握其中的技术和源程序，也就难以发现内含的漏洞。

> **小结：**核心技术要自主可控。自主可控包含知识产权、技术能力、发展主动权、供应链等方面。在当前的国际竞争格局下，知识产权自主可控十分重要，做不到这一点就一定会受制于人。

4.7.6　互联网改变整个世界

1. 互联网极大地便利了我们的工作、学习和生活。

以前需要在大堆的书本里去查找资料，现在，只要在搜索引擎里敲入几个字，所需要的资料只要几秒钟就能找到了；以前要从电视、报刊、收音机这些传播媒体上得知一些国家大事，现在只要在网上搜索就可以得知最新的新闻；以前，相隔两地的朋友们要用写信的方式来保持联系，现在朋友们都用 E-mail 保持联系，还可以用 QQ 等即时聊天。互联网上，人们既可以看报读书，也可以求诊问医；既可以聊天交友，也可以冲浪游戏；可以方便地看电影电视，也可以足不出户购物。人们的衣食住行、吃喝玩乐，工作生活中的方方面面，几乎都已经与互联网密不可分。甚至对年轻人来说，没有了互联网就几乎无法生存。

2. 互联网推动整个人类社会的文明进步

互联网改变了信息生产与传播的方式，进而改变了人类的生产、工作、生活甚至思维方式。互联网已经成为人们生活中不可或缺的一部分。网络传播已渗入到人类生活的方方面面，对人们的社会生活、价值观念乃至思维方式产生强烈冲击。当前，互联网正在以前所未有的势头颠覆着以往的生活模式，无论是互联网行业还是传统行业，都不可避免地被裹挟着向前走。互联网正在成为传达民意的一个重要平台，传统媒体也开始将源于互联网上的民意纳入到对新闻事件的评论之中。自接入国际互联网专线以来，互联网在我国正像毛细血管一样渗透进社会生活的各个角落，颠覆性地改变着国人的生产和生活方式。现在是一个互联网的时代。互联网是可以与蒸汽机相提并论的伟大发明，它正以改变一切的力量，在全球范围掀起一场影响人类所有层面的深刻变革。这一变革以个人的崛起为重要特征，人类由此正站在一个新的时代前沿。互联网让我们从工业文明走向了信息文明，从工业经济走向了知识经济。互联网带给人类的不仅是一场技术变革，更是一场社会变革，它将引领人类进入一个全新的时代。

3. 网络是把双刃剑

网络是把双刃剑，只有去弊兴利才能充分发挥其对人类文明的积极作用。

1）网瘾的危害。网络成瘾已成为日益突出的社会问题，对社会的危害不亚于今天的"海洛因成瘾"。

2）网络诈骗、网络色情、网络暴力泛滥。网络上的骗局层出不穷，每天都有很多人上当受骗。面对网络上五花八门的诈骗手段，我们需要擦亮一双能识别诈骗的慧眼。使用正规的网站，注意防范"钓鱼网站"。

3）抵制网络詈辞、净化网络语言环境。网络空间的虚拟性，使个人将现实生活中不能说、不敢说、不愿说的话在网上都说出来了，这些话语中就包含着网络低俗词语。现实语言生活中存在着一批詈辞，在网上这些词语转换为"屌丝""逗逼""草泥马"等形式，成为网络上的詈辞。此外还有新奇的表达方式，如"你妹""我去""然并卵"等。无论男女老少，都自称"屌丝"，都标榜"逼格"，都大赞"牛掰"，各种各样被改头换面的网络詈辞充斥着屏幕，污染了网络环境。这种以丑为美、以低俗为流行的价值取向，拉低了我们的文化高度和文明品质。对于网络语言的飞速发展，应辩证看待，诸如"蛮拼的""点赞"等网络语言，是新事物和社会发展所产生的特定流行词语，理应得到保护。

4.7.7　互联网思维

1. 用户思维

用户思维是指在价值链各个环节中都要"以用户为中心"去考虑问题。作为厂商，必须从整个价值链的各个环节深度理解用户，坚持用户体验至上。好的用户体验应该从细节开始，并贯穿于每一个细节，能够让用户有所感知，给用户带来惊喜，贯穿品牌与消费者沟通的整个链条。

2. 简约思维

专注，少即是多。苹果就是典型的例子，1997 年苹果接近破产，乔布斯回归，砍掉了70% 的产品线，重点开发 4 款产品，使得苹果扭亏为盈，起死回生。即使到了 5S，iPhone也只有 5 款。品牌定位也要专注，给消费者一个选择的理由。大道至简，越简单的东西越容易传播、越难做。专注才有力量，才能做到极致。简约即是美。在产品设计方面，要做减法。外观要简洁，内在的操作流程要简化。

3. 极致思维

极致思维，就是把产品、服务和用户体验做到极致，超越用户预期。极致就是打造让用户尖叫的产品。用极限思维打造极致的产品，方法论有三条：第一，"需求要抓得准"

（痛点、痒点或兴奋点）；第二，"自己要逼得狠"（做到自己能力的极限）；第三，"管理要盯得紧"（得产品经理得天下）。

4. 迭代思维

互联网产品更新很快，采用的方法往往是迅速上线、小批测试，根据反馈然后进行调整，如果好就继续推，如果不好就改了再推。比如小米就拿这种方法做硬件，不管怎么样，先推出来一批再说，不断地通过用户的反馈，来调整自己的产品。小处着眼，微创新。精益创业，快速迭代。"天下武功，唯快不破"，只有快速地对消费者需求做出反应，产品才更容易贴近消费者。

5. 流量思维

流量即金钱，流量即入口。免费是为了更好地收费。互联网产品大多用免费策略极力争取用户、锁定用户。当年的 360 安全卫士，用免费杀毒入侵杀毒市场，一时间天翻地覆，回头再看看，卡巴斯基、瑞星等杀毒软件，估计没有几台计算机还会继续使用。免费是互联网主基调，所以现在很多厂家做硬件也采用这个思路。增值服务是大部分互联网公司的重要收入来源，比如腾讯 QQ 免费，会在上面增加很多诸如游戏、QQ 秀之类的收费项目。再如 360 软件免费，通过导航流量收费；淘宝和百度很像，都是搜索排名付费。所以，主业不赚钱，靠增值服务收费，先靠免费做大量用户，再去寻找盈利模式的方法，这是目前许多互联网公司的运营策略。

6. 社会化思维

社会化商业的核心是网，公司面对的客户以网的形式存在，这将改变企业生产、销售、营销等整个形态。利用好社会化媒体，有一点要记住，口碑营销不是自说自话，一定是站在用户的角度、以用户的方式和用户沟通。注重众包协作，小米手机在研发中让用户深度参与，实际上也是一种众包模式。

7. 大数据思维

在大数据时代，人们的思维方式会发生如下三个变化。第一，从样本思维转向总体思维，因为人们处理的数据从样本数据变成全部数据。第二，从精确思维转向容错思维。由于是全样本数据，人们不得不接受数据的混杂性，而放弃对精确性的追求。第三，从因果思维转向相关思维。人们通过对大数据的处理，放弃对因果关系的渴求，转而关注相关关系。

8. 平台思维

互联网的平台思维就是开放、共享、共赢的思维。平台模式最有可能成就产业巨头。全球最大的 100 家企业里，有 60 家企业的主要收入来自平台商业模式，包括苹果、谷歌等。平台模式的精髓，在于打造一个多主体共赢互利的生态圈。将来的平台之争，一定是生态圈之间的竞争。百度、阿里、腾讯三大互联网巨头围绕搜索、电商、社交各自构筑了强大的产业生态，后来者很难撼动。

9. 跨界思维

随着互联网和新科技的发展，很多产业的边界变得模糊，互联网企业的触角已无孔不入，如零售、图书、金融、电信、娱乐、交通、媒体等。这些互联网企业，为什么能够参与乃至赢得跨界竞争？答案就是用户！他们一方面掌握着用户数据，另一方面又具备用户思维，自然能够"携用户"以令诸侯。阿里巴巴、腾讯相继申办银行，小米做手机、做电视，都是这样的道理。

> **小结**：互联网作为人类文明进步的重要成果，已成为驱动创新、促进经济社会发展、惠及全人类的重要力量。互联网是改变人类生活的重要工具。从原始的刀耕火种到四大发明，再到代表工业社会的蒸汽机和电灯，直到今天深入我们每个家庭的电视和电话，人类前行的重大历程总是与新工具的发明分不开。互联网是与蒸汽机齐名的革命性发明，已经成为人类生活中的一部分。互联网的最大优势是超越时间、空间的限制，有效打破国家和地区之间各种有形无形的壁垒，对于促进合作和交流起到革命性的作用。

4.8　电子商务发展历程

4.8.1　中国电子商务发展历程

20 世纪 90 年代以来，以电子商务为核心的信息化在我国迅速发展。1991 年 9 月，国务院电子信息系统推广应用办公室牵头，发起成立"中国促进 EDI 应用协调小组"。在对贸易程序简化和规范化的基础上，开展了典型应用试点，这标志着电子商务实验在我国正式开展。1993 年起，我国政府决定实施以"三金工程"为代表的国民经济信息化的重大工程项目，这标志着电子商务在我国纵深应用的开展。1996 年 2 月，中国国际电子商务中心成立。1999 年，我国政府采取了诸多措施，推动电子商务发展，使 1999 年成为我国电子商务稳步发展的一年。1999 年 1 月 4 日，信息产业部召开专题会议，对发展我国的电子商务工作作出部署。会议认为，发展电子商务是国家信息化建设的重要组成部分，是促进国民经济信息化的重要措施。鉴于我国电子商务尚处于起步阶段，必须尽快制定我国电子商务发展的总体框架，创造环境，保证电子商务健康、有序地发展。1999 年 5 月 17 日，第 31 届世界电信日的主题为"电子商务"。在纪念会上，信息产业部时任部长吴基传宣布，为加快我国电子商务的发展，信息产业部正在抓紧研究制订我国电子商务发展的总体框架，包括整体战略、发展规划、发展措施、技术标准和相关法律法规，使电子商务一开始就纳入健康、有序的发展轨道。

4.8.2 知名电商

1. 亚马逊公司

亚马逊（Amazon）公司是美国最大的一家网络电子商务公司，总部位于华盛顿州的西雅图，成立于1995年7月。它开始是图书销售网站，目前业务范围已经扩展到电器、玩具和游戏、DVD光盘和其他多种商品，还提供拍卖及问候卡片等服务，已成为全球商品种类最多的网上零售商之一。亚马逊致力于成为全球最"以客户为中心"的公司，使客户能在公司网站上找到和发现任何他们想在线购买的商品，并努力为客户提供最低的价格。2000年以后，亚马逊通过全球扩张、终端物流中心的搭建、云计算技术的应用，一步步成长为可以与沃尔玛抗衡的零售巨无霸。亚马逊公司及网站截图如图4-33所示。

(a)亚马逊公司总部　　　　　　(b)亚马逊网站

图4-33　亚马逊公司及其网站

亚马逊中国是一家中国B2C电子商务网站，前身为卓越网，被亚马逊公司收购后，成为其子公司。卓越网创立于2000年，为客户提供图书、音像、软件、玩具礼品、百货等商品。亚马逊中国总部设在北京，并成立了上海和广州分公司。至今已经成为中国网上零售的领先者。亚马逊中国致力于从低价、选品、便利三个方面为消费者打造一个可信赖的网上购物环境。2004年，亚马逊收购卓越，随后并不是轰轰烈烈地变革，而是温和地、按照其全球战略改造卓越。在收购完成一年多之后，开始启用亚马逊的数据库系统替代卓越网以前的系统，这一替换过程历经三年时间，使得亚马逊中国的IT系统成为行业最为领先的系统。2007年卓越才改名为"卓越亚马逊"。2011年，更名为"亚马逊中国"。

2. 8848网站

8848米，是地球的最高点珠穆朗玛峰的高度，也曾经是中国的电子商务之巅。

1999年5月18日，中国第一家在线销售软件图书的B2C网站正式上线，创始人王峻涛为这个新生儿取了一个奇怪的名字——8848（见图4-34）。以珠穆朗玛峰这一地球最高峰的高度为之取名，显示了王峻涛试图在电

图4-34　8848网站

子商务领域一霸天下的雄心。这是中国电子商务梦开始的地方。同年 9 月，8848 精心策划了一场 72 小时网络生存测试。12 名选手被封闭进一间几乎空空如也的房间 72 小时，只通过一台计算机、一根网线和外界联系。在这场轰动大江南北的商业推广中，很多人第一次听说了网络购物，也让很多人记住了"8848"这个名词，8848 从此一举成名。

当时，他提出了电子商务"三座大山"的说法：一是当时中国网民只有 400 万人，决定了电子商务商业机会有限；二是配送的难题；三是网上支付难题以及远距离购买的信任危机，这一困难最突出。"今天来看 8848 失败的原因其实很简单，也很明确。"王峻涛说，原因只有一个，那就是投资人对 8848 的核心业务没有坚持下去，他们去做别的了。

3. 阿里巴巴

图 4-35　阿里巴巴集团总部

阿里巴巴网络技术有限公司（见图 4-35）由马云于 1999 年在中国杭州创立，最早是一家面向中国外贸行业的信息服务公司，2003 年推出淘宝交易市场，与 eBay 展开竞争。淘宝通过创新的支付宝担保交易技术解决了电商行业的信任问题，通过免费的 C2C 交易商业模式迅速聚拢了市场人气，只花了三年时间就将 eBay 挤出了中国市场，成为这个行业新的领导者。2010 年，阿里巴巴推出天猫商城、阿里云服务、菜鸟网络、余额宝、众安在线保险等新业务，在互联网商业、物流、金融等领域持续扩张，成为互联网巨头之一。阿里巴巴的成功，第一是创新商业模式的成功，第二是适应市场不断向新的蓝海发展的成功。阿里巴巴集团经营多项业务包括：淘宝网、天猫、聚划算、阿里云、蚂蚁金服、菜鸟网络等。2014 年 9 月 19 日，阿里巴巴集团在纽约证券交易所正式挂牌上市，其融资额超越 VISA 上市时的 197 亿美元，刷新了美国市场的 IPO 交易纪录。2016 年，淘宝以市值 2300 亿美元成为仅次于 Google 的市值第二大互联网公司，超过了腾讯和百度的市值总和。至此，阿里巴巴执行主席马云的身价也达到 212.12 亿美元，成为中国新首富。

马云，现任阿里巴巴集团董事局主席。1988 年毕业于杭州师范学院外语系，同年担任杭州电子工学院英文及国际贸易教师，1995 年创办中国第一家互联网商业信息发布网站"中国黄页"，1998 年出任中国国际电子商务中心国富通信息技术发展有限公司总经理，1999 年创办阿里巴巴，并担任阿里集团 CEO、董事局主席，2013 年 5 月 10 日，辞任阿里巴巴集团 CEO，继续担任阿里集团董事局主席。6 月 30 日，马云当选全球互联网治理联盟理事会联合主席。

马云的创业史也是一部中国互联网的发展史。1992 年马云第一次创业，成立海博翻译社，初次历练，获得最重要的创业经验——不能选择无法规模化的创业项目。当年国际互联网协会正式成立，但中国与之无关，马云也不知互联网；1995 年创办"中国黄页"，与互联网接触，不了解资本的滋味导致失败；1997 年加入外经贸商务信息中心，这一年被称为中国互联网元年；1999年创立阿里巴巴；2000年软银投资阿里，同年因为没有盈利模式而又有很多员工，阿里出现首次危机，不得不裁员，并举办"西湖论剑"，打造企业文化；2003年成立淘宝网，创办支付宝；2004年，网商大会为电子商务生态圈鸣锣开道；2005年阿里联姻雅虎；2006年淘宝击败 eBay；2007年 B2B 上市；2009年淘宝造节"双十一"；2010年拆分支付宝，同年阿里巴巴实行"合伙人制度"；2013年布局物流，成立"菜鸟"；2013年余额宝诞生；2014年阿里巴巴移动新布局，从 IT 到 DT，阿里上市成为全球市值最大互联网公司……沿着马云走过的创业路，我们看到的是惊心动魄，看到的是坎坷、挫折与成功，看到的是中国互联网的精彩嬗变。马云认为，"永不放弃"是阿里巴巴取得成功的重要原因。马云一直在试图告诉创业者们一件事，虽然创业之路充满艰辛，但只要有梦想，只要不断努力，不断学习，就会有机会到达成功的彼岸。

4. 京东

京东（见图4-36）是中国最大的自营式电商企业之一，2015年第一季度在中国自营式 B2C 电商市场的占有率为56.3%。目前，京东集团旗下设有京东商城、京东金融、拍拍网、京东智能、O2O 及海外事业部。2014年5月，京东在美国纳斯达克证券交易所正式挂牌上市，是中国第一个成功赴美上市的大型综合型电商平台，与腾讯、百度等中国互联网巨头共同跻身全球互联网公司排行榜前十。

图4-36　京东总部大楼

刘强东，1974年2月出生于江苏省宿迁市，京东商城创始人、董事局主席兼首席执行官，毕业于中国人民大学。1998年6月18日，在中关村创办京东公司，代理销售光磁产品，并担任总经理。2004年，初涉电子商务领域，创办"京东多媒体网"，并出任 CEO。2014年，刘强东以530亿元人民币的财富位列"胡润百富榜"第九。2015年，首次入选《财富》"全球50位最伟大的领导者"。

4.8.3　电子商务改变我们的生活方式

1. "双十一"购物狂欢节

"双十一"即11月11日，是年轻人的一个另类节日。因为这一天的日期里面有连续四个"1"的缘故，这个日子便被定为"光棍节"。如今商家，尤其是线上商家都会利用这一天进行大规模的打折促销活动，是名副其实的购物狂欢节。2009年，天猫（当时称淘宝商城）开始在11月11日举办促销活动，最早的出发点只是想做一个属于淘宝商城的节日，让大家能够记

图4-37　"双十一"购物狂欢节

住淘宝商城。这时候天气变化正是人们添置冬装的时候，淘宝商城当时想试一试，看网上的促销活动有没有可能成为一个对消费者有吸引力的窗口。结果一发不可收拾，"双十一"成为电商消费节的代名词，甚至对非网购人群、线下商城也产生了一定影响力。2016 年"双十一"的销售盛况如图 4 - 37 所示。

2. 电商：打开中国人生活的另一扇门

想买衣服，可以打开淘宝；想买电器，可以进入京东；想买书，可以点击当当……人们足不出户就能置身于琳琅满目的商品之中。当鼠标和快递悄悄充满生活，人们才恍然意识到，我们的生活方式已经被电子商务所改变。网络购物已经广泛渗透至中国人的日常生活和工作当中，逐渐成为一件习以为常的事情，成为人们日常消费的重要消费渠道。中国人的消费方式从未这么自由、广泛、随心所欲。只要能想到的东西，足不出户，在网上都可以找到，只要鼠标轻轻一点，就会送货上门。不仅节省了消费者在实体店逛街的时间成本、距离成本，而且享受了性价比更高的服务；各种电子商务网站为消费者提供了品种繁多、价廉物美的商品资源，使消费者选择更加多样、购物范围也空前广泛，不仅是中国制造的服装、鞋子、数码产品、手机，而且很多国外的品牌化妆品和名贵首饰也可以通过网络代购买到。不仅如此，网商还从根本上扭转了中国制造业和商业流通业的生产经营方式。以企业为中心的生产经营方式，在电子商务领域实现了以客户为中心，依据网民的消费习惯和消费理念而展开的经营活动，从产品设计、制造、推广、销售、配送都通过网络进行。一批网货品牌正在网络上诞生，正在对传统行业品牌形成冲击。而个性化定制、柔性化生产、点对点物流的"网货"生产经营模式，将从根本上改变传统制造业和商业流通领域的经营形态。一大批"网商"和小企业将从中找到属于自己的机会，在缔造个人财富传奇的同时，也正在使中国经济的成分发生变化，不断发展的网络经济在不知不觉中改变着中国经济的整个格局。

3. 开网店：新的创业模式

网店不要钱，申请也简单。去银行开通网银，上淘宝首页注册账户，上传身份证照实名认证，通过认证再上传十个宝贝就能开店了。开了店并不代表就有生意，特别是现在淘宝更改了规则，对新人来说更难做，所以你要考虑的是信用和推广。现在网上开店不仅仅是创业，很多人把它作为自己的一种能力拓展和消遣方式。

网上开店究竟有什么魅力吸引大家呢？归纳起来，主要有以下几点：①零成本、低风险。与传统的店铺相比，网上开店不用租赁门面，不用缴纳税金、水电费，只收取很低的商品上架费与交易费，有的甚至免费。按需进货，不用担心货物积压。②经营方式灵活。网店不受传统的营业时间、营业地点的限制。经营者可以全职也可以兼职，不需要投入大量时间去看店。③消费群体广泛。因为网店是开在互联网上的，面向的是所有可能看到商品的网民或消费者，这个群体可以是全国的网民，乃至全球的网民。

小结：电子商务未来发展的关键因素是支付、物流、数据。要如何抓住这三个关键性的因素既是挑战，也是所有互联网业以及所有对未来经济发展感兴趣的人的重大机会。物流成本高、效率低、服务差的困境曾成为阻碍电子商务未来发展的关键因素，库房自建或将成为电子商务转型的关键所在。伴随互联网的快速发展，网络经济作为一种新型的经济发展方式，已经广泛渗透到生产、流通、消费等各个领域，成为推动经济社会发展和改变人们生活方式的重要力量。

4.9 信息高速公路

4.9.1 光纤的发明

光纤是光导纤维的简称，它是一种传播光波的线路。1966 年，英籍华裔科学家高锟发表了关于传输介质新概念的论文，指出了利用光纤进行信息传输的可能性和技术途径，奠定了光纤通信的基础。他被尊称为"现代光通信之父"。

1970 年，光纤研制取得了重大突破。美国康宁公司研制成功损耗 20dB/km 的石英光纤。在光通信工程中应用的是光缆，它由许多根光纤组合在一起并经加固处理而成。低损耗的光纤被应用于电信领域，同是也使互联网的发展与普及成为可能。光纤被称为信息传输的"高速公路"。随着第一个光纤系统于 1981 年成功问世，高锟"光纤之父"美誉传遍世界。2009 年 10 月 6 日，瑞典皇家科学院向高锟颁授诺贝尔物理学奖，奖励他在"有关光在纤维中的传输以用于光学通信方面"取得的突破性成就。

4.9.2 我国光纤通信的发展历史与现状

1976 年，我国第一根符合国际标准的实用化光纤在武汉邮电学院诞生。1982 年，我国第一个光纤通信系统工程在武汉开通。从此中国的光纤通信进入实用阶段，中国也走进数字通信时代。接着，武汉邮电科学研究院在国内首次开发出速率为 144Mbit/s 的数字光纤通信系统，可传送 1980 路电话，超过同轴电缆载波。于是，光纤通信作为主流被大量采用，在传输干线上全面取代电缆。目前，我国已建成"八纵八横"干线网。我国普通光纤的产能已经连续 3 年占据全球产能的 50% 以上，质量和价格都具有较强的竞争力。2014 年中国的光纤产能突破 1.7 亿芯公里，占全球产能的 54.7%；光棒的产能达到 1.6 亿芯公里，占全球产能的 43%。光纤通信技术的研究和运用在我国已经有 30 多年的历史，从无到有，经历了飞跃式的发展。2012 年，我国工信部发布了《宽带网络基础设施"十二五"规划》纲要，对"光纤入户"这一发展战略提出了具体的要求和规划。随着"光纤入户"的推广和升级，从国家层面开始对原有的宽带设施和线路进行改造升级，以适应日益提高的城乡网络需求和"宽带中国"的发展战略。

4.9.3　中国的光纤之父

赵梓森先生在 1979 年拉制出了我国第一根具有实用价值的光纤，同时也是他和他的同事们设计并安装了我国第一条实用化的光纤通信工程。

赵梓森完成我国首个实用光通信系统，起草了我国光纤通信发展规划，被称为"中国光纤之父"。1969 年，武汉邮电学院接受了一项由邮电部下达的研究课题，在大气中进行光通信，这一通信方式在今天我们这些外行人听来感觉可能有些匪夷所思，而当时这一重任就落在了赵梓森肩上。1984 年 9 月，赵梓森领导的项目完成，我国最长的一条 13 公里的 480 路市话光缆通信系统在武汉三镇投入使用，提前完成了国家规划要求。从此中国的光纤通信进入实用阶段。现在，中国的光通信技术成为继美国、日本之后的世界第三大技术强国，市场占有额占到全世界一半以上。卓越的成就让世界为之震惊，就连国外媒体也充分肯定了赵梓森在光纤通信方面所取得的辉煌成就。

4.9.4　宽带中国

联合国相关研究表明，宽带的部署是当前全球经济增长和持续复苏的最重要的驱动力之一，也是未来数十年中最关键的经济驱动力。宽带是未来信息社会经济发展的主要基础设施和战略资源，日本、韩国更是将宽带视为"立国之本"，美国、英国、新加坡、澳大利亚的宽带战略正开展得如火如荼。2013 年 8 月 17 日，中国国务院发布了"宽带中国"战略实施方案。"宽带中国"战略提出，到 2020 年，宽带网络全面覆盖城乡，固定宽带家庭普及率达到 70%，行政村通宽带比例超过 98%；城市和农村家庭宽带接入能力分别达到 50Mbit/s 和 12Mbit/s。随着"宽带中国"战略的深入推进，在网络强国战略、国家大数据战略、"互联网 +"行动计划的矩阵效应下，必将从网络大国迈入网络强国，从消费型互联网向生产型互联网转型，并为世界互联网发展发挥示范作用，助推更多发展中国家和人民共享互联网带来的发展机遇。《中国宽带速率状况报告》（2016 年第二季度）报告显示：中国宽带网速迎来 10M 时代。国家相关主管部门大力推进宽带提速降费工作，中国宽带网络迎来了新一轮高速发展，宽带网速实现了持续快速提升。

> **小结**：目前光纤通信技术在我国的应用已经十分普及，未来将会继续在社会和经济活动中发挥重要作用。从现代通信的发展趋势来看，光纤通信也将成为未来通信发展的主流。人们期望的真正的全光网络的时代也会在不远的将来会如期而至。

4.10 移动通信发展历程

4.10.1 寻呼机

寻呼机是第一代个人即时通信工具。国内第一家无线寻呼台创立于1984年的上海，当时共有4000名用户。1985年11月1日，北京第一家人工无线寻呼台北京无线通信局经营的"126"正式开通。那时候，腰间别着一部寻呼机会引来众人羡慕的目光。1991年，汉字寻呼机问世，传呼的信息量增大，受到用户的普遍青睐。寻呼机如图4-38所示。

图4-38 寻呼机

2005年3月，中国联通向信息产业部正式提交报告，申请退出寻呼业务，原因是寻呼业务近几年每年的净亏损均在1亿元人民币以上。寻呼业务萎缩的原因主要有两点：一是手机用户数量突飞猛进和资费持续走低；二是寻呼机功能未能及时开发，从而造成市场大幅下滑，最终导致市场和业务萎缩。

其实，除此之外，更重要的是用户和市场需求的变化加速终结了中国寻呼业务的生命周期。从单向"呼"到直接语音连线沟通是真正从信息不对称到对称的巨大跨越，渴望交流、随时沟通，这种现代人沟通需求的变化将伴随着科技的不断发展向更深更广领域拓展，由此带来的通信革命浪潮必将是一浪高过一浪。只有几年的工夫，寻呼行业从诞生就进入了历史。2007年3月22日，一个普通但与无线寻呼息息相关的日子。这一天，中国联通无线寻呼业务正式关闭，曾经风光20多载的无线寻呼业务就此画上了句号。

4.10.2 移动通信

1. 第一代移动通信（1G）

第一代移动通信系统，从20世纪80年代提出到90年代初完成，直接使用模拟语音调制技术。由于受到传输带宽的限制，存在容量有限、制式太多、互不兼容、保密性差、通话质量不高、不能提供数据业务、不能提供自动漫游等诸多缺陷，售价高达两三万元的"大哥大"只有一项功能——移动通话。当时，拿着砖头般的"大哥大"走在路上，是一种身份的象征，那时的移动通信是属于少数人的，这就是1G时代。

1G 时代，我国的移动电话公众网由美国摩托罗拉移动通信系统和瑞典爱立信移动通信系统构成。经过划分，摩托罗拉设备使用 A 频段，因而称为 A 系统；爱立信设备使用 B 频段，故称为 B 系统。移动通信的 A、B 两个系统即是人们常说的 A 网和 B 网，二者的区别和划分在于使用频段的不同。由于模拟通信系统有着很多缺陷，经常出现串号、盗号等现象，给运营商和用户带来了不少烦恼。于是在 1999 年 A 网和 B 网被正式关闭，同时 2G 时代也来到了我们身边。

2. 第二代移动通信（2G）

2G 就是我们熟知的第二代数字 GSM 网络。第二代移动通信系统弥补了第一代话音业务的不足，保密性更好、网络容量更大、手机耗电量低，且手机号码的资源也更丰富。在 2G 时代，手机在每一个人的生活中已经变得不可或缺，甚至影响改变着我们的生活习惯。手机变得越来越小，功能却越来越强大，移动通信商提供的业务也越来越丰富。

早在 1989 年欧洲就以 GSM 为通信系统的统一标准并正式商业化，同时在欧洲起家的诺基亚和爱立信开始攻占美国和日本市场，仅仅 10 年时间，诺基亚就推倒摩托罗拉成为全球最大的移动电话商。中国的 GSM 数字网大概可以从 1994 年在中国建成第一个 GSM 通信网络开始。2001 年的模拟网转网，GSM 数字网全面替代以往的模拟和 GSM 两网并存的格局，发展至今。GSM 数字网具有较强的保密性和抗干扰性，音质清晰，通话稳定，并具备容量大、频率资源利用率高、接口开放、功能强大等优点。

3. 第三代移动通信（3G）

第一代、第二代移动通信，我国没有自己的通信标准，我们在借助国际标准的同时，也付出了高昂的学费。为打破欧美对电信标准的百年垄断，中国移动以国家和民族利益为重，承担起了振兴民族国际电信标准的重担。经过不懈的努力，具有自主知识产权的 TD－SCDMA 网络日渐成熟，成为我国拥有客户数量最多的第三代移动通信网络。中国于 2009 年 1 月 7 日颁发了 3 张 3G 牌照，分别是中国移动的 TD－SCDMA，中国联通的 WCD-MA 和中国电信的 WCDMA2000。中国由此正式进入 3G 时代。

3G 分为四种标准制式，分别是 CDMA2000、WCDMA、TD－SCDMA、WiMAX。在 3G 的众多标准之中，CDMA（码分多址）是第三代移动通信系统的技术基础。CDMA 系统以其频率规划简单、系统容量大、频率复用系数高、抗多径能力强、通信质量好、软容量、软切换等特点显示出巨大的发展潜力。3G 与 2G 的主要区别是在数据传输速度上的提升，它能够在全球范围内更好地实现无线漫游，并处理图像、音乐、视频流等多种媒体形式，提供包括网页浏览、电话会议、电子商务等多种信息服务。

4. 第四代移动通信（4G）

4G 技术包括 FDD－LTE 和 TD－LTE 两种制式，其中 TD－LTE 是由中国提出的。2010 年 10 月国际电联确定 TD－LTE 为 4G 国际标准。4G 能够传输高质量视频图像，它的图像传输质量与高清晰度电视不相上下，具有高速度、低时延等特点，搭载了后台数据终端，实现了真正的高速传输。2013 年 12 月，工信部宣布向中国移动、中国电信、中国联通颁发 4G 牌照。至此，移动互联网的网速达到了一个全新的高度。

4.10.3 中国移动通信标准开始走向世界

1. 我国提出的 TD – SCDMA 成为 3G 标准之一

在 3G 国际标准中，我国提出的 TD – SCDMA 改变了中国在移动通信领域缺乏自主知识产权的不利局面。但由于 TD – SCDMA 提出时间较晚，产业链成熟度远比其他两种国际标准（WCDMA 和 CDMA2000）低，因此 TD – SCDMA 仅在我国开展了部署，并未成为国际 3G 主流标准。

2004 年，当 3GPP 开始启动 LTE 标准制定时，我国产业界也开始制定我国自主的 4G 标准。在充分吸取了 3G 标准制定的经验和教训之后，我国在制定标准时更强调与国际主流标准的融合，打造与主流标准兼容的全球化标准。我国提出的 TD – LTE 标准是 LTE 的 TDD 版本，充分利用 TDD 技术在频谱效率方面的优越性，采用了智能天线、联合检测、接力切换和上行同步等具有自主知识产权的先进技术，使 TDD 和 FDD 完美结合。TD – LTE 在技术上具有先进性，且与 FDDLTE 具有良好的兼容性，因此得到了海外运营商的更多认可。与 TD – SCDMA 部署目前仅局限于国内相比，TD – LTE 在全球都得到了认可，很多运营商表示要采用 TD – LTE。在经历了 3G 标准未能走出国门的尴尬之后，TD – LTE 终于开始走向世界。

2. 核心技术自主创新能力增强

在新一代移动通信技术标准的竞争中，中国和西方先进国家站在了同一起跑线上，我国主导的 TD – LTE 标准成为国际电联（ITU）认可的 4G 标准之一。与此同时，中国的设备商也拥有了更多的专利话语权。根据欧洲电信标准研究所（ETSI）公布的 LTE 标准专利数据库，截至 2011 年 1 月底的查询结果显示，已有包括中国厂家在内的 34 家公司发布了 LTE 标准的基本专利清单。其中高通以 13% 基本专利份额继续领跑；华为和中兴分别拥有 8% 和 7% 的专利份额。与 3G 时代高通牢牢掌控 CDMA 专利不同，LTE 标准基本专利相对均匀地分布在多家设备厂家手中，说明中国厂家经过多年产品开发与技术研究积累，终于在 4G 产品关键技术研究水平上有了本质提升，完全改变了过去 2G/3G 标准基本专利主要掌握在国外厂家手中的现象。更重要的是，4G 标准基本专利的均匀分布，有助于构建平衡发展的知识产权许可业务环境，为 4G 蓬勃发展奠定基础。核心技术创新能力的提升既改变了我国设备商参与国际竞争的被动局面，也提升了在标准制定中的自主权，使得 TD – LTE 真正成为我国主导的 4G 时代标准。

4.10.4 移动通信知名企业

1. 高通

高通（QUALCOMM）是一家美国的无线电通信技术研发公司，成立于 1985 年 7 月，

是全球第一大无线芯片厂商，如图 4 - 39 所示。高通的
成功在于通过"无晶圆厂 + 专利授权"的模式创造了一
个以 CDMA 为载体的技术开发商、设备商以及运营商的
生态圈。1989 年高通公司最早推出了基于 CDMA 技术
的移动通信解决方案，从此成为这个新兴的通信行业的
标准制定者。从 2G、3G 到 4G 技术的演进发展过程中，
高通公司累积了 4000 多件 CDMA 专利技术，始终主导
着移动通信行业的技术发展步伐。

图 4 - 39　高通公司

　　高通公司利用强大的技术实力创立了自己的基带芯片设计和制造业务，并且迅速垄断
了高端基带芯片市场，在中低端基带芯片市场上占据了半壁江山。高通公司采用许可收费
的有效手段和计数方式。设备商如果不能跟高通达成专利许可协议，高通便不向其供应基
带芯片，设备商也就生产不了中高端手机。同时，高通的基带芯片出货量也将成为专利许
可收费计数的重要参考依据。在许可上，高通的做法是将标准必要专利和其他专利打包一
起许可给设备商，许可费用按手机整机价格的一定比例收取。2015 年 2 月 10 日凌晨，国
家发改委针对高通公司滥用市场支配地位实施排除、限制竞争的垄断行为做出处罚决定，
按照 2013 年度我国市场销售额的 8% 处以罚款 60.88 亿元（9.75 亿美元），并责令高通公
司停止相关违法行为。

> **小结：** 高通将基带芯片业务和专利许可业务相捆绑，利用基带芯片市场的支配地位
> 找到了收取专利许可费的捷径。随着智能手机时代的来临，高通的移动微处理器第
> 一个支持安卓操作系统，随着安卓的广泛普及，高通也成为移动芯片行业的霸主。
> 高通的成功，和英特尔的成功是很像的。在一个高技术领域，通过高投入的研发，
> 遥遥领先的技术水准，广泛的专利壁垒，封杀了几乎所有的竞争者生存的空间。

2. 华为

　　华为技术有限公司是一家总部位于深圳市的生产销售电信设备的民营科技公司，于
1988 年成立。华为的主要业务范围是交换、传输、无线和数据通信类电信产品，在电信领
域为世界各地的客户提供网络设备、服务和解决方案。2013 年华为实现销售收入 2390 亿
元人民币，首次超过爱立信成为行业第一，是全球最大的电信设备商。2016 年《财富》
世界 500 强中华为排行全球第 129 位。目前，华为的产品和解决方案已经应用于全球 100
多个国家，服务全球运营商 50 强中的 45 家及全球 1/3 的人口。

　　华为非常崇尚"狼"。任正非说，发展中的企业犹如一只饥饿的野狼。华为的"狼性文
化"可以用这样的几个词语来概括：学习、创新、获益、团结。用狼性文化来说，学习和创
新代表敏锐的嗅觉，获益代表进攻精神，而团结就代表群体奋斗精神。华为之所以在短短 20
多年取得如此辉煌成就，与其一直倡导的"狼性文化"有关。任正非说："狼有三大特征：

敏锐嗅觉，善抓机会；不屈不挠，奋不顾身的进攻精神；群体奋斗的意识。"面对外部竞争，利用凶狠的价格战；面对内部管理，倡导"床垫文化""加班文化"；在销售和研发采用"狼群战术"。华为的企业文化可以用"高工资、高压力、高效率"这9个字作为概括，这个文化特征是华为的行业特点及其自身的资源劣势决定的。IT行业绝对是适者生存的写照，特别是华为所处的细分行业，更是高利润高竞争并存，因此它一开始进入市场，就已经和国际顶尖的跨国公司（比如思科）同台竞争。而华为创业时又恰恰是最没有背景和实力的一家民营企业，这就决定了它要生存下来的基础便是狼性文化。一家没有任何背景的企业，能够在国际一流企业必争之地生存并构成威胁，这难道还不足以让人骄傲吗？但这样的企业文化，优缺点同样明显。优点是它极大地激发了人潜在的主观能动性，高工资是华为之所以吸引众多优秀人才的主要原因之一，一个本科毕业生一年可以拿到比同班同学高两三倍的工资，这还不包括其他的福利。但它的高压力也是众所周知，所以尽管高工资吸引了无数人投奔华为，但高工作压力也使不愿意为了工作而生活的部分华为人离开。

小结：中国企业迈向国际化的最大障碍之一就是知识产权的匮乏及跨国公司构建的技术专利壁垒。华为从创立之初就重视知识产权和专利的保护，愿意付出知识产权成本，加大国际专利的申请，在2008年就超过西门子成为全球最大国际专利申请公司。

3. 中国3G之父

李世鹤被誉为"中国3G之父"，主导研发的TD-SCDMA为国际第三代移动通信三大标准之一，是中国百年电信史上的创举。现为大唐移动的高级技术顾问，曾任大唐移动通信设备有限公司副总裁和首席科学家。

1993年，美国高通公司研制出了新制式的CDMA。那时的历史背景是我们国家没有自己的第二代移动通信技术，到底是上CDMA还是GSM？CDMA从技术上来讲肯定比GSM先进，但产业化跟不上GSM。高通和朗讯在拼命推CDMA，诺基亚、爱立信在拼命推GSM。1994年，陈卫和徐广涵等留学生回来，想把自己的技术带回国内发展。他们本来想做一个兼容的CDMA方案，但与高通公司谈判专利无法达成妥协，只得放弃CDMA，研究新的方案SCDMA（同步码分多址）。李世鹤和陈卫约定利用时分双工（TD）作为关键元素，先各自进行一年的SCDMA预研。1994~1995年他们研究了一年多时间。1995年11月，邮科院和陈卫、徐广涵在美国的CWill公司合资在北京成立了信威公司，专攻SCDMA无线接入项目，李世鹤任董事长。1996年9月，信威第一套SCDMA移动试验原型系统在北京演示成功，样机通过鉴定，证明SCDMA的技术是可行的。1997年8月，第一套商用试验网在重庆开通。

从1994年开始，李世鹤开始思考第三代移动通信技术的问题。通过信威这个项目，李世鹤认识到一些新的概念和方法，同时把这些思路、想法和技术拿到信威产品上去验证，在吸取 SCDMA 优点的基础上又进行全新改造。当时李世鹤提出在 SCDMA 技术的基础上引入时分多址（TDMA）技术，用 TDD 方式做下一代移动通信，并将这项技术命名为 TD - SCDMA。1997 年 7 月，邮电部成立了 3G 无线传输技术评估协调组。1998 年 1 月的邮电部"香山会议"上，只有李世鹤和他的研发团队提出的 TD - SCDMA 是一套系统技术，邮电部科技委主任宋直元决定向国际电联提交 TD - SCDMA 方案。1998 年 6 月底，李世鹤和他的研发团队向国际电联提出这个标准。2000 年 5 月，TD - SCDMA 被国际电联正式采纳为国际三大 3G 标准之一，与欧洲的 WCDMA 和美国的 CDMA2000 并列，TD - SCD-MA 成为中国拥有自主知识产权的一项全新的 3G 通信技术标准。

> **小结：** 从 1987 年的第一代移动网络到 2015 年的第四代移动网络，中国移动通信走了 28 年，这短短的 28 年间我们见证了移动通信技术的突飞猛进。1G、2G、3G 以及现在的 4G 逐渐从简单的通话转换为高质量图片视频传送技术发展。而更高网速的 5G 也将诞生，未来翻天覆地的移动通信将彻底改变我们的生活。

4.10.5　手机发展历程

1. 摩托罗拉手机

（1）第一台手机

1973 年 4 月 3 日，摩托罗拉的总设计师马丁·库伯用研发的手机给身为竞争对手的贝尔实验室打了一个电话，这是人类通信史上的第一次手机通话，这一天也被后人认定为手机的生日。1983 年 6 月 13 日，摩托罗拉推出了世界上第一台便携式手机，这台名为 Dyna-TAC8000X 的手机重 794 克、长 33 厘米、标价 3995 美元，最长通话时间是一个小时，可以存储 30 个电话号码。

直到 1995 年，摩托罗拉的系统设备部门才着手开发数字产品，但他们却把几乎全部的研发都押在了 CDMA 这一个标准上。然而市场已经南辕北辙，1991 年 3 月，世界上第一个 GSM 网络在芬兰建成，经过短短两年，全球就已经有 48 个国家的 70 个通信运营商建立了 GSM 网络，GSM 成为全球第二代移动通信的主流标准。中国政府正是看到 GSM 的成本更低、受制于人的风险也更小，而且其网络优化进度也因其率先大规模建网而领先于 CDMA，所以选择了前者。

中国人通过寻呼机认识了摩托罗拉公司，中国市场把摩托罗拉推上了行业之巅。摩托罗拉生产第一代模拟手机时，木材加工厂起家的诺基亚尚未涉足无线通信。此后在整个模拟通信时代，摩托罗拉几乎是世界上唯一的手机制造商和顶级无线设备提供商。"腰别 BP 机，手握大哥大"是当年成功人士的经典形象。

（2）迷失在铱星计划

在以诺基亚为代表的欧洲厂商忙着开垦 GSM 处女地之际，摩托罗拉在构想宏大的铱星计划，失去了 GSM 先机。耗时 11 年、投资 50 多亿美元后，1998 年，这个全球首个大型低轨卫星通信系统，也是全球最大的无线通信系统开始运营。但庞大的前期投资和每年几亿美元的设备维护费用，使得铱星手机收费高昂，不再是面对老百姓的产品，2000 年摩托罗拉公司宣布破产保护时才发展了两万多名客户。铱星在通信史上仅留下了个美丽的泡沫，摩托罗拉由于把精力分散到了铱星上，失去了和诺基亚在数字通信时代竞争的最佳时机。

（3）被谷歌收购

2011 年 8 月 15 日，谷歌以 125 亿美元收购摩托罗拉移动。当时，谷歌 CEO 拉里·佩奇表示，摩托罗拉移动完全专注于 Android 系统，收购摩托罗拉移动之后，将增强整个 Android 生态系统。事实上，从当时谷歌 CEO 的发言就不难看出，谷歌收购摩托罗拉最大的驱动力跟手机业务其实没有太大的关系，核心利益在于摩托罗拉多年积攒下的 1.7 万件专利。那些知识产权可让谷歌迅速提升专利诉讼防御能力。有着 83 年历史的美国国宝级企业摩托罗拉被年仅 13 岁的谷歌收编。

（4）被谷歌转手卖给联想

在归入谷歌后，摩托罗拉手机业务基本毫无起色。谷歌帮助摩托罗拉实现"伟大复兴"的美好愿望，如今已化为泡影。在连续亏损至少 10 亿美元后，摩托罗拉对谷歌来说已经没有什么"利用价值"了，那些亏损一定程度上促使佩奇决定将摩托罗拉移动出售给联想。2014 年 1 月 30 日，联想宣布斥资 29 亿美元收购谷歌旗下子公司摩托罗拉移动，价格不到谷歌 20 个月前收购该公司时的 1/4。该交易将让联想得以进入美国市场。收购之后，联想将获得一个全球知名的移动手机品牌，同时也获得大量手机专利，以及大量该领域的研发人才，对海外市场的拓展以及和国外运营商搞好关系都受益良多。

2. 诺基亚手机

1865 年，诺基亚公司创立于芬兰，1992 年转型通信领域，开始了辉煌的 20 年。2005 年诺基亚卖出了 2.6 亿部手机，占市场 32.1%，那时，它是无可争议的手机霸主。2007 年苹果推出 iPhone，诺基亚从此变成了配角。2013 年 9 月 2 日晚间，微软宣布，将以约合 50 亿美元的价格收购诺基亚旗下的大部分手机业务，另外再用约合 21.8 亿美元的价格购买诺基亚的专利许可证，因此这项交易的总价格大约为约合 71.7 亿美元。

微软的收购并没有给手机业务带来提振，诺基亚品牌的加入反而成为微软沉重的负担。收购诺基亚设备和服务部门两年后，微软共损失 82 亿美元。2016 年 5 月 18 日微软宣布，将把原来收购的诺基亚功能机业务再次转卖给富士康旗下子公司富智康，此次富士康花了 3.5 亿美元收购微软/诺基亚功能机，约合人民币 22.9 亿元。

3. 三星手机

在全球智能手机领域，市场竞争异常激烈，但三星电子仍旧是当之无愧的霸主（见图 4 - 40）。三星可以凭一公司之力把手机里面的所有零件都研制出来，而且全处于世界领先水平。三星有自己一套完整产业链：CPU、屏幕、摄像头等，每一项都是业内顶尖水平，并且还有领先行业几年的高科技，强大的研发实力，充足的产能，这些都是很重要因素。

图 4 – 40　三星电子

三星电子最早于 1999 年推出手机产品，并在随后的十几年中数次创下世界纪录。如第一款 MP3 手机、第一款双屏翻盖手机、第一款双模手机、第一款 500 万像素手机、第一款千万像素手机、第一款太阳能全触屏手机、第一款双屏安卓手机等。以上成就，突出了三星电子在存储、显示器、处理器等的技术优势，以及手机设计的创新意识和能力。

借助安卓和硬件能力，三星一度占据智能手机市场的一半以上。业界称三星是大屏手机时代的引领者，拥有手机从内到外的超强硬件整合能力，完整的生态链，并且硬件水平一直处于领先地位。同时营销能力强，时机抓得好，供应链完整。三星电子能够不断扩张，进入美日巨头垄断的家电、半导体和手机行业，并且发展壮大为行业领导者，最重要的原因就是它善于学习，在早期以劳动力价格优势，一步步挤压抢占西方巨头的市场份额，这是三星在家电和半导体行业获得成功的关键。在手机领域，三星一向以外观设计多样化著称，在非核心技术上与西方巨头展开差异化竞争，等待弯道超车的机会。1997 ~ 2010 年，三星等待了 13 年，直到智能手机时代来临，苹果颠覆了传统的手机行业，三星抓住机会推出大屏智能手机，满足了市场多样化的产品需求，从此崛起为新一代的行业领导者。

4. 苹果手机

史蒂夫·保罗·乔布斯，美国发明家、企业家、美国苹果公司联合创办人。乔布斯被认为是计算机业界与娱乐业界的标志性人物，他经历了苹果公司几十年的起落与兴衰。乔布斯有句经典名言：领袖和跟风者的区别就在于是否创新。从苹果公司的发展历程来看，每一次的飞跃发展都是由创新带动。在过去十几年里，苹果一直以创新性的产品闻名，如音乐播放器 iPod、智能手机 iPhone、平板电脑 iPad、个人电脑 iMac 以及线上应用商店 iTunes 等都被人们熟知。

拿苹果公司的 iPhone 来说，尽管苹果 iPhone 系列智能手机占全球智能手机的市场份额不过 10% 左右，但是其销售额却占全球智能手机总销售额的 35%，利润更是达到了全球所有设备总利润的 60% ~ 70%。其很大的价值来源于简洁完美的外观设计、顶端的硬件设备和饥饿营销手段，这些都是苹果公司创新管理的成果。其他企业都在学习苹果公司的创新管理方法，以顾客需求为主去创造企业的核心产品。

乔布斯的一生都与"创新"一词紧密相连，苹果的产品被视作时尚的象征。苹果的成功经验表明，电子信息产业的竞争已经进入一个新的阶段，综合化的、以用户体验为中心的服务已经成为企业的核心竞争优势，单纯比较处理器的速度、存储器的容量、屏幕大小和分辨率、外设接口的种类和数量的时代已经过去了。"少"即是"多"，以简洁为美，以时尚和易用为卖点，是很多企业在设计产品和服务时必须考虑的要素之一。企业需要通过技术创新、管理升级、品牌升级和商业模式创新，形成全面的竞争优势。对于一个企业来说，没有创新精神就不可能有发展。这是个创新的年代，如果没有创新的精神，等着你的只有被淘汰。

> **小结**：创新是创业成功与否的关键，是企业的生命，是企业发展的前提和保证。IT行业是一个充满创新和梦幻的行业，也是一个颠覆的行业，该行业的发展史表明，这里没有流觞曲水的温柔浪漫，而是充满残酷竞争的血腥气息。在这里，以小博大往往能出奇制胜，小虾米能成为巨无霸，百年巨头也会一朝衰败。IT产业更多的成功是靠企业的创新基因，靠员工的异想天开的创新力和独具匠心的创造力。不论公司规模大小，也不论资历厚薄，谁能掌握最先进的技术，占据行业最高点，并保有充沛的知识产权，谁就能成为行业的引领者。

5. 小米手机

北京小米科技有限责任公司成立于2010年4月，由雷军创建。小米公司首创用互联网模式开发手机操作系统、发烧友参与开发改进的模式。

雷军，1991年毕业于武汉大学计算机系。他是小米科技创始人、董事长兼首席执行官，金山软件公司董事长。雷军1992年加盟金山，最后担任CEO，带领公司在香港上市。中途还创建电子商务网站卓越，最后以7500万美元转让给了亚马逊。2011年8月16日，小米手机问世。当小米家喻户晓以后，人们对雷军"站在台风口，猪都能飞上天"的理念深信不疑，并希望借鉴经验找准风口"飞上天"。小米成功的一个重要原因便是塑造了自己的粉丝文化。

> **小结**：小米从0做到300亿元的销售收入只用了3年多时间，估值超过100亿美元，位列国内互联网公司前五，堪称互联网创业奇迹。小米的成功得益于站对了移动互联网及社交媒体爆发式增长的大风口，也得益于创始人雷军在互联网行业近20年的资源积累，从而从一片红海的手机大战中脱颖而出，成功打造了百亿小米，也开创了饥饿营销、粉丝经济的互联网创新商业模式。

6. 手机改变了我们的生活

1）手机已经渗透我们的生活。很多人都须臾离不开手机，这样的人群有个新名词——"低头族"，如图4-41所示。

智能手机的出现使手机的功能大大扩展，新一代的"手机人"更多使用手机购物、订票、智能导航、阅读、听音乐，当然还有玩游戏、微博、微信和朋友的交流互动。如此丰富的应用，几乎涵盖了生活的方方面面，难怪有专家称手机已成为人类的一个"新器官"：早晨起床一睁开眼睛就拿起手机，晚上睡前直到闭上眼睛才放下手机；等人、等车的时候举着手机，吃饭时捧着手机……这已然是现代人的日常生活写照。手机让人们产生

图 4 -41　"低头族"在地铁

依赖感，相信有很多人在生活中每隔一会儿都会翻翻手机，看看微信朋友圈、刷刷微博。小小一部手机，囊括了社交、资讯、游戏、购物、甚至恋爱等诸多功能，极大地丰富了人们的生活。"晒菜品、拍旅途、发攻略"是"手机人"的一种新的生活常态，在微信朋友圈里，你去了哪里、看了什么、吃了什么，随时随地通过手机发出来，而朋友们及时都可看到并和你交流。

2）世界上最遥远的距离——我在你身边，而你却在玩手机。手机使我们成为同一张蛛网上的蜘蛛，无论你在哪里都会被别人找到。一时没有了手机，就好比生活中突然停电一样难过，犹如菜中不放油盐一样没有味道，并出现情绪波动，如焦虑、烦躁、抑郁等症状，这就是手机依赖症。其实无论时代怎么改变，高科技如何发达，人们对于追求美好生活的愿望不会改变，手机虽然缩短了人们在空间上的距离，但是，一方面却拉长了人与人之间的现实距离，忽视了人与人之间的交往；另一方面整日整夜地玩手机，严重地威胁着一些人的身体健康，造成眼睛视力受伤，大脑神经受损。所以，现代人的生活虽然不能没有手机，但我们必须把手机当作一种交流工具，而不能被它们所牵制，更不能无节制地依赖于手机，使用时要适可而止。

第5章 中国新一代信息技术产业

——信息产业发展的新浪潮

5.1 引言

近半个多世纪以来，以集成电路、计算机、互联网、光纤通信、移动通信的相继发明和应用为代表，信息技术的发展深刻影响了人们的工作和生活。2010 年 10 月，国务院发布的《国务院关于加快培育和发展战略性新兴产业的决定》中列出了七大国家战略性新兴产业体系，其中包括"新一代信息技术产业"。新一代信息技术分为六个方面，分别是下一代通信网络、物联网、三网融合、新型平板显示、高性能集成电路和以云计算为代表的高端软件。目前又面临以移动互联网、物联网、大数据、云计算为代表的新一轮的信息化浪潮。新一代信息技术将重塑信息产业生态链，推动信息化与工业化深度融合，拉开新产业革命的序幕，对经济和社会及全球竞争格局都将产生深刻的影响。

5.2 三网融合

三网融合是指电信网、广播电视网、互联网在向宽带通信网、数字电视网、下一代互联网演进过程中，三大网络通过技术改造，其技术功能趋于一致，业务范围趋于相同，网络互联互通、资源共享，能为用户提供语音、数据和广播电视等多种服务。三网融合并不意味着三大网络的物理合一，而主要是指高层业务应用的融合。三网融合应用广泛，遍及智能交通、环境保护、政府工作、公共安全、平安家居等多个领域。这样手机可以看电视、上网，电视可以打电话、上网，计算机也可以打电话、看电视。三者之间相互交叉，形成你中有我、我中有你的格局。

三网融合表现为技术上趋向一致：网络层上可以实现互联互通，形成无缝覆盖；业务层上互相渗透和交叉，趋向使用统一的 IP 协议；在运营上即存在竞争又相互合作，朝着为用户提供多样化、多媒体化、个性化服务的同一目标发展，行业管制和政策方针逐渐趋向统一。总的来说，三网融合将是突破了单纯物理意义上的融合，是在网络、内容、用户及业务上全方位、多层次的融合。

5.2.1　三网融合的发展历史

1994 年，当时的电子部联合铁道部、电力部以及广播电影电视部成立了中国联通，被赋予打破"老中国电信"垄断地位的重任，但主要还是经营寻呼业务。1998 年 3 月，邮电部和电子工业部完成合并，信息产业部正式成立；同时，广播电影电视部改为目前的国家广播电影电视总局。1998 年 6 月 25 日印发的《国家广播电影电视总局职能配置、内设机构和人员编制规定》中指出："将原广播电影电视部的广播电视传送网（包括无线和有线电视网）的统筹规划与行业管理、组织制订广播电视传送网络的技术体制与标准的职能，交给信息产业部。"

2006 年 3 月 14 日通过的《中华人民共和国国民经济和社会发展第十一个五年规划纲要》再度提出"三网融合"：积极推进"三网融合"。建设和完善宽带通信网，加快发展宽带用户接入网，稳步推进新一代移动通信网络建设。建设集有线、地面、卫星传输于一体的数字电视网络。构建下一代互联网，加快商业化应用。制定和完善网络标准，促进互联互通和资源共享。

2008 年 1 月 1 日，国务院办公厅转发发展改革委、科技部、财政部、信息产业部、税务总局、广电总局六部委《关于鼓励数字电视产业发展若干政策的通知》，提出"以有线电视数字化为切入点，加快推广和普及数字电视广播，加强宽带通信网、数字电视网和下一代互联网等信息基础设施建设，推进'三网融合'，形成较为完整的数字电视产业链，实现数字电视技术研发、产品制造、传输与接入、用户服务相关产业协调发展。"

2009 年 5 月 19 日，国务院批转发展改革委《关于 2009 年深化经济体制改革工作的意见》，文件指出："落实国家相关规定，实现广电和电信企业的双向进入，推动'三网融合'取得实质性进展（工业和信息化部、广电总局、发展改革委、财政部负责）。"

2010 年 1 月 13 日召开的国务院常务会议决定加快推进电信网、广播电视网和互联网三网融合。

5.2.2　推进三网融合的意义

推进三网融合是党中央、国务院做出的战略部署，是当前培育战略性新兴产业的重要任务，对于促进信息产业、文化产业和社会事业发展，提高国民经济和社会信息化水平，满足人民群众日益多样的生产、生活服务需求，拉动国内消费，形成新的经济增长点，具有重要意义。

三网融合是现代信息技术融合发展的必然趋势，是现代信息产业进一步发展的内在需求，是国民经济和社会信息化的迫切要求。加快推进三网融合，有利于迅速提高国家信息化水平，推动信息技术创新和应用，满足人民群众日益多样的生产、生活服务需求，拉动国内消费，带动相关产业发展，形成新的经济增长点；有利于更好地参与全球信息技术竞争，抢占未来信息技术制高点，确保国家网络信息安全；有利于创新宣传方式，扩大宣传范围，牢牢占领思想舆论主阵地，促进文化繁荣兴盛，保障国家文化安全。三网融合漫画如图 5-1 所示。

图 5-1 三网融合漫画

目前，广电和电信行业在各自的产业发展过程中均存在一定的业务瓶颈，如广电行业的业务模式单一，以广告收入为主，业务多元化不足，导致行业规模偏小、发展缓慢；电信行业则面临固话用户不断流失、传统语音业务收入增长缓慢甚至降低的挑战等。三网融合有利于推动文化产业和信息产业的融合，有利于两个产业的共同、协调发展。

三网融合的根本意义在于为用户提供高质量、低价格、丰富的信息服务。融合的本质是竞争，通过培育有效的竞争主体和逐步对等开放，推动广电和电信的全业务竞争，不仅有利于促进产业发展与业务丰富，也将推动企业降低服务资费和提高服务质量，满足全国不同人群的使用需求。

5.2.3 三网融合的发展现状

三网融合的长远前景是网络层上广电网和电信网互通互联，业务应用层上互相渗透和交叉，最终将是行业监管政策和监管架构上的融合。

1. 广电和电信双向进入阶段（2010~2012 年）

在双向进入的试点阶段，主要以推进广电和电信业务双向阶段性进入为重点，制定三网融合试点方案，选择有条件的地区开展试点，不断扩大试点广度和范围；加快电信网、广播电视网、互联网升级和改进。加快培育市场主体，组建国家级有线电视网络公司，初步形成适度竞争的产业格局；探索建立分工明确、行为规范、运转协调、协同高效的工作机制，调整完善网络规划建设、基础设施共建共享、业务规划发展、网络信息安全和广播电视安全播出、用户权益保护等管理体系，基本形成保障三网融合规范有序开展的政策体系和机制体系。

2010 年 1 月 21 日，国务院发布《推进三网融合的总体方案》，该文件中提出双向进入广电与电信各自的权利：符合条件的广电企业可以经营增值电信业务、比照增值电信业务管理的基础电信业务、基于有线电视网络提供的互联网接入业务、互联网数据传送增值业务、国内 IP 电话业务；符合条件的国有电信企业在有关部门的监管下，可从事除时政类节目之外的广播电视节目生产制作、互联网视听节目信号传输、转播时政类新闻视听节目服务，以及除广播电台电视台形态以外的公共互联网音视频节目服务、IPTV 传输服务、手机电视分发服务；IPTV、手机电视的集成播控业务由广电部门负责，宣传部门指导。

2. 全面实现三网融合阶段（2013～2015 年）

此阶段主要的工作是总结推广试点经验，全面推进三网融合；自主创新技术研发和产业化取得突破性进展，掌握一批核心技术，宽带通信网、数字电视网、下一代互联网的网络承载能力进一步提升；网络信息资源、文化内容产品得到充分开发利用，融合业务应用更加普及，适度竞争的网络产业格局基本形成；适应三网融合的体制机制基本建立，相关法律法规基本健全，职责清晰、协调顺畅、决策科学、管理高效的新型监管体系基本形成；网络信息安全和文化安全监管机制不断完善，安全保障能力显著提高。

三网融合已是大势所趋，提高信息化水平催生新的经济增长点。在三网融合的背景下，广电网络未来很可能脱离现有"中宣部－广电总局"的管理体系，纳入到基础网络的管理架构中，在此情形下，中国的行业监管部门很可能会更加接近于美国联邦通信委员会的角色，统一管理电信网络和广电网络。

在目前拥有全业务牌照的三大电信运营商中，中国移动因其历史上专注于移动通信业务，缺少接入网，在目前的通信全业务竞争中处于不利的地位。而在三网融合、允许双向进入的背景下，中国移动完全可以通过收购、参股、合作等多种方式借助各地区广电有线网络的接入，实现全业务整合经营；而一些实力较弱的广电网络可以背靠资金实力雄厚的中国移动进行网络改造，提升网络综合业务价值。

作为中国三网融合试点工作主体之一的国家级有线电视网络公司——中国广播电视网络有限公司在 2014 年 4 月 17 日正式注册成立。中国广播电视网络有限公司的主要工作包括以下几项。

1）完善基础建设，提升网络使用效益。参与广播电视村村通、全国文化信息资源共享等重点民生工程建设，借助国家农村文化公共服务体系建设的契机，向农村地区、有线电视未通达地区发展有线电视用户，提升有线电视网络使用效益。建议国家统筹规划有线电视、卫星电视、地面数字电视的发展，在满足公共服务需求的基础上适时建立卫星电视、地面数字电视市场化运营主体，与移动多媒体广播运营主体一并划归中国广电管理。

2）控制播控权优势，搭建网络融合平台。抓住我国经济社会快速发展、民众消费需求日益增长的重要机遇，在电视台、电台及有线电视网络等媒介面向全社会大力宣传中国广电的业务和服务，发挥 IPTV 和手机电视集成播控权优势，凸显中国广电的广播电视节目首播优势，巩固公司在广播电视传输领域的领导者地位，不断扩大覆盖范围和增加用户数量。申请语音及数据传输的业务牌照，依靠 2 亿多户有线电视入户资源，发挥有线电视网络潜力巨大的带宽，开展广播电视传输为主、语音及数据传输相结合的全业务服务。

3）丰富内容，培育公司收入新增长点。争取国家资金、政策支持和行政推动，完成中国广电对各省有线电视网络公司的资产和资源整合，实现全国范围内有线电视网络的垂直运营管理，确保公司政令统一。引进和培养高级经营管理人才，从全国范围内的有线电视网络公司和电信企业选拔熟悉广播电视和电信业务、懂经营懂管理的人才，通过实施人才战略挖掘公司发展潜力。结合用户消费需求偏好，积极与电信运营商、三网融合终端设备供应商开展合作，共同发展 IPTV、手机电视、终端设备销售等新兴业务，培育成为公司营业收入新的增长点。

从国外三网融合发展历程来看，主要经历了从电信和广电的双向进入到相互合作的历程。以美国为例，其三网融合主要采取了以下三种模式：一是广电进入电信；二是电信通过 IPTV 切入广电；三是广电与电信合作。三种模式的核心都是通过逐渐开放来谋取整个行业的发展，这也符合三网融合的未来发展方向。我国需要逐步打破原先封闭的广电网和电信网，以及广电、电信分而治之的局面，走向广电和电信的互相开放，实现合作共赢，推进三网融合的进一步发展。

5.3 移动互联网

我们的生活确实被移动互联网改变了——早晨睁开眼的第一件事情，可能不是刷牙洗脸，而是拿起枕边的手机，刷一遍微信朋友圈，看看新闻客户端最早推送的一波新闻；上班路上的公交车或地铁里，"低头族"们拿着各自的移动设备，刷刷微信朋友圈和微博，看看新闻或者电子书，又或者看一集前一天晚上缓存好的电视剧；每隔几分钟就会拿起手机刷一次微信朋友圈，然后点赞或评论；打车不再只有在寒风中招手这一个选择，还可以拿起手机动动手指，召一辆出租车或是"专车"在楼下等你；到一个陌生地方，不用再担心人生地不熟，有"百度地图"就能找到对的路，有"大众点评"就能找到附近最火的馆子；去商铺购物付款，可以刷"支付宝"二维码，无须动用钱包……这样的例子不胜枚举。归结起来，移动互联网改变了人们接受信息和分享信息的路径，同时也给娱乐、通信、媒体和商务领域带来了新的方式。

5.3.1 我国移动互联网使用现状

移动互联网就是将移动通信和互联网二者结合起来成为一体，是互联网的技术、平台、商业模式和应用与移动通信技术结合并实践的活动的总称。移动互联网是一种通过智能移动终端，采用移动无线通信方式获取业务和服务的新兴业务，包含终端、软件和应用三个层面：终端层包括智能手机、平板电脑等；软件包括操作系统、数据库和安全软件等；应用层包括休闲娱乐类、工具媒体类、商务财经类等不同的应用与服务。随着宽带无线接入技术和移动终端技术的飞速发展，人们迫切希望能够随时随地乃至在移动过程中都能方便地从互联网获取信息和服务，移动互联网应运而生并迅猛发展。然而，移动互联网在移动终端、接入网络、应用服务、安全与隐私保护等方面还面临着一系列的挑战。"十二五"期间，我国宽带基础设施加速升级，已建成世界最大的 4G 网络，移动宽带网络覆盖和用户规模跃居世界第一。

中国互联网信息中心（CNNIC）发布的第 39 次《中国互联网络发展状况统计报告》

显示，截至 2016 年 12 月，中国手机网民规模达 6.95 亿人。中国手机网民规模及其占网民比例如图 5 - 2 所示。

图 5 - 2　中国手机网民规模及其占网民比例

截至 2016 年 12 月，网上预订机票、酒店、火车票或旅游度假产品的网民规模达到 2.99 亿人。手机支付用户规模增长迅速，达到 4.69 亿人。2016 年，我国个人互联网应用保持快速发展，除电子邮件外，其他应用用户规模均呈上升趋势，其中网上订外卖和互联网医疗用户规模增长最快，年增长率分别达到 83.7% 和 28.0%。手机应用方面，手机网上订外卖、手机在线教育课程规模增长明显，年增长率分别达到 86.2% 和 84.8%。2016 年，中国网民各类互联网应用的使用率如表 5 - 1 所示，各类手机互联网应用的使用率如表 5 - 2 所示，网民最常使用的手机应用如图 5 - 3 所示。

表 5 - 1　2015～2016 年中国网民各类互联网应用的使用率

应用	2016 年		2015 年		年增长率
	用户规模/万人	网民使用率	用户规模/万人	网民使用率	
即时通信	66628	91.1%	62408	90.7%	6.8%
搜索引擎	60238	82.4%	56623	82.3%	6.4%
网络新闻	61390	84.0%	56440	82.0%	8.8%
网络视频	54455	74.5%	50391	73.2%	8.1%
网络音乐	50313	68.8%	50137	72.8%	0.4%
网上支付	47450	64.9%	41618	60.5%	14.0%
网络购物	46670	63.8%	41325	60.0%	12.9%
网络游戏	41704	57.0%	39148	56.9%	6.5%

应用	2016 年		2015 年		年增长率
	用户规模/万人	网民使用率	用户规模/万人	网民使用率	
网上银行	36552	50.0%	33639	48.9%	8.7%
网络文学	33319	45.6%	29674	43.1%	12.3%
旅行预订	29922	40.9%	25955	37.7%	15.3%
电子邮件	24815	33.9%	25847	37.6%	4.0%
论坛/BBS	12079	16.5%	11901	17.3%	1.5%
互联网理财	9890	13.5%	9026	13.1%	9.6%
网上炒股或炒基金	6276	8.6%	5892	8.6%	6.5%
微博	27143	37.1%	23045	33.5%	17.8%
地图查询	46166	63.1%	37997	55.2%	21.5%
网上订外卖	20856	28.5%	11356	16.5%	83.7%
在线教育	13764	18.8%	11014	16.0%	25.0%
互联网医疗	19476	26.6%	15211	22.1%	28.0%
互联网政务	23897	32.7%			

表 5－2　2015～2016 年中国网民各类手机互联网应用的使用率

应用	2016 年		2015 年		年增长率
	用户规模/万人	网民使用率	用户规模/万人	网民使用率	
手机即时通信	63797	91.8%	55719	89.9%	14.5%
手机网络信息	57126	82.2%	48165	77.7%	18.6%
手机搜索	57511	82.7%	47784	77.1%	20.4%
手机网络音乐	46791	67.3%	41640	67.2%	12.4%
手机网络视频	49987	71.9%	40508	65.4%	23.4%
手机网上支付	46920	67.5%	35771	57.7%	31.2%
手机网络购物	44093	63.4%	33967	54.8%	29.8%
手机网络游戏	35166	50.6%	27928	45.1%	25.9%
手机网上银行	33357	48.0%	27675	44.6%	20.5%
手机网络文学	30377	43.7%	25908	41.8%	17.2%
手机旅行预订	26179	37.7%	20990	33.9%	24.7%
手机邮件	19713	28.4%	16671	26.9%	18.2%
手机论坛/BBS	9739	14.0%	8604	13.9%	13.2%

续表

应用	2016 年		2015 年		年增长率
	用户规模/万人	网民使用率	用户规模/万人	网民使用率	
手机网上炒股或炒基金	4871	7.0%	4293	6.9%	13.5%
手机在线教育课程	9798	14.1%	5303	8.6%	84.8%
手机微博	24086	34.6%	18690	30.2%	28.9%
手机地图、手机导航	43123	62.0%	33804	54.5%	27.6%
手机网上订外卖	19387	27.9%	10413	16.8%	86.2%

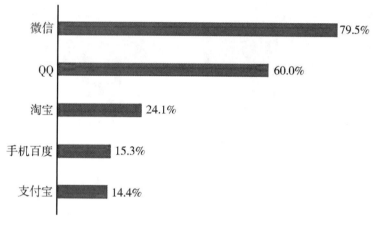

图 5 - 3　2016 年网民最经常使用的手机应用

5.3.2　移动互联网改变人们的生活、工作方式

移动互联网正逐渐渗透到人们生活、工作的各个领域，移动音乐、手机游戏、视频应用、手机支付、位置服务等丰富多彩的移动互联网应用迅猛发展，正在深刻改变信息时代的社会生活。

1. 移动社交

在移动网络虚拟世界里面，服务社区化将成为焦点。社区可以延伸出不同的用户体验，提高用户对企业的黏性。移动互联网随时随地沟通的特点使社交网络服务在移动领域的发展具有先天的优势。目前，在传统互联网上，人人网、豆瓣、微博等已经拥有大量的用户群。而随着终端、内容、网络等制约因素的解决，移动互联网上的共享服务也必将蓬勃发展。用户可以通过移动终端上传自己的图片、视频到微博、博客、空间，还可以与好友共享、评论等。可见，在未来的互联网上，很多内容的产生将依赖于用户的生产和传播，所以社交业务必将在促进交互的同时也极大地丰富了互联网的内容。手机社交如图 5 - 4 所示。

2. 手机游戏

随着产业技术的进步，移动设备终端上会发生一些革命性的质变，带来用户体验的跳跃——加强游戏触觉反馈技术。可以预见，手机游戏作为移动互联网的杀手级盈利模式，无疑将掀起移动互联网商业模式的全新变革。手机游戏的市场空间将不亚于计算机游戏，因为手机虽然操作和展现能力不及计算机（这些可以通过游戏的设计来尽量弱化），但它最大的好处在于随身携带，用户玩游戏往往就是因为无聊，手机当然就成为玩游戏的首选。手机游戏如图5-5所示。

图5-4　手机社交　　　　　　　　　图5-5　手机游戏

3. 手机音乐

自古以来，音乐就是一个巨大的产业，"有人的地方就有音乐"。互联网的出现，让音乐的生产和销售变得更容易，也让音乐盈利模式更多元化。在移动互联网时代，手机音乐将得到进一步的发展：用户拥有音乐更加便捷，携带音乐更加容易，有共同音乐兴趣的人交流更加方便，音乐将无处不在！手机音乐如图5-6所示。

4. 手机电视

手机电视用户主要集中在积极尝试新事物、个性化需求较高的年轻群体，这样的群体在未来将逐渐扩大。手机电视真正的魅力在于它的互动，用户可以随时点播想看的内容，可以与关注同样内容的用户互动聊天和评论。手机电视如图5-7所示。

图5-6　手机音乐　　　　　　　　　图5-7 手机电视

5. 移动电子阅读

因为手机功能扩展、屏幕更大更清晰、容量提升、用户身份易于确认、付款方便等诸多优势，移动电子阅读正在迅速传播开来。手机电子书大概可以分为如下几类：手机报纸、手机杂志和手机小说等。随着互联网小说的火爆，手机小说已经呈蓬勃发展之势。手机阅读如图5-8所示。

图5-8　手机阅读

　　手机电子书的出现，正深刻改变着人们传统的阅读习惯。如今，在人来人往的地铁公交车上，在乐声悠扬的咖啡厅里，在漫步乡间小路和静坐等待时，纸质书籍已不再是人们阅读的唯一选择。一位曾经忠实的纸质图书读者感叹："等车时拿出手机看新闻早报、晚报，走路时戴上耳机听小说、音乐，陪孩子逛街时掏出i-Touch看电子书打发等待时间……"当电子阅读、移动阅读成为阅读的新常态，我们的阅读文化和阅读习惯正在发生巨大改变。古人读书，先燃香，再沐手，后拜读，这可能是"书香"的起源。新媒体除了带来阅读的新鲜感以外，更加凸显了以数字化内容为核心，集休闲与娱乐、媒体与增值服务为一体的移动平台特征，使人们看书、阅读不仅获得知识、开阔视野，还可以寻找便捷的体验。以往，阅读只局限于私人空间，相互之间不能即时互动交流，但在移动互联网时代就大相径庭，原先的"私人笔记"变成"公开课堂"，读书的乐趣从"喜欢读书，不求甚解"变成"评论""分享"和"交流"；以前，人们买了新书都要包装起来，遇到重要的字词用铅笔轻轻勾画，现在用数字笔则随时可以标注，还能把喜欢的段落分享到微信、微博、朋友圈，分享阅读的乐趣。

　　6. 移动定位服务

　　随着随身电子产品日益普及，人们的移动性日益增强，对位置信息的需求也日益高涨，市场对移动定位服务需求将越来越多。互联网让基于位置的服务从军事、地质勘测等专业领域走向普通大众，也衍生出多种多样的业务模式和盈利模式。相对来说，在基于位置服务的应用上，手机比计算机更有优势，因为"位置"和"身份"是手机与生俱来的优势，如导航、基于位置的游戏，流动资产追踪和人物追踪以及救援服务等，与身份相结合可以提供更好的地图查询和周边信息查询服务。随时移动的智能手机，GPS/北斗等的卫星定位，以及通过基站进行定位，让手机具有了随时随地的定位功用，这些功能使信息可以携带位置信息。无论是微博、微信这样的应用，还是手机拍摄的照片，都携带了位置信息。这些位置信息使传播的信息更加精准，同时也产生了众多基于位置信息的服务。手机定位如图5-9所示。

　　7. 手机搜索

　　手机搜索引擎整合搜索概念、智能搜索、语义互联网等概念，综合了多种搜索方法，可以提供范围更宽广的垂直和水平搜索体验，更加注重提升用户的使用体验。手机搜索如图5-10所示。

图 5 - 9　手机定位

图 5 - 10　手机搜索

8. 移动支付

　　移动支付就是允许用户使用其移动终端（通常是手机）对所消费的商品或服务进行账务支付的一种服务方式。移动支付将终端设备、互联网、应用提供商以及金融机构相融合，为用户提供货币支付、缴费等金融业务。移动支付主要分为近场支付和远程支付两种。所谓近场支付，就是用手机刷卡的方式坐车、买东西等；远程支付是通过发送支付指令（如网银、电话银行、手机支付等）进行的支付方式。手机支付如图 5 - 11 所示。

图 5 - 11　手机支付

　　目前，手机支付业务已经实现在线购物、缴纳水电费、在 POS 机上消费、乘坐公交车、开门、充当会员卡等，不久的未来，手机将使用户的生活需求更加便捷化。

　　2011 年之后移动互联网和移动电子商务的普及率提高，不仅为移动支付提供广阔的商用平台，更培养了用户网上支付的消费习惯，是移动支付市场爆发的重要催化剂。智能手机普及率提高，支持移动支付发展的硬件条件逐步具备。移动支付使用方法有短信支付、扫码支付等。

　　手机短信支付是手机支付的最早应用，将用户手机 SIM 卡与用户本人的银行卡账号建立一种一一对应的关系，用户通过发送短信的方式在系统短信指令的引导下完成交易支付请求，操作简单，可以随时随地进行交易。手机短信支付服务强调了移动缴费和消费。

　　扫码支付是一种基于账户体系搭建起来的新一代无线支付方案。在该支付方案下，商家可把账号、商品价格等交易信息汇编成一个二维码，并印刷在各种报纸、杂志、广告、图书等载体上发布。用户通过手机客户端扫描二维码，便可实现与商家账户的支付结算。最后，商家根据支付交易信息中的用户收货、联系资料，就可以进行商品配送，完成交易。扫码支付如图 5 - 12 所示。

图 5 - 12　扫码支付

智能手机和平板计算机的普及应用催生了之前并不被看好的二维码应用，大家竞相投入大量资源进行技术研发。马化腾说：二维码是移动互联网入口。二维码的应用，似乎一夜之间渗透到我们生活的方方面面，出现在地铁广告、报纸、火车票、飞机票、快餐店、电影院、团购网站以及各类商品外包装上。

微信支付是集成在微信客户端的支付功能，用户可以通过手机完成快速的支付流程。微信支付以绑定银行卡的快捷支付为基础，向用户提供安全、快捷、高效的支付服务。用户只需在微信中关联一张银行卡并完成身份认证，即可将装有微信 APP 的智能手机变成一个全能钱包，购买合作商户的商品及服务。在支付时用户只需在自己的智能手机上输入密码，无须任何刷卡步骤即可完成支付，整个过程简便流畅。目前微信支付已实现刷卡支付、扫码支付、公众号支付、APP 支付，并提供企业红包、代金券、立减优惠等营销新工具，满足用户及商户的不同支付场景。市民坐公交车、乘地铁、乘出租车，甚至是去超市购物、加油站加油，都能直接潇洒地"刷"手机买单。

Apple Pay 在 2016 年 2 月 18 日凌晨 5 点登陆中国。Apple Pay 的支付流程是靠近 POS 机—按指纹—完成，如图 5 - 13 所示。

Apple Pay 主要优势在于，不需要主动开启应用，不需要服务人员与你进行互动（帮助刷卡或扫码），只需要靠近 NFC 感应端然后按指纹就行。Apple Pay 无疑是非常先进的技术，苹果恰到好处地将老旧的银行卡体系进行了一次更新换血大改造，不管从风险评估还是便利程度上都是非常成功的。

图 5 - 13　Apple Pay

很多人都喜欢拿手机扫二维码，殊不知，二维码也很危险。如果遇到包含病毒的二维码，轻则中毒死机，重则会被破解手机里的支付宝、银行卡密码。所以，在扫描前先判断二维码的发布来源是否权威可信。移动支付的安全问题一直是移动支付能否快速推广的一个瓶颈。病毒感染、手机漏洞、诈骗短信、骚扰电话也造成了一定的手机支付风险。

9. 移动电子商务

移动电子商务可以为用户随时随地提供所需的服务、应用、信息和娱乐,利用手机终端方便地选择及购买商品和服务。在手机上可以订票,可以买卖股票,也可以拍卖东西。微商是由微盟 CEO 孙涛勇提出的一种社会化移动社交电商模式。它是企业或者个人基于社会化媒体开店的新型电商,主要分为两种:基于微信公众号的微商成为 B2C 微商,基于朋友圈开店的成为 C2C 微商。微商基于微信"连接一切"的能力,实现商品的社交分享、熟人推荐与朋友圈展示。

10. 打车软件

打车软件是一种智能手机应用,乘客可以便捷地通过手机发布打车信息,并立即和接单司机直接沟通,大大提高了打车效率。

2010 年 6 月,打车软件"Uber"诞生。2012 年 8 月,"快的打车"上线。2012 年 9 月,"嘀嘀打车"上线。2013 年 4 月,阿里宣布投资"快的打车"。2014 年 1 月,腾讯投资"嘀嘀打车";5 月,"嘀嘀打车"更名为"滴滴打车"。2014 年 1 月起,"快的打车"和"嘀嘀打车"开始了补贴大战,总计补贴数十亿元。2014 年 2 月,"Uber"正式进入中国。2014 年 12 月,百度投资"Uber",共同拓展亚太市场。在"快的打车"和"滴滴打车"的烧钱攻势下,大部分打车软件日益边缘化,打车市场进入双雄时代。用"滴滴打车"叫车,先要在手机上安装微信软件,并完成微信和银行卡支付绑定。用"快的打车"叫车要绑定支付宝,确定支付宝中有余额,或者将支付宝和银行卡绑定。2015 年 2 月 14 日,"滴滴""快的"合并,两家公司在人员架构上保持不变,将继续保留各自的品牌和业务独立性,如图 5 - 14 所示。2016 年 8 月 1 日下午,"滴滴""Uber"宣布正式合并,如图 5 - 15 所示。

图 5 - 14 　"滴滴""快的"合并

图 5 - 15 　"滴滴""Uber"合并

网约车的出现打破了出租车的垄断地位,为公众出行带来了方便,也能让公众付出合理的价钱而享受到更舒适的服务。给网约车以合法地位,加强网约车监管与监督,才能杜绝网约车乱象,才能让网约车在法治的轨道内运行,为民众提供更优质的服务。但是,用手机软件打车的基本都是 20 ~ 30 岁的年轻人,那些不会用打车软件,甚至连智能手机都没有的"技术弱势群体",他们在路边招手还能打到车吗?

5.3.3　移动互联网的特点

1. 用户体验至上

一个商品或一项服务想要成功，在移动互联网时代，就要更加了解消费者的需求。如何了解消费者，体现在简单、精准的用户体验上，这将决定其爆炸能量的大小。了解消费者的需求必须从与消费者发生第一点接触开始，越精确越好。

2. 盈利策略不可急功近利

有些客户可能只用过手机的简单功能，这就需要企业简单易懂的指引，切不可急功近利，否则会丢失大量用户。

3. 找到业务的核心竞争力

所谓的核心竞争力只是暂时的。在产业链竞争中，握在你手中最大的砝码就是市场占有率和业务创新能力：市场占有率让你有更大的话语权和议价资格，业务创新能力则决定了自己的"卖点"。

4. 把握移动营销新模型

移动互联网营销模型与传统营销最大的不同，是通过口碑传播吸引更多的客户，随之让其参与互动，直接让正确的客户为企业说正确的话，冷冰冰的广告式营销终将在这个时代里慢慢衰退。

5. 整合产业链之外的资源

只要能把握移动互联网的前提，抓住行业强势资源，就能有效整合产业的资源。

移动互联网发展推动消费模式共享化、设备智能化和场景多元化。首先，移动互联网发展为共享经济提供了平台支持，网约车、共享单车和在线短租等共享模式的出现，进一步减少交易成本，提高资源利用效率；其次，智能可穿戴设备、智能家居、智能工业等行业的快速发展，推动智能硬件通过移动互联网互联互通，"万物互联"时代到来；最后，移动互联网用户工作场景、消费场景向多元化发展，线上线下不断融合，推动不同使用场景细化，同时推动服务范围向更深、更广扩散。移动互联网正在缩小"信息富有者"和"信息贫困者"之间的信息鸿沟。由于相对较低的成本以及无处不在的连接，经济和受教育水平较低的族群和生活在欠发达地区的人们，可以通过移动设备获得信息、完成学习、参与数字经济，甚至获得移动医疗。这些人群也可以分享技术革命带来的好处，以此获得个人层面和社会层面的发展。

5.3.4　移动互联网的优势

1. 高便携性

除了睡眠时间，移动设备一般都以远高于计算机的使用时间伴随在其主人身边。这个特点决定了，使用移动设备上网可以带来计算机上网无可比拟的优越性，即沟通与资讯的获取远比计算机设备方便。

2. 隐私性

移动设备用户的隐私性远高于计算机用户的要求。不需要考虑通信运营商与设备商在技术上如何实现它，高隐私性决定了移动互联网终端应用的特点——数据共享时既保障认证客户的有效性，也要保证信息的安全性。这就不同于互联网公开、透明、开放的特点。互联网下，计算机端系统的用户信息是可以被收集的。而移动通信用户上网显然是不需要自己设备上的信息被他人知晓甚至共享。

3. 应用轻便

除了长篇大论、休闲沟通外，能够用语音通话的就用语音通话解决。移动设备通信的基本功能代表了移动设备方便、快捷的特点，移动通信用户不会接受在移动设备上采取复杂的类似计算机输入端的操作——用户的手指情愿用"指手画脚"式的肢体语言去控制设备，也不愿意在"巴掌大"的设备上去输入 26 个英文字母，或者打一篇千字以上的文章。

5.3.5 我国移动互联网发展存在的问题

我国移动互联网发展仍然面临顶层设计不完善、生态体系整合能力尚未形成、盈利模式与投资价值背离、智能设备的成熟度和用户体验有限等方面的挑战。

我国移动智能终端产业存在的主要问题为：一是核心技术仍未掌控，关键软硬件受制于人；二是知识产权储备不足，制约终端产业的快速发展；三是企业利润严重偏低，产业链普遍处于下游生产制造环节；四是市场竞争日益激烈，产品同质化现象较为严重；五是信息安全隐患突出，用户数据等隐私泄露频繁。

其解决对策在于：一是加大力度推进关键技术研发，夯实产业根基；二是鼓励面向市场和用户的创新，提升产品附加值；三是制定产业扶持政策，积极构建产业生态链；四是推动建立专利共享机制，积极应对专利诉讼；五是加强信息安全保障工作，大力推广国产软硬件产品。

5.3.6 移动互联网思维[①]

移动互联网思维概括起来有碎片化思维、粉丝思维、焦点思维、第一思维和快一步思维，如图 5-16 所示。

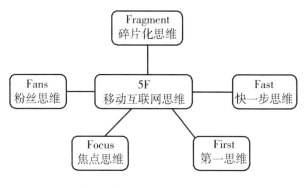

图 5-16 移动互联网思维

---

① 什么是移动互联网思维 [EB/OL]．知识库，www.useit.com，2004-6-12．

1. 碎片化思维

等车时用手机刷微博刷微信、乘地铁时用 iPad 看短视频、购物时移动终端查找店家信息、伴着微博或微信入眠……移动互联网时代，便捷的移动终端已经让我们实现了随时随地浏览各种信息，同时信息内容进一步向碎片化发展，碎片化内容沿着不同的时间线散落在浩瀚的信息海洋，但每一条碎片化信息都暗藏着消费者的个性化需求。因此，品牌及媒体就需强化自身的碎片化思维，思考如何能让消费者利用碎片化时间来选择，并快速喜欢上你的碎片化内容，乃至你的品牌。同时要借助更多价值内容和个性化服务来进一步覆盖甚至"霸占"消费者更多的碎片化时间。

2. 粉丝思维

从苹果到小米，移动互联网时代，消费者已经不再是简单的"顾客"，得粉丝者得天下。如今品牌需要与消费者建立更多的情感联系，逐步将消费者发展成自身的忠实顾客，再从忠实顾客进一步发展成品牌粉丝。粉丝不仅能提升品牌产品销量，还能为品牌带来正向口碑传播，并在品牌出现负面评价甚至是危机公关之时，在第一时间捍卫品牌。小米是粉丝思维的标杆代表，从米粉节到网上社区、以及各种线下同城活动，"为发烧而生"的小米聚集了庞大的粉丝群力量，逐渐跻身国内互联网公司的一线位置。品牌企业要学习小米以个性化的品牌理念和价值主张来吸引目标粉丝群体，并已多样化的活动来凝聚粉丝的力量，激发他们的参与感和热情，持续形成密切强大的联系。

3. 焦点思维

乔布斯接受采访时有句名言："专注和简单是我的梵咒。简单比复杂更难，你必须更努力工作来使你的思想干净、简单，但这是值得的。因为一旦你做到了，你就可以撼动大山。"移动互联网时代不要做加法，而是要做减法，消费者在纷杂的媒体信息环境中已经缺乏耐心和精力。因此就要明确自身品牌的焦点优势和战略方向，一旦明确之后就要从一而终地坚守下去，做到极致之后自然能让消费者留下深刻的品牌记忆度和好感度。

4. 第一思维

当今，竞争越发残酷，消费者的碎片化思维只会记住行业同类中的翘楚，有时连第二都是"炮灰"，更何况是第三、第四们。就像奥运会大家只会记得金牌选手那样，无论银牌或铜牌超越了多少历史最好成绩，但只要不是第一，日后却会被遗忘。因此，品牌在移动互联网时代要更勇于做第一个吃螃蟹的人，打破消费者的思维定式，以颠覆式的创新变革来突破刷新行业的新上限，争做第一，抢占先机。

5. 快一步思维

移动互联网时代，不仅品牌信息传播要快，品牌自身的更新升级更是要快人一步。这里又要提到小米。作为一家创业公司，小米以惊人的速度扩张，从智能手机、操作系统到应用商店，再到盒子、电视甚至是平板计算机，小米迅速建立了自身的生态系统。这是一个速度当先的时代，企业若是做决策或是布局发展稍慢一步的话，就会失去先机，后期要以成倍的代价才能弥补错失时机的劣势。如今 BAT 疯狂并购，布局各行各业，就是在和时间赛跑。

移动互联网思维要求企业充分利用碎片化时间接触消费者，让他们变成品牌的忠实粉丝。永远快人一步，争做行业龙头，才能在移动互联网时代长久地生存下去。

> **小结**：移动互联网给人们的生活带来翻天覆地的变化，它提升了工作效率，改善了人们生活交互的方式，同时创造了很多新的商业模式。相信随着技术水平的提升和新兴业务的发展，移动互联网必将迎来蓬勃的发展。

5.4 物联网与智慧城市

5.4.1 物联网

1. 物联网——信息产业发展的第三次浪潮

国际电信联盟（ITU）对物联网做了如下定义：通过二维码识读设备、射频识别装置、红外感应器、全球定位系统和激光扫描器等信息传感设备，按约定的协议，把任何物品与互联网相连接，进行信息交换和通信，以实现智能化识别、定位、跟踪、监控和管理的一种网络。

物联网是继计算机、互联网之后的又一次信息产业浪潮。比如，不住在医院，只要通过一个小小的仪器，医生就能 24 小时监控病人的体温、血压、脉搏；下班了，只要用手机发出一个指令，家里的电饭煲就会自动加热做饭，空调开始调温。这些不再是科幻电影中的场景，通过物联网可以逐步实现，每个人的生活都将变得更加美妙。物联网结构示意图如图 5-17 所示。

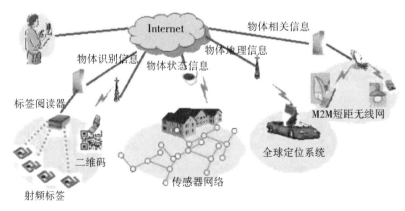

图 5-17　物联网结构示意图

在 2009 年 1 月，IBM 提出的智慧地球战略被时任美国总统奥巴马积极认可之后，物联网概念引起了全球范围内的关注。主要经济技术发展强国也加快了对物联网发展的研究进度，对各国政府来讲，发展物联网产业可以提高综合国力和社会经济效益，带来庞大的产业集群效应，以期在未来的智能化社会中扮演重要的角色。

物联网颠覆了人类之前物理基础设施和 IT 基础设施截然分开的传统思维，将具有自我标识、感知和智能的物理实体基于通信技术有效联接在一起，使得政府管理、生产制造、社会管理，以及个人生活互联互通。物联网作为一种融合发展的技术，其产业在自身发展的同时会带来庞大的产业集群效应。据保守估计，传感技术在智能交通、公共安全、环保、电力安全、智能家居、健康监测等诸多领域的市场规模均超过百亿元甚至千亿元。

我国政府高度重视物联网产业，投入巨资进行建设。我国在国际物联网标准化领域取得引领地位，已经具有领先优势，但面临的竞争也日趋激烈。我国应抓住机遇，应对挑战，在新的物联网产业与标准竞争中争取主动权，刻不容缓。

在物联网的世界里，物物相连、天罗地网。在"物联网"这个新产业中，我国的技术研发水平处于世界前列。中科院在无线智能传感器网络通信技术、微型传感器、传感器端机、移动基站等方面取得重大进展，目前已拥有从材料、技术、器件、系统到网络的完整产业链。掌握"物联网"的世界话语权，不仅体现在技术领先，更在于我国是世界上少数能实现产业化的国家之一。

2. 我国物联网产业发展①

（1）我国物联网健康发展的政策环境日趋完善

经过几年的发展，我国物联网在技术研发、标准研制、产业培育和行业应用等方面已具备一定基础，但仍然存在一些制约物联网发展的深层次问题需要解决。为了推进物联网有序健康发展，我国政府加强了对物联网发展方向和发展重点的规范引导，不断优化物联网发展的环境。

（2）国内物联网应用发展进入实质性推进阶段

物联网的理念和相关技术产品已经广泛渗透到社会经济、民生的各个领域，在越来越多的行业创新中发挥关键作用。物联网凭借与新一代信息技术的深度集成和综合应用，在推动转型升级、提升社会服务、改善服务民生、推动增效节能等方面正发挥重要的作用，在部分领域正带来真正的"智慧"应用。

1）物联网推动工业转型升级。物联网在钢铁冶金、石油石化、机械装备制造和物流等领域的应用比较突出，传感控制系统在工业生产中成为标准配置。采用基于无线传感器技术的温度、压力、温控系统，在油田单井野外输送原油过程中彻底改变了人工监控的传统方式，大量降低能耗，现已在大庆油田等大型油田中规模应用。物联网技术还被广泛用于全方位监控企业的污染排放状况和水、气质量监测，我国已经建立工业污染源监控网络。

---

① 2016 年我国物联网行业市场规模分析［EB/OL］. 中国产业信息网, www. chyxx. com, 2016 - 9 - 8.

2）物联网应用在农业领域激发出更高效的农业生产力。物联网可以应用在农业资源和生态环境监测、农业生产精细化管理、农产品储运等环节。例如，国家粮食储运物联网示范工程采用先进的联网传感节点技术，每年可以节省几亿元的清仓查库费用，并减少数百万吨的粮食损耗。

3）在交通运输方面利用物联网可以优化资源、提升效率。近几年，我国智能交通市场规模一直保持稳步增长，在智能公交、电子车牌、交通疏导、交通信息发布等典型应用方面已经开展了积极实践。智能公交系统可以实时预告公交到站信息。ETC是解决公路收费站拥堵的有效手段，也是确保节能减排的重要技术措施。我国已有5个示范机场依托RFID等技术实现了航空运输行李全生命周期的可视化跟踪与精确化定位，使工人劳动强度降低20%，分拣效率提高15%以上。

4）物联网在智能电网领域的应用相对成熟。国家电网公司已在总部和16家省网公司建立了"两级部署、三级应用"的输变电设备状态监测系统，实现对各类输变电设备运行状态的实时感知、监视预警、分析诊断和评估预测。在用户层面，智能电表安装量已达到1.96亿只，用电信息自动采集突破2亿户。

5）物联网在民生服务领域大显身手。在食品安全方面，我国大力开展食品安全溯源体系建设，采用二维码和RFID标识技术，建成了重点食品质量安全追溯系统国家平台和5个省级平台，覆盖了35个试点城市，789家乳品企业和1300家白酒企业。目前药品、肉菜、酒类和乳制品的安全溯源正在加快推广，并向深度应用拓展。在医疗卫生方面，集成了金融支付功能的一卡通系统推广到全国300多家三甲医院，使大医院接诊效率提高30%以上，加速了社会保障卡、居民健康卡等"医疗一卡通"的试点和推广进程。在智能家居方面，结合移动互联网技术，以家庭网关为核心，集安防、智能电源控制、家庭娱乐、亲情关怀、远程信息服务等于一体的物联网应用，大大提升了家庭的舒适程度和安全节能水平。

6）智慧城市成为物联网发展的重要载体。遍布城市各处的物联网感知终端构成城市的神经末梢，对城市运行状态进行实时监测，从地下管网监测到路灯、井盖等市政设施的管理，从高清视频监控系统到不停车收费，从水质、空气污染监测到建筑节能，从工业生产环境监控到制造业服务化转型，智慧城市建设的重点领域和工程，为物联网集成应用提供了平台。

3. 农业物联网

积极推进物联网技术在农业的应用，帮助农民实现专业化、精准化的农业生产管理，以信息化手段助力传统农业向现代农业转变。利用物联网平台，自动监测、自动控制、灌溉施肥等在手机上均可轻松完成操作。例如，通过在大棚内安装的传感设备，实时采集大棚内的空气温度和湿度、土壤温度、风速等数据；将数据通过移动网络传至服务管理平台，然后给出相应的农业生产建议，以短信形式发送到农民手机上；该系统具备远程诊断功能，农民将有病虫害特征的农作物拿到系统传感器下进行拍摄后，通过移动网络自动传至管理平台，后台专家将提供防治建议；系统可与现有卷帘机、微灌等设备对接，利用移动终端实现大棚自动卷帘、自动喷灌等功能。有了大棚管家，农户可以通过手机监测蔬菜温室的运行，及时对温室内的温度、湿度、光照度等指标进行调整，从而使农作物始终处在最佳的生长环境之中。温室大棚物联网如图 5 - 18 所示。

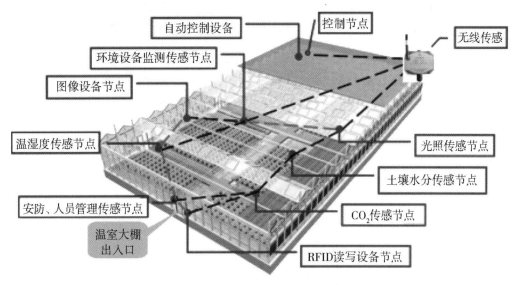

图 5 - 18　温室大棚物联网示意

物联网及传感器产业仍将保持高速增长态势，它面临的主要问题有：产业环节分散，有效的发展推进机制尚未建立；标准繁杂，统一标准缺失制约应用水平的提升；软硬件相似，同领域服务的同质化竞争严重；传感器基础支撑能力较弱，成为物联网发展瓶颈；定制化软硬件市场空间有限，限制产品推广与企业成长；信息安全制约大规模应用。

> **小结：** 我们既要看到"物联网"给人类带来便利的一面，也要看到"物联网"可能带来的问题，如安全、隐私、数据保护、数据管理、资源控制以及对社会文化的影响等。"物联网"虽取得了一定的进展，但到大规模应用还有很长的路要走，诸多环节还有待加强、完善。未来的物联网规模将比现有的互联网大得多，市场前景将远远超过计算机、互联网、移动通信等市场。总体而言，全球物联网发展还处于初级阶段，但已具备较好的基础。未来几年，全球物联网市场规模将出现快速增长。

5.4.2　智慧城市

智慧城市就是运用信息和通信技术手段监测、分析、整合城市运行核心系统的各项关键信息，从而对包括民生、环保、公共安全、城市服务、工商业活动在内的各种需求做出智能响应。其实质是利用先进的信息技术，实现城市智慧式管理和运行，进而为城市中的人创造更美好的生活，促进城市的和谐、可持续成长，如图 5 - 19 所示。

图 5 - 19　智慧城市

1. 建设智慧城市的重要意义

1）建设智慧城市是实现城市可持续发展的需要。"城市病"成为困扰各个城市建设与管理的首要难题，资源短缺、环境污染、交通拥堵、安全隐患等问题日益突出。为了破解"城市病"困局，智慧城市应运而生。由于智慧城市综合采用了包括射频传感技术、物联网技术、云计算技术、下一代通信技术在内的新一代信息技术，因此能够有效地化解"城市病"问题。这些技术的应用能够使城市变得更易于被感知，城市资源更易于被充分整合，在此基础上实现对城市的精细化和智能化管理，从而减少资源消耗，降低环境污染，解决交通拥堵，消除安全隐患，最终实现城市的可持续发展。

2）建设智慧城市是信息技术发展的需要。当前，全球信息技术呈加速发展趋势，信息技术在国民经济中的地位日益突出，信息资源也日益成为重要的生产要素。智慧城市正是在充分整合、挖掘、利用信息技术与信息资源的基础上，汇聚人类的智慧，赋予物以智能，从而实现对城市各领域的精确化管理，实现对城市资源的集约化利用。由于信息资源在当今社会发展中的重要作用，发达国家纷纷出台智慧城市建设规划，以促进信息技术的快速发展，从而达到抢占新一轮信息技术产业制高点的目的。为避免在新一轮信息技术产业竞争中陷于被动，我国政府审时度势，及时提出了发展智慧城市的战略布局，以期更好地把握新一轮信息技术变革所带来的巨大机遇，进而促进我国经济社会又好又快地发展。

3）提高我国综合竞争力的战略选择。战略性新兴产业的发展往往伴随着重大技术的突破，对经济社会全局和长远发展具有重大的引领带动作用，是引导未来经济社会发展的重要力量。当前，世界各国对战略性新兴产业的发展普遍予以高度重视，我国在"十二五"规划中也明确将战略性新兴产业作为发展重点。一方面，智慧城市的建设将极大地带动包括物联网、云计算、三网融合、下一代互联网以及新一代信息技术在内的战略性新兴产业的发展；另一方面，智慧城市的建设对医疗、交通、物流、金融、通信、教育、能源、环保等领域的发展也具有明显的带动作用，对我国扩大内需、调整结构、转变经济发展方式的促进作用同样显而易见。因此，建设智慧城市对我国综合竞争力的全面提高具有重要的战略意义。

2. 世界智慧城市发展状况

2008 年 11 月，在纽约召开的外国关系理事会上，IBM 提出了"智慧地球"这一理念，进而引发了智慧城市建设的热潮。2009 年，迪比克市与 IBM 合作，建立美国第一个智慧城市。利用物联网技术，在一个有六万人的社区里将各种城市公用资源（水、电、油、气、交通、公共服务等）联接起来，监测、分析和整合各种数据以做出智能化响应，更好地服务市民。迪比克市的第一步是向所有住户和商铺安装数控水电计量器，其中包含低流量传感器技术，防止水电泄漏造成的浪费。同时搭建综合监测平台，及时对数据进行分析、整合和展示，使整个城市对资源的使用情况一目了然。更重要的是，迪比克市向个人和企业公布这些信息，使他们对自己的耗能有更清晰的认识，对可持续发展有更多的责任感。

韩国以网络为基础，打造绿色、数字化、无缝移动连接的生态、智慧型城市。通过整合公共通信平台，以及无处不在的网络接入，消费者可以方便地开展远程教育、医疗、办理税务，还能实现家庭建筑能耗的智能化监控等。

欧洲的智慧城市更多关注信息通信技术在城市生态环境、交通、医疗、智能建筑等民生领域的作用，希望借助知识共享和低碳战略来实现减排目标，推动城市低碳、绿色、可持续发展，投资建设智慧城市，发展低碳住宅、智能交通、智能电网，提升能源效率，应对气候变化，建设绿色智慧城市。

3. 我国智慧城市发展现状

我国鼓励开展应用模式创新，推进智慧城市建设。深圳市、昆明市、宁波市等多个城市与 IBM 签署战略合作协议，迈出了打造智慧城市的第一步。2015 年 4 月 7 日，住房和城乡建设部与科技部公布第三批国家智慧城市试点名单，目前国家智慧城市试点已达 290 个。在不久的将来，人们将尽享智能家居、路网监控、智能医院、食品药品管理、数字生活等所带来的便捷服务，"智慧城市"时代即将到来。

4. 智能家居

智能家居是以住宅为平台，利用综合布线技术、网络通信技术、安全防范技术、自动控制技术、音视频技术将家居生活有关的设施集成，构建高效的住宅设施与家庭日程事务的管理系统，提升家居安全性、便利性、舒适性、艺术性，并实现环保节能的居住环境。

智能家居不但让百姓生活舒适便利，而且节能减排，受到政府的鼓励和普通大众的欢迎。这既能满足居民对生活舒适度和安全便利的追求，也大大提高了用户关注能源使用效率的意识。在目前可实现的应用中，真正的智能家居就像一个贴心保姆。在功能强大的智能家居中，早上起床音响会自动启动，窗帘会自动拉开，咖啡壶会自动煮咖啡，出门只需一按遥控器，家中的安防系统自动启动。回家之前，点一下手机键或鼠标，需要的一切随之已经开始运转。在家中，可通过家里的计算机或者智能终端操作系统实现灯光、窗帘、家电远程控制、可视对讲、视频监控等各类功能。出门在外，可监控家中每个角落。通过智能系统还可实现家庭的安全防范，当家中有外人入侵、火灾隐患、燃气泄漏等情况时，系统会以手机短信等方式向主人或物业报警。智能家居如图 5 - 20 所示。

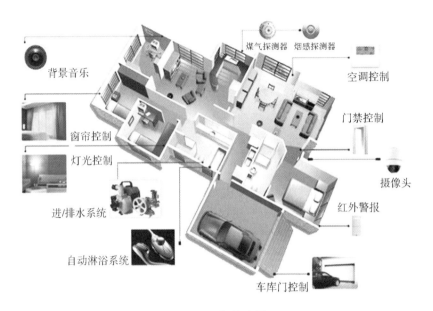

图 5-20　智能家居

　　智能家居有很好的前景。分析人士算过一笔账，目前中国约有 13 亿人口，约 3.5 亿个家庭，如果每个家庭平均在智能装修的花费为 5000~6000 元，整个智能家居产业估值也在万亿元以上，这样的前景不可谓不诱惑人。智能家居在我国还属于方兴未艾的新事物，经过 10 多年发展取得长足的进步，但发展还很不平衡。除各沿海城市、直辖市和省会城市发展较快外，欠发达地区与发达地区相比要慢几个节拍，有的社区的智能化刚开始不久，有的还处于炒作阶段。

　　不难发现，很多人士对于智能家居的认知度还不高。智能家居这个概念对于大部分人而言，仍然是一个可望而不可即的"空中楼阁"，这使其在市场推广中遭遇重重障碍，难以走进寻常家庭。针对智能家居的市场现状，业内人士分析认为，从低碳节约和长期受益的角度来看，智能家居的用途还是很大的。现实中推广不畅除了和人们的认知程度有关外，还跟产品的实用性有很大关系。操作模式不人性化、价格居高不下、售后服务不到位等成为智能家居普及道路上的绊脚石。智能家居的市场规模不大，产品采购成本相对较高，产品投入与研发成本比较大，这使推广道路上最关键的价格要素一直不太"亲民"。如果其价格能够降低至老百姓的接受范围之内，或许离普及也就不远了。业内人士认为："智能家居不是消费者不需要，而是许多时候在家居规划时设计师就没有替业主想，不能只说产品贵，消费者不愿消费，智能家居一定要以'简单、低碳、安全、节能、便捷'为中心，满足普通家庭的生活需求。"智能家居是一个朝阳产业，处于行业的快速发展期，智能家居的潮流不可逆转。智能家居生产企业应抓住现在的发展契机，加大研究力度，开发出性价比更高的产品，推出实用性强的产品，更贴近平常的百姓家庭，降低产品的价格，定会获得消费者的认可。

> **小结：** 住宅家居的智能化已成为社会发展的必然趋势，具有广阔的市场空间。随着我国创建智慧城市和节能减排、低碳经济的深入，无疑对智能家居的发展将起到催化的作用。

5.5　云计算和大数据

5.5.1　IT 进入多"云"时代

众所周知，云计算被认为是继大型计算机、个人计算机、互联网之后的第四次 IT 产业革命。通俗地讲，云计算是指通过网络按需获取 IT 资源的生产方式，云存储是指通过网络按需存取海量数据资源的 IT 服务。这里的 IT 资源包括硬件、软件和应用，即硬盘、CPU、内存、应用程序和经过处理的信息。而网络是整个云计算的关键，包括网络速度和连接成本。

图 5 - 21　云计算

正因为网络对于云计算是如此的重要，所以自从云计算产业的价值被发掘之后，全球已经有 100 多个国家推出了国家宽带战略，很多国家已将宽带列为和水、电、气、公路一样重要的公共基础设施。联合国相关研究表明，宽带的部署是当前全球经济增长和持续复苏的最重要的驱动力之一，也是未来数十年中最关键的经济驱动力。宽带是未来信息社会经济发展的主要基础设施和战略资源，日本、韩国更是将宽带视为"立国之本"，美国、英国、新加坡、澳大利亚的宽带战略正开展得如火如荼。云计算如图 5 - 21 所示。

早在 1961 年美国著名的计算机科学家 JohnMcCarthy 曾经提出"像使用其他资源一样使用计算资源"的想法，这个看似简单的想法就是云计算的核心思想。直至 20 世纪末，Salesforce 公司提出了"软件即服务"的工作模式，由此宣告计算机产业步入了云计算时代。目前，"云计算"一词已成为计算机网络行业中热门的话题，从 2008 年 IBM 在中国建立第一个云计算中心至今，有诸多互联网及软件开发企业参与其中，形成了目前相对成形的云计算框架体系。由于云计算具有数据安全可靠、客户端要求低、资源共享便捷等优势，因此国内外各大互联网企业都相当看好云计算的发展前景。如果说互联网的本质是资源共享，那么，云计算就是一种最能体现互联网本质的计算模型。在不远的将来，云计算势必会展示出无限的生命力，从各个方面改变我们的学习、工作和生活。

云计算的本质是提供服务、共享计算机资源、最大限度地满足大多数的用户提出的各种需求。在这种背景下产生了云计算的框架体系，即可以在任何时候由用户自行执行应用或共享资源。云计算的出现代表着新型互联时代的到来，它改变了人们获取、分享信息资源和相互沟通的方式。

1. 云计算的概念

云计算是由效用计算、分布式计算、网格计算、并行计算等传统计算机技术与虚拟化、网络存储等网络技术发展融合的产物。它作为一种新兴的计算模式，依托虚拟化技术，使应用、数据及其他资源汇于一体，通过网络交付信息服务平台将这些资源提供给终端用户，对用户而言，并不需要知道如何实现和管理支持云计算的基础设施。

2. 云计算的特点

①软件和硬件皆是资源。在云计算中，无论是软件还是硬件都可以通过互联网以服务的方式打包提供给终端用户。②所有的资源均可以根据需要进行动态扩展和配置。③所有的资源都是在物理上以分布式的共享方式存在，在逻辑上以单一整体的形式呈现给用户的。④用户可以按其所需有偿使用"云"中的资源，而无须管理它们。这些特点决定了云计算区别于以往传统 IT 产业的运行模式，成为引领信息产业发展的新浪潮。

3. 云计算的分类

1）按服务方式分类。针对各种用户的需求不同，以云计算提供者和使用者的所属关系为标准划分，将云计算分为三类，即公有云、私有云和混合云。

2）按服务类型分类。通过提供不同的服务，使得用户获得及使用相应的资源，是云计算的服务类型需要研究的问题。目前，以服务类型为标准划分，可以将云计算分为三类，即基础设施云、平台云、应用云。

4. 云计算的发展现状

毫无疑问，云计算已经成为 IT 行业的主旋律，无论是亚马逊、Google，还是 IBM、微软，无一例外地将"云"定为未来的发展重心。2010 年可以称为"中国的云计算落地之年"，2011 年云计算在各个行业的各种应用已经开始崭露头角。各种崭新的云计算应用概念也被提出来，如智慧城市、虚拟化、公共云、私有云、云存储。阿里云作为国内的第一大云计算公司，拥有 230 万家服务客户，为 200 多个国家和地区的企业、开发者和政府机构提供服务。

5. 云计算的优势与劣势

云计算对于经济、科技和安全具有重大影响。西方国家对"云计算"发展谋划深远，从国家战略层面来说，我国应该建立自有云计算平台和云计算产业链，充分利用云计算这一先进生产力提升我国创新能力，并确保国家经济、产业与信息安全。在国家战略层面，加大对云产业的倾斜，集中力量，做大做强云操作系统，充分利用这个难得的历史机遇，改变我国乃至全球的信息产业格局，有力支撑国家经济结构调整与产业转型。

> **小结：** 云计算是推动信息技术能力实现按需供给、促进信息技术和数据资源充分利用的全新业态，是信息化发展的重大变革和必然趋势。发展云计算，有利于分享信息知识和创新资源，降低全社会创业成本，培育形成新产业和新消费热点，对稳增长、调结构、惠民生和建设创新型国家具有重要意义。当前，全球云计算处于发展初期，我国面临难得的机遇，但也存在服务能力较薄弱、核心技术差距较大、信息资源开放共享不够、信息安全挑战突出等问题，重建设轻应用、数据中心无序发展苗头初步显现。

5.5.2　大数据——生活、工作与思维的大变革

1. 大数据的由来

大数据是具有数量巨大、类型多样、处理时效紧、数据源可靠性保证度低等综合属性的数据集合。早在 1980 年，美国社会思想家托夫勒就在《第三次浪潮》中提出："如果说 IBM 的主机拉开了信息化革命的大幕，那么'大数据'才是第三次浪潮的华彩乐章。"不过，大约从 2009 年开始，"大数据"才成为互联网信息技术行业的流行词汇。大数据以其"浅显易懂"的概念、广泛的潜在应用需求和可展望的巨大经济社会效益，正成为继云计算、物联网之后信息技术领域的又一热点，并将在社会经济各领域产生深刻影响。大数据分析处理的最终目标，是从复杂的数据集合中发现新的关联规则，继而进行深度挖掘，得到有效用的新信息。

2. 大数据应用案例

2012 年 2 月 16 日，《纽约时报》刊登了一篇题为"这些公司是如何知道您的秘密的"的报道，介绍了这样一个故事。一天，一位男性顾客怒气冲冲地来到一家折扣连锁店向经理投诉，因为该店竟然给他还在读高中的女儿邮寄婴儿服装和孕妇服装的优惠券。但随后，这位父亲与女儿进一步沟通发现，自己女儿真的已经怀孕了。这一故事，经常被作为大数据挖掘能力的典型例证。大数据在涉及交换、分析、挖掘时，个人信息是无法直接过滤的。这些个人隐私数据散落在中介、银行、保险、航空公司等机构间，危险性可能不大。但如果被共享之后，又被系统整合、相互印证，消费者的个人基本信息，甚至性格、爱好以及生活轨迹等信息将被他人一览无余，很多普通人将变成"透明人"。

大数据可应用到各行各业。淘宝网通过采集分析网上成交额比重高的热门商品的价格走势，实时给出淘宝 CPI。阿里公司根据在淘宝网上中小企业的交易状况筛选出财务健康和诚信的企业，无须担保便可从网上申请贷款。每到长假前两三周，不少人就会在网上查询旅游景点、交通工具或自驾游路线，百度根据搜索引擎上的热点词汇，在长假前就能预测哪个景点或交通路线会拥堵。

3. 消除信息孤岛

在我国，各级政府的交通、医疗、就业、市政、民政等各个部门都拥有大量的统计数据，但由于没有共享机制和价值挖掘，这些数据一直在"沉睡"。要推动政府信息系统和公共数据互联共享，消除信息孤岛，加快整合各类信息平台，避免重复建设和数据"打架"，在城市建设、社会救助、质量安全、社区服务等方面开展大数据应用示范，提高社会治理水平。

4. 大数据改变着我们工作和生活的方式

随着互联网云时代的到来，大数据和云计算肯定会对生活的许多方面有影响，改变现有的生活。随着它们的持续发展，未来会变成什么样？我们会步入怎样的世界？以下是一些大数据应用的实例（见图5-22）。

图 5-22　大数据应用

1）精准的广告投放。在互联网时代，我们逐渐发现互联网广告的精准度出奇得高，这一切都是数据挖掘和分析的结果。过去对于不喜欢的产品广告我们会觉得厌烦，但是有了数据分析之后，互联网广告商会根据收集到的信息和数据来推送用户满意的广告。当用户打开网页的时候，里面弹出了用户个人比较喜欢的产品广告，这就是一个利用大数据进行精准营销的例子。

2）大数据医疗，看病更靠谱。通过收集病例、治疗方案、病人基本特征等针对疾病特点的数据来建立数据库，协助医生制定治疗方案。

3）大数据交通，出行更畅通。交通系统借助大数据可以通过以往的数据分析出哪些时间段、哪些路段发生事故的频率更高，从而制定更有针对性的措施。通过已经积累的大量交通数据，大数据还能够有效解决交通拥堵等让人困扰的问题

4）大数据电商，精准营销法宝。电商的数据较为集中，数据量足够大，数据种类较大，未来电商数据应用包括预测流行趋势、消费趋势、客户消费习惯、收费热点等。

5. 大数据时代，你还有隐私吗？

当你在使用电子邮件、社交网络的时候，你大概也会知道你的信息正在被记录下来，你发表的言论或者分享的照片、视频等都决定着互联网运营商即将向你推荐什么样的资源和广告；当你拿着iPhone满世界跑的时候，苹果早已通过定位系统把你的全部信息搜罗在自己的数据库里，利用这些信息来构建地图和交通信息等；当你在享受着视频监控带来的安全感的同时，别忘了你也是被监控的一分子，你的一举一动都会暴露在镜头下面；你用手机通话时，运营商不仅知道你打给谁，打了多久，还知道你是在哪里进行的通话。

大数据是座金矿，通过数据挖掘，人类所表现出的数据整合与控制力量远超以往。但大数据是把"双刃剑"，国家和企业因大数据获益的同时，个人隐私的保护却变得更加艰难。在个人隐私方面，目前网上流传了一个关于买比萨的故事：一个客户打电话订购比萨，客服人员不仅马上报出了他的电话和家庭住址、推荐了他适合的口味，还报出他最近去图书馆借

过什么书、信用卡已经被刷爆、他房贷还款金额、丈母娘刚动过心脏搭桥手术，甚至还准确定位出他正在离比萨店 20 分钟路程的地方骑着一辆摩托车。故事虽然有点夸张，但在这个时代，信息安全却是我们不得不面对的一个问题。尤其是个人隐私的问题，正越来越困扰我们身边的很多人。每当我们上网、使用手机或者信用卡，我们的浏览偏好、采购和行为都会被记录和追踪。或者，在我们根本没有意识到的时候，智能设备便处于联网之中，相关数据被悄然发送到第三方。于是，我们的邮箱里塞满了各种推销邮件，我们的手机里充斥着各类垃圾短信，我们的电话中夹杂着各式推销广告，甚至，我们一些基于私人爱好的搜索行为，会在大庭广众之下出现令人难堪的大幅广告。百度掌握你的隐私，微信知道你的社交圈子，淘宝了解你的购物习惯，移动、电信、联通三大运营商存有你的通话记录和上网记录，银联知道你在哪里用了信用卡，定位软件则知道你现在何方……

6. 中国大数据发展状况

"中国很多部门拥有的数据互不沟通，很难共享，导致信息不完整或重复收集等。因此，中国需要有国家层面的大数据战略、开放数据的措施及法规等。"邬贺铨说，政府应通过体制机制改革打破数据割据与封锁，应注重公开信息，重视数据挖掘。信息技术与经济社会的交汇融合引发了数据迅猛增长，数据已成为国家基础性战略资源，大数据正日益对全球生产、流通、分配、消费活动以及经济运行机制、社会生活方式和国家治理能力产生重要影响。目前，我国在大数据发展和应用方面已具备一定基础，具有市场优势和发展潜力，但也存在政府数据开放共享不足、产业基础薄弱、缺乏顶层设计和统筹规划、法律法规建设滞后、创新应用领域不广等问题，亟待解决。为贯彻落实党中央、国务院决策部署，全面推进我国大数据发展和应用，加快建设数据强国，2015 年 8 月我国制定并发布了《促进大数据发展行动纲要》。

"BAT"已经踏上了大数据掘金之路。百度拥有两种类型的大数据，即用户搜索表征的需求数据，以及爬虫和阿拉丁获取的公共 Web 数据。阿里巴巴拥有交易数据和信用数据，这两种数据更容易挖掘出商业价值。此外，阿里巴巴还通过投资等方式掌握了部分社交数据、移动数据，如微博和高德数据。腾讯拥有用户关系数据和基于此产生的社交数据，这些数据可以分析人们的生活和行为，挖掘政治、社会、文化、商业、健康等领域的信息，甚至预测未来。移动互联网浪潮下，现实世界正在加速数字化，每个人、每个物体、每件事情、每一个时间节点，都在向网上映射。空间和时间两个维度的联网使得数字世界正在接近一步步模拟现实世界，过去、现在和未来都会映射到网上，对大数据的挖掘正是对世界的二次发现和感知。"BAT"三巨头已经出发。

目前，大数据服务应用缓慢主要源于以下三方面原因。一是大部分企业尚不具备大数据大规模应用的能力。我国企业对数据挖掘分析技术的把握尚不成熟，对大数据、云计算等新兴领域的商业模式和服务模式没有清晰的认识，支撑大数据发展与应用的技术能力、集成方案提供能力和专业知识积累相对薄弱。二是对大数据应用需求的认识和挖掘不够。我国政府和企业对于大数据的应用认识处于初期阶段，对大数据应用的模式和价值认识不清，在一定程度上阻碍了大数据服务的发展。三是数据孤岛和碎片化现象严重，制约了大数据应用。大数据的本质是开放与共享，只有实现数据流动、提升易获性，才能实现大数据的价值，但当前我国无论是在商业领域，还是在公共领域，都存在众多障碍。在商业领域，大数据的共享往往限于企业内部或相关联的合作者之间，企业之间由于对彼此数据安全的不信任难以做到完全共享。在公共领域，近年来各地政府部门积极建设和应用各自专属的信息系统，形成了庞大的数据资源，但由于制度等因素限制，数据开放进程缓慢。

7. 大数据发展趋势

①需求导向将助力大数据加速"走下神坛"、贴近应用。②工业大数据将推动智能制造和制造强国建设。③公众参与将成为推动政务大数据发展应用的有效手段。④民生领域大数据应用加速，推动信息惠民向纵深发展。⑤大数据交易机制加快探索，交易中心模式走向成熟。⑥基于大数据的人工智能市场化、产业化取得新进展。

中国是数据量巨大的国家，有超过6亿人的互联网人口，繁荣的互联网经济、方兴未艾的政府和企业IT系统，有望迎来爆发增长的物联网和工业互联网。如何用好中国的大数据资源，对中国的"互联网＋"及"工业4.0"的发展意义重大。大数据是继传统IT之后下一个提高生产率的技术前沿。只要具有适当的政策推动，大数据的使用将成为未来提高竞争力、生产力、创新能力以及创造消费者盈余的关键要素。大数据的热潮兴起于新一代信息技术的融合发展，物联网、移动互联网、数字家庭、社会化网络等应用使得数据规模快速扩大，对大数据的处理和分析的需求日益旺盛，推动了大数据领域的发展。反过来，大数据的分析、优化结果又反馈到这些应用中，进一步改善其使用体验，支撑和推动新一代信息技术产业的发展。大数据已经在我们的生活当中，给我们的生活带来了巨大影响。一方面，我们要加强个人隐私的保护；另一方面，也要充分适应大数据给我们带来的变革，享受它给每个人的生活带来的便利。

大数据已成为重要的国家战略资源，正在深刻地影响着时代发展的进程。积极开发利用这一战略资源，需要实现大数据的高度开放。政府机构要尽快确立数据开放基本原则，带头开放公共领域的行政记录等公共数据，鼓励、推动企业等民间机构开放其在生产经营、网络交易等过程中形成的海量电子化数据。

小结： 信息技术与经济社会的交汇融合引发了数据迅猛增长，数据已成为国家基础性战略资源，大数据正日益对全球生产、流通、分配、消费活动以及经济运行机制、社会生活方式和国家治理能力产生重要影响。目前，我国在大数据发展和应用方面已具备一定基础，拥有市场优势和发展潜力，但也存在政府数据开放共享不足、产业基础薄弱、缺乏顶层设计和统筹规划、法律法规建设滞后、创新应用领域不广等问题，亟待解决。

5.6　可穿戴设备

可穿戴设备即可直接穿在身上，或是整合到用户的衣服或配件的一种便携式设备。可穿戴设备不仅是一种硬件设备，更能够通过软件支持以及数据交互、云端交互来实现强大的功能。可穿戴设备将会对我们的生活、感知带来很大的转变。

广义的可穿戴设备功能全面，可不依赖智能手机实现完整或者部分的功能，如智能手表或智能眼镜等，以及只专注于与某一类应用功能、需要和其他设备（如智能手机）配合使用，如各类进行体征监测的智能手环、智能首饰等。随着技术的进步以及用户需求的变迁，可穿戴设备的形态与应用热点也在不断变化。

可穿戴设备在国际计算机学术界和工业界一直都备受关注，只不过由于造价成本高和技术复杂，很多相关设备仅仅停留在概念领域。随着移动互联网的发展、技术进步以及高性能、低功耗处理芯片的推出，部分可穿戴设备已经从概念走向商用，新式可穿戴设备不断推出，谷歌、苹果、微软、索尼、奥林巴斯、摩托罗拉等诸多科技公司也都开始在这个全新的领域深入探索。可穿戴设备已经从幻想走进现实，它们的出现将改变现代人的生活方式。

1. 苹果智能手表

虽然人们已经见识过很多蓝牙智能手表，但苹果公司出品的 iWatch 苹果智能手表可能会对人们的生活造成深远影响。这款设备采用曲面玻璃设计，可以平展或弯曲，内部拥有通信模块，用户可通过它完成多种工作，包括调整播放清单、查看通话记录和回复短信等。当然，它内部采用的自然是苹果公司的 iOS 系统。苹果智能手表如图 5 – 23 所示。

图 5 – 23　苹果智能手表

正如 iPhone 重新定义了手机、iPad 开启了平板电脑时代一样，iWatch 很可能是苹果的下一个颠覆性产品。不过有分析人士指出 iWatch 并不会取代 iPhone，更多的只是作为 iPhone 的补充，让用户使用苹果设备变得更方便。例如，当用户不知道你的手机在哪时，可以通过 iWatch 的 Siri 功能，让 iPhone 发出声音并震动，以让用户顺利找到手机。

2. 谷歌眼镜

谷歌公司于 2012 年 3 月发布了一款"拓展现实"眼镜，它具有和智能手机一样的功能，可以通过声音控制拍照、视频通话和辨明方向，以及上网冲浪、处理文字信息和电子邮件等，如图 5 – 24 所示。

谷歌眼镜包含了很多先进科技，包括蓝牙、WiFi、扬声器、照相机、麦克风、触摸盘和探

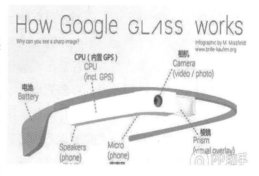

图 5 – 24　谷歌眼镜

测倾斜度的陀螺仪，最重要的是和手指大小类似的屏幕，能够展示需要的信息。所有的设计都非常贴近使用，不影响人们的日常生活。人们可利用语音指令拍摄照片、摄制视频、与他人在网上互动。这种搜索或导航结果不会在手机屏幕上显示，而是会将地图叠加到用户的视野中。

谷歌眼镜本质上属于微型投影仪＋摄像头＋传感器＋存储传输＋操控设备的结合体。它将眼镜、智能手机、摄像机集于一身，通过电脑化的镜片将信息以智能手机的格式实时展现在用户眼前。另外它还是生活助手，可以提供 GPS 导航、收发短信、摄影拍照、网页浏览等功能。它的工作原理其实很简单，通过眼镜中的微型投影仪先将光投到一块反射屏上，而后通过一块凸透镜折射到人体眼球，实现所谓的"一级放大"，在人眼前形成一个足够大的虚拟屏幕，可以显示简单的文本信息和各种数据。所以谷歌眼镜看起来就像是一个可佩带式的智能手机，可以帮助人们拍照、录像、打电话，省去了从口袋中掏出手机的麻烦。

3. 智能手环

智能手环是新兴起的一个科技领域，它可以跟踪用户的日常活动、睡眠情况和饮食习惯等，并可将数据与 iOS、Android 设备同步，帮助用户了解和改善自己的健康状况，如图 5 - 25 所示。

4. 可穿戴设备存在的问题

可穿戴设备应当具备两个最重要的特点：一是可长期穿戴，二是智能化。可穿戴设备必须是延续性地穿戴在人体上，并能够带来增强用户体验的效果。这种设备需要有先进的电路系统、无

图 5 - 25　智能手环

线联网并且起码具有一个低水平的独立处理能力，如通过手机蓝牙传输信号。

不过，可穿戴设备也引发了人们的种种忧虑，比如，会让人们过度地依赖科技。就像智能手机曾经做到的那样，这样的设备将对人们的交流、导航和效率等方面产生重要影响，让人们更加迷恋科技，更容易忽略周围的存在。当人们与数字世界互动的门槛降低之后，人们肯定会花更多时间在上面。同时，可穿戴设备可能会涉及一些隐私和个人安全问题。开车的时候打电话是危险的举动，但如果开车的时候玩几下智能手表或者看一眼智能眼镜呢？那就更加危险了吧。西弗吉尼亚州议会已经提出了现有法案的一个修正案，目的是把"在驾驶机动车时使用带有头戴显示器的穿戴式电脑定为违法行为"。就像任何一次重大技术变革一样，可穿戴设备的出现肯定会引发各种问题，因为新的技术总会走在法律和人们的道德之前。但不管人们是否准备好了，可穿戴设备的时代已经到来了。

除此以外，可穿戴设备还存在以下问题。

1）价格昂贵。谷歌眼镜售价高达 1500 美元，Nike + FuelBandSE 售价为 149 美元，阿

迪达斯即将推出的智能手表售价 399 美元。

2）电池续航时间短。普通的智能手表电池使用时间在 24 小时左右，如果开启更多功能耗电量会增加，这样使用者不得不每天充两次电才能正常使用。

3）不能独立使用或功能不全。很多智能手表的功能需要搭载手机才能够使用，消费者不禁要问：直接使用手机即可，那还用它做什么？

4）隐私问题。人们对网络的依赖日益增强，可穿戴设备强化了这种依赖性。当到处印刻着健康指数、行为习惯、生活偏好和工作履历痕迹的时候，个人隐私泄露的危险大大增加。

5）辐射问题。可穿戴设备辐射对人的健康真得不会造成影响吗？就这一问题，复旦大学信息科学与工程学院电子工程系教授胡波介绍说，智能手环是通过传感器把脉搏压力、温度等身体信息转化为电信号，然后通过电磁波发射给手机等数据终端。因为发射距离短，所以信号强度比手机接收和发射的一般信号要弱，辐射相对也就更弱。

5. 可穿戴设备的未来发展

未来，可穿戴设备将成为人体的一部分，就像皮肤、手臂一样。在更远的未来，手机可能只需向人体植入芯片，而 Siri 将能直接通过对话帮你打电话、订餐馆，了解你的一切隐私，跟你的亲密程度甚至超过你的家人。那时候，可能谷歌眼镜和苹果手表都不再是植入人体的芯片，他们可能成为人体的一部分，并参与人类的繁衍。

可穿戴设备的本意，是探索人和科技全新的交互方式，为每个人提供专属的、个性化的服务，而设备的计算方式无疑要以本地化计算为主，只有这样才能准确定位和感知每个用户的个性化、非结构化数据，形成每个人随身移动设备上独一无二的专属数据计算结果，并以此找准直达用户内心真正有意义的需求，最终通过与中心计算的触动规则来展开各种具体的针对性服务。

5.7　"互联网＋"和"中国制造 2025"

5.7.1　"互联网＋"——打造传统产业新优势

通俗来说，"互联网＋"就是利用信息通信技术，通过互联网平台把国民经济中各部门、各行业甚至每个自然人联接在一起，并对传统行业的经营服务模式进行变革，在原有领域构建出一种新的行业生态。

"互联网＋"已经改造及影响了多个行业。当前大众耳熟能详的电子商务、互联网金融、在线旅游、在线影视、在线房产等行业都是"互联网＋"的杰作。这个"＋"可以看作是连接与融合，互联网与传统企业之间的所有部分都包含在这个"＋"之中。这个"＋"既是政策连接，也是技术连接，还是人才连接，更是服务连接，最终实现互联网企业与传统企业的对接与匹配，从而帮助完成两者相互融合的历史使命。

在技术上，"+"所指的可能是WiFi、4G等无线网络，移动互联网的LBS，传感器中的各种传感技术，O2O中的线上线下，场景消费中成千上万的消费，人工智能中的人机交互，3D打印中的远程打印技术，生产车间中的工业机器人，"工业4.0"中的智能工厂、智能生产与智能物流。这里不再一一列举，将来还会有更多更新的技术来为"互联网+"服务。自李克强总理在政府工作报告中提出"制定'互联网+'行动计划"后，有媒体甚至将2015年视为"传统行业互联网化元年"，越来越多的人相信在这个"站在风口猪都能飞起来"的时代，互联网可以改造一切，特别是O2O这种商业模式的诞生，更是将互联网定义为唯一万能的"神"。

"互联网+搜索"，诞生了百度；"互联网+交易手段"，诞生了支付宝；"互联网+商场"，诞生了淘宝；"互联网+视频"，使用户习惯了在土豆、优酷、乐视上观看节目；"互联网+社交"，我们的生活里出现了微信、微博、QQ；"互联网+阅读"，网络小说畅行市场，新闻客户端成为信息宠儿。"互联网+"的成功范例太多，让人感觉商机无限，这也是"互联网+"思维能够在"大众创业，万众创新"的号召下，迅速成为青年创客追捧的秘诀。

1. 概念提出

2015年3月5日上午，第十二届全国人大第三次会议上，李克强总理在政府工作报告中提出，"制定'互联网+'行动计划，推动移动互联网、云计算、大数据、物联网等与现代制造业结合，促进电子商务、工业互联网和互联网金融健康发展，引导互联网企业拓展国际市场。"

全国人大代表马化腾提交了《关于以"互联网+"为驱动，推进我国经济社会创新发展的建议》的议案，对经济社会的创新提出了建议和看法。他呼吁，我们需要持续以"互联网+"为驱动，鼓励产业创新、促进跨界融合、惠及社会民生，推动我国经济和社会的创新发展。马化腾表示，"互联网+"是指利用互联网的平台、信息通信技术把互联网和包括传统行业在内的各行各业结合起来，从而在新领域创造一种新生态。

2. 主要特征

1）跨界融合。"+"就是跨界，就是变革，就是开放，就是重塑融合。敢于跨界了，创新的基础就更坚实；融合协同了，群体智能才会实现，从研发到产业化的路径才会更垂直。融合本身也指代身份的融合，客户消费转化为投资，伙伴参与创新，等等。

2）创新驱动。中国粗放的资源驱动型增长方式难以为继，必须转变到创新驱动发展这条正确的道路上来。这正是互联网的特质。用互联网思维来求变、自我革命，更能发挥创新的力量。

3）重塑结构。信息革命、全球化、互联网业已打破了原有的社会结构、经济结构、地缘结构、文化结构，权力、议事规则、话语权不断发生变化。"互联网+社会治理"下虚拟社会治理会是很大的不同。

4）尊重人性。人性的光辉是推动科技进步、经济增长、社会进步、文化繁荣的最根本的力量，互联网强大力量的根本来源于对人性的尊重、对人体验的敬畏、对人的创造性发挥的重视，如 UGC、卷入式营销、分享经济等。

5）开放生态。关于"互联网 +"，生态是非常重要的特征，而生态的本身就是开放的。推进"互联网 +"，其中一个重要的方向就是要把过去制约创新的环节化解掉，把孤岛式创新连接起来，让研发由人性决定的市场驱动，让创业并努力者有机会实现价值。

6）连接一切。连接是有层次的，可连接性是有差异的，连接的价值相差很大，但是连接一切是"互联网 +"的目标。

3. 实际应用

（1）"互联网 + 金融"

从 2013 年以在线理财、支付、电商小贷、P2P、众筹等为代表的细分互联网嫁接金融的模式进入大众视野以来，互联网金融已然成为一个新金融行业，并为普通大众提供了更多元化的投资理财选择。当前，互联网金融正在改变着我国的经济社会发展。互联网与金融工具的结合，为普通大众消费者的经济生活提供了极大便利。网络购物与信用支付打破了时空限制，降低了买卖成本，大大提高了消费的效率；多种移动支付工具极大地便利了消费者，普及率迅速提高，也大大节省了印钞造币等社会成本；而互联网平台公司通过网络第三方支付等金融服务，自身业务得到快速发展，使得小金额、低成本、高流量的支付模式在金融市场异军突起，在完善现代金融体系、提升金融服务品质方面起到重要作用。互联网金融是传统金融机构与互联网企业利用互联网技术和信息通信技术实现资金融通、支付、投资和信息中介服务的新型金融业务模式。互联网金融的主要业态包括互联网支付、网络借贷、股权众筹融资、互联网基金销售、互联网保险、互联网信托和互联网消费金融等。

互联网金融的发展为"大众创业、万众创新"打开了大门，在满足小微企业、中低收入阶层投融资需求，提升金融服务质量和效率，引导民间金融走向规范化，以及扩大金融业对内对外开放等方面可以发挥独特功能和作用。当前，第三方支付、P2P 网络贷款、无抵押贷款、众筹融资、网络化金融机构、互联网金融门户网站等多元化模式像雨后春笋般蓬勃生长，让人们真切地感受到互联网金融时代已经到来。互联网金融每时每刻都在影响和改变着人们生活的方方面面。

由于传统银行支付手续烦琐，促使了支付宝这种第三方支付的出现；目前我国中小微信贷需求不足，促使了阿里小贷这种借贷平台的出现；我国银行业利率管制，活期存款利息低，但一年期贷款基准利率为 6%，这之间存在一个巨大的套利空间，因此催生了余额宝的诞生。由于传统金融行业的各种弊端，近两年互联网金融快速发展。

每天成千上万网民们开始体验到互联网金融为其生活带来的方便和时尚，比如通过第三方支付瞬间就能买到飞机票、通过网上银行几秒钟就能完成异地跨行转账，等等。短短几年间，互联网金融已进入传统银行业的个人金融、公司金融、综合经营、跨境服务等多个服务领域，给银行业带来不小的挑战。例如，在国际结算领域，第三方支付公司的跨境结算已介入；国内结算和现金管理，快钱已进入；国际汇兑，阿里巴巴已实现了境外买家向境内卖家支付；快钱等已介入基金和保险平台代销业务；在住房按揭、汽车按揭、信用卡、小额信用贷款等多个领域，都有互联网金融不同程度地介入。传统银行业面临的来自互联网金融的竞争和挑战，不仅表现在多元化模式带来的挑战上，更重要的是互联网信息技术应用水平的竞争，以及互联网思维方式和互联网商业模式的竞争。传统银行业应当高度重视和积极应对互联网金融带来的挑战。改变，不只是产品和服务的改变，更重要的是思维和商业模式的改变。

互联网金融有以下特点。

1）成本低。资金供求双方可以通过网络平台自行完成信息甄别、匹配、定价和交易，无传统中介、无交易成本、无垄断利润。

2）效率高。互联网金融业务主要由计算机处理，操作流程完全标准化，客户不需要排队等候，业务处理速度更快，用户体验更好。如阿里小贷依托电商积累的信用数据库，经过数据挖掘和分析，引入风险分析和资信调查模型，商户从申请贷款到发放只需要几秒钟，日均可以完成贷款 1 万笔，成为真正的"信贷工厂"。

3）覆盖广。互联网金融模式下，客户能够突破时间和地域的约束，在互联网上寻找需要的金融资源，金融服务更直接，客户基础更广泛。此外，互联网金融的客户以小微企业为主，覆盖了部分传统金融业的金融服务盲区，有利于提升资源配置效率，促进实体经济发展。

4）发展快。依托于大数据和电子商务的发展，互联网金融得到了快速增长。以余额宝为例，上线 18 天，累计用户数达到 250 多万人，累计转入资金达到 66 亿元。

5）管理弱。一是风控弱。互联网金融还没有接入中国人民银行征信系统，也不存在信用信息共享机制，不具备类似银行的风控、合规和清收机制，容易发生各类风险问题，已有众贷网、网赢天下等 P2P 网贷平台宣布破产或停止服务。二是监管弱。互联网金融在中国处于起步阶段，还没有监管和法律约束，缺乏准入门槛和行业规范，整个行业面临诸多政策和法律风险。

6）风险大。一是信用风险大。现阶段中国信用体系尚不完善，互联网金融的相关法律还有待配套，互联网金融违约成本较低，容易诱发恶意骗贷、卷款跑路等风险问题。特别是 P2P 网贷平台由于准入门槛低和缺乏监管，成为不法分子从事非法集资和诈骗等犯罪活动的温床，淘金贷、优易网、安泰卓越等 P2P 网贷平台已先后曝出"跑路"事件。二是网络安全风险大。互联网安全问题突出，网络金融犯罪问题不容忽视。一旦遭遇黑客攻击，互联网金融的正常运作会受到影响，危及消费者的资金安全和个人信息安全。

（2）"互联网+教育"

在教育行业中，"互联网+"使得之前只能在有限场合服务于固定人数的教育资源，通过在线视频的传播服务于更多人群，并且脱离了地理空间的限制，大大拓展了优质教育资源的供给限制。慕课改变了传统的学习方式。美国三大慕课平台 Udacity、Coursera 和

edX 相继成立，成为全球慕课的引领者。在线教育如图 5 – 26 所示。

图 5 – 26　在线教育

"互联网 + 教学"形成了网络教学平台、网络教学系统、网络教学资源、网络教学软件、网络教学视频等诸多全新的概念，由此，不但帮助教师树立了先进的教学理念，改变了课堂教学手段，大大提升了教学素养，而且，更令人兴奋的是传统的教学组织形式也发生了革命性的变化。正是因为互联网技术的发展，以先学后教为特征的"翻转课堂"才真正成为现实。同时，教学中的师生互动不再流于形式，通过互联网，完全突破了课堂上的时空限制。学生几乎可以随时随地与同伴沟通，与老师交流。在互联网天地中，教师的主导作用达到了最高限度，教师通过移动终端，能即时地给予学生点拨指导，同时，教师不再居高临下地灌输知识，更多的是提供资源的链接，实施兴趣的激发，进行思维的引领。由于随时可以通过互联网将教学的触角伸向任何一个领域的任何一个角落，甚至可以与远在千里之外的各行各业的名家能手进行即时视频聊天，因此，教师的课堂教学变得更为自如，手段更为丰富。当学生在课堂上能够获得他们想要的知识，能够通过形象的画面和声音解开心中的各种疑惑，可以想象他们对于这一学科的喜爱将是无以复加的。

互联网教学突破了学习者学习时间和空间的局限性，有利于学习者随时、随地、随意地进行个性化的线上学习；同时也大大降低了学习者享受教育资源的准入条件，学习者可以轻而易举地在线学习网络课程，共享课程资源，从而为提高公民素养，加速构建学习型社会创造了新条件。随着我国在线教育市场规模快速增长以及扶持政策的不断加码，近年来，互联网巨头纷纷把目光投向了在线教育领域。2015 年 12 月，百度公司宣布成立百度教育事业部，该部门以百度传课为核心业务，与外部教育机构等合作伙伴共同打造的教育服务平台，贯穿教育服务产业上下游。阿里则推出教育频道"淘宝同学"，主要采用 2B、2C 的混合型平台模式。腾讯推出的专业在线教育平台腾讯课堂，作为开放式的平台帮助线下教育机构入驻，共同探索在线教育新模式，凭借 QQ 客户端的优势实现在线即时互动教学。

"互联网 + 学习"创造了如今十分红火的移动学习，但它绝对不仅仅是作为简单的即时随地可学习的一种方式而存在的概念，它代表的是学生学习观念与行为方式的转变。通过互联网，学生学习的主观能动性得以强化，他们在互联网世界中寻找到学习的需求与价值，寻找到不需要死记硬背的高效学习方式，寻找到可以解开诸多学习疑惑的答案。研究性学习倡导多年，一直没能真正得以应用和推广，重要的原因就在于它受制于研究的指导者、研究的场地、研究的资源、研究的财力物力等。但随着互联网技术的日益发展，这些问题基本都能迎刃而解。在网络的天地间，学生对于研究对象可以轻松地进行全面的多角度的观察，可以对相识与陌生的人群作大规模的调研，甚至可以进行虚拟的科学实验。当互联网技术成为学生手中的利器，学生才能真正确立主体地位，摆脱学习的被动感，自主学习才能从口号变为实际行动。大多数中小学生都将有能力在互联网世界中探索知识，发现问题，寻找解决的途径。"互联网＋学习"对于教师的影响同样是巨大的，教师远程培训的兴起完全基于互联网技术的发展，而教师终身学习的理念也在互联网世界里变得现实。对于多数使用互联网的教师来说，他十分清楚自己曾经拥有的知识是以这样的速度在锐减老化，也真正懂得"弟子不必不如师，师不必贤于弟子"的道理。互联网不但改变着教师的教学态度和技能，同样也改变了教师的学习态度和方法。他不再以教师的权威俯视学生，而是真正蹲下身子与学生对话，成为学生的合作伙伴与他们共同进行探究式学习。

2015 年 8 月，国务院发布了《关于加快发展民族教育的决定》，强调要加快推进民族地区教育信息化水平，加强民族地区教育信息基础设施建设，加快推进"宽带网络校校通""优质资源班班通""网络学习空间人人通"。通过在线学习平台，开发面向民族地区的教育课程。鼓励民族地区与发达地区之间的校际联网交流。另外，2016 年 6 月，教育部印发了《教育信息化"十三五"规划》，提出到 2020 年，基本建成"人人皆学、处处能学、时时可学"，与国家教育现代化发展目标相适应的教育信息化体系；推进"宽带网络校校通"和"无线校园"建设；鼓励具备条件的学校配备师生用教学终端；积极利用云计算、大数据等新技术，创新资源管理平台的建设；深化信息技术与教育教学的融合发展。

随着政策加速落地以及移动互联网的快速崛起，手机移动端教育类 APP 将成为在线教育平台重要发展方向。手机教育类 APP 具有灵活、操作性强、随时随地、互动性强等优势。机构认为，内容的独创性和吸引力将成为移动端教育 APP 的核心竞争力。当前教育类 APP 主要通过内容付费和流量增值服务盈利，未来有望与辅导机构合作，形成"线上线下"新的生态圈。智能手机的普及，让在线教育应用软件得以快速推广，成为用户获取知识的重要渠道之一。在线教育类 APP 有着传统教育不可比拟的优势，学习灵活、实时分享、趣味互动等，很容易就俘获了年轻群体的认同。未来几年，在线教育行业的发展仍能保持较快速度增长。

（3）"互联网＋医疗"

现实中存在看病难、看病贵等难题，业内人士认为，"移动医疗＋互联网"有望从根本上改善这一医疗生态。具体来讲，互联网将优化传统的诊疗模式，为患者提供一条龙的健康管理服务。在传统的医患模式中，患者普遍存在事前缺乏预防、事中体验差、事后无服务的现象。而通过互联网医疗，患者有望从移动医疗数据端监测自身健康数据，做好事前防范；在诊疗服务中，依靠移动医疗实现网上挂号、问诊、购买、支付，节约时间和经济成本，提升事中体验；并依靠互联网在事后与医生沟通。通过手机端的预约挂号，查看排队人数、下载检验报告，病患和医院在互联网平台的帮助下实现信息交互，减少不必要的误解，

图 5 - 27　在线医疗

合理安排时间，减少排队等待的时间，看病难的问题在一定程度上得到缓解。在线医疗如图 5 - 27 所示。

　　互联网可以以重构医疗关系，可以以患者为核心重构各方关系。提高患者在各个就医环节的体验是互联网医疗的价值所在，其主要切入的是患者在医疗信息获取、就医流程和沟通交流方面的需求和痛点。目前一大热点在线问诊服务，既可向前连接健康管理，为用户提供健康咨询服务，也可向后连接挂号服务，通过在线咨询将有需要的患者引向线下医院和药店。在此之外，随着线上社交网络服务的兴起，针对患者的医疗类社交网站也应运而生。网上患者交流平台汇聚了海量的病症医疗情况、患者就诊评价和质量、药物反应和疗效等数据，不但可为患者提供有效的治疗相关信息交换的场所，亦可为药企、医院和科研机构提供宝贵的数据支持，大数据在公共卫生领域的应用逐渐铺开，应用价值日益收到重视。

　　从医生角度切入的服务当前以移动电子病历、用药词典、医学文献库等临床决策工具和医医社交网站为两大主流，可以打开信息孤岛，连接医生重构医医关系。

　　从医院角度切入的服务主要集中在就医移动信息化和远程医疗方面。就医移动信息化将医院服务与患者的智能终端连接起来，使其能够在手机上就完成挂号、医患沟通和医保药费支付等操作。

　　关系重构是互联网医疗发展的核心，同时如果互联网能够在以上三方面重构医疗关系，将能够在很大程度上重塑医疗资源配置效率、完善国家分级诊疗体系、优化医保收支结构。

　　随着云计算、物联网、移动互联网、大数据等信息化技术的相继成熟，互联网医疗在医疗资源重塑方面具备了条件和能力，借助互联网超越物理时空的特性，推动医疗卫生服务模式和管理模式的转变。比如，通过建立覆盖全国的人口信息、电子健康档案和电子病历三大数据库的建立和信息动态更新，实现各级医疗服务、医疗保障与公共卫生服务的信息共享与业务协同。借助移动互联网和智能终端进行医疗服务的时机也已经成熟。我国目前已经开启了多个网上医院分级导诊模式、互联网医联体和借助互联网的社区健康管理、慢性病管理平台的试点，利用医生零碎时间为患者提供服务，扩大医生执业半径，助推分

级诊疗体制的发展。另外，互联网可以通过减少医保支出，预防恶意投保行为，提高医保支付便捷度，提高医保多样化等方面保证医保行业平衡发展。

（4）"互联网＋制造业"

"互联网＋"能作用于制造企业的全流程，从库存、生产到管理、销售全面覆盖，体现在能通过信息化软件为企业实现智能仓储、智慧生产、透明工厂、云端制造。"互联网＋制造业"如图5－28所示。

"互联网＋"模式全面应用到第三产业，形成诸如互联网金融、互联网交通、互联网医疗、互联网教育等新业态，而且正在向第一和第二产业渗透。用工业和信息化部产业

图5－28　"互联网＋制造业"

政策司司长冯飞的话来表示，"互联网＋金融"就是互联网金融，"互联网＋城市"就是智慧城市，"互联网＋创造业"就是德国所说的"工业4.0"。

4．"互联网＋"的三个思维

第一个是免费经济。分享一下"孩子王"的案例。2015年，"孩子王"的会员已经超过了300万人，每个会员平均年消费超过了2500元，比2014年增长了70％。他们怎么做到的呢？很简单，就是充分运用免费经济的模式，把实体店做成免费的亲子中心，把这个亲子中心办成非常好的幼儿园，不但为孩子提供了一个好玩的地方，还为年轻的母亲们提供了学习和交流的空间。"孩子王"的员工不再是一个推销员，与客户之间不再是买卖关系。这种免费模式，把"孩子王"的员工和客户的关系，由赤裸裸的金钱交易变成粉丝关系。正是用这种社交连锁模式，"孩子王"进一步扩大了市场上的地位。

第二个是粉丝经济。粉丝经济的典型就是小米。小米有一本书叫《参与感》，粉丝就是这个参与的力量，小米手机把粉丝发动起来，参与小米手机的设计、制造、传播。小米现在有员工7500多人，其中有5000多人的主要工作就是围绕着粉丝专为粉丝服务，每年要组织非常多的地面活动，组织发烧友部落。正是这些活动和部落成为推动小米粉丝经济的主要力量。

第三个是情怀经济。UBer在中国做了很多很有意思的事情，让它飞速发展起来，这就是情怀经济。比如，它跟妈妈网合作，从妈妈的角度打造非常温暖、非常接地气的妈妈专车，让妈妈们非常开心，同时进行免费推广。它也曾联手锦上绣高级定制蜀绣旗袍，让成都市民可以通过Uber为妈妈一键呼叫移动摄影棚主车。孩子陪着母亲一起穿越传统川蜀风情的老成都与摩登时尚的高新区，重温儿时母子、母女的画面，并定格妈妈当天的优雅绽放。这个活动在成都迅速火爆起来。这就是情怀经济。

> **小结：** 通俗来说，"互联网+"就是"互联网+各个传统行业"，但这并不是简单的两者相加，而是利用信息通信技术以及互联网平台，让互联网与传统行业进行深度融合，创造新的发展生态。它代表一种新的社会形态，即充分发挥互联网在社会资源配置中的优化和集成作用，将互联网的创新成果深度融合于经济、社会各领域之中，提升全社会的创新力和生产力，形成更广泛的以互联网为基础设施和实现工具的经济发展新形态。几十年来，"互联网+"已经改造影响了多个行业，当前大众耳熟能详的电子商务、互联网金融、在线旅游、在线影视、在线房产等行业都是"互联网+"的杰作。

5.7.2 "中国制造2025"——从制造大国走向制造强国

"中国制造2025"重点领域技术路线图，确定了集成电路及专用设备、信息通信设备、操作系统与工业软件、智能制造核心信息设备四大细分行业，作为到2025年我国新一代信息基础产业的发展重点。

1. 我国制造业发展现状

制造业是国民经济的主体，是立国之本、兴国之器、强国之基。我国仍处于工业化进程中，与先进国家相比还有较大差距。制造业大而不强，自主创新能力弱，关键核心技术与高端装备对外依存度高，以企业为主体的制造业创新体系不完善；产品档次不高，缺乏世界知名品牌；资源能源利用效率低，环境污染问题较为突出；产业结构不合理，高端装备制造业和生产性服务业发展滞后；信息化水平不高，与工业化融合深度不够；产业国际化程度不高，企业全球化经营能力不足。推进制造强国建设，必须着力解决以上问题，必须紧紧抓住当前难得的战略机遇，突出创新驱动，优化政策环境，发挥制度优势，实现"中国制造"向"中国创造"转变、中国速度向中国质量转变、中国产品向中国品牌转变。

2. "中国制造2025"是中国版的"工业4.0"规划

"中国制造2025"是中国政府应对德国"工业4.0"和发达国家"再工业化"浪潮的顶层设计和行动路线图，是建设制造强国的行动纲领。"工业4.0"是2013年德国在汉诺威工业博览会上正式推出的，它以生产高度智能化、网络化为标志。"工业4.0"不是简单的技术革新，而将带来生产模式乃至整个工业生态的转变，被称为第四次工业革命。

"工业4.0"在美国叫"工业互联网"，它将智能设备、人和数据连接起来，并以智能的方式利用这些交换的数据，以期打破技术壁垒，促进物理世界和数字世界的融合。早在2010年，美国就提出了"再工业化"战略，也就是常说的"制造业回归"。2012年2月，美国正式发布了《先进制造业国家战略计划》，从此踏上了新一轮工业革命的道路。2014年3月底，在美国商务部的支持下，由AT&T、思科、通用电气、IBM、英特尔等发起成立的"工业互联网联盟"力图通过设备与 IT 的融合，将高性能设备、低成本传感器、互联网、大数据分析等技术结合，大幅提高现有产业的效率并创造新产业，进一步推进美国"再工业化"国家战略。

"中国制造 2025"计划，以信息化与工业化深度融合为主线，重点发展新一代信息技术、高档数控机床和机器人、航空航天装备、海洋工程装备及高技术船舶、先进轨道交通装备、节能与新能源汽车、电力装备、新材料、生物医药及高性能医疗器械、农业机械装备十大领域，推出中国的创造、中国的质量和中国的品牌，这也是一个世界制造强国的重要标志。实现"中国制造 2025"的目标，中国应该拥有自己的核心技术和质量体系。经过 10 年左右的努力，在战略性、前沿性制造领域，中国应该掌握整机或关键部件的核心技术，拥有自主知识产权，处于这些产品价值链的高端和产业链的核心环节，同时建立起世界领先的生产技术参数体系，构筑国际公认的制造业质量标准体系，在高端制造业和主流制造业方面，建立起"中国质量"信誉，打造"中国制造"标签，引领制造领域重要行业的发展方向。

"中国制造 2025"提出，通过"三步走"实现制造强国的战略目标：第一步，到 2025 年迈入制造强国行列；第二步，到 2035 年我国制造业整体达到世界制造强国阵营中等水平；第三步，到新中国成立一百年时，我国制造业大国地位更加巩固，综合实力进入世界制造强国前列。"中国制造 2025"如图 5-29 所示。

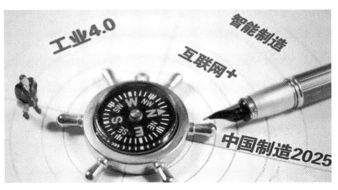

图 5-29　"中国制造 2025"

3. 新一代信息技术与制造技术的融合

"新一代信息技术产业"主要是指"加快建设宽带、泛在、融合、安全的信息网络基础设施，推动新一代移动通信、下一代互联网核心设备和智能终端的研发及产业化，加快推进三网融合，促进物联网、云计算的研发和示范应用。着力发展集成电路、新型显示、高端软件、高端服务器等核心基础产业。提升软件服务、网络增值服务等信息服务能力，加快重要基础设施智能化改造。大力发展数字虚拟等技术，促进文化创意产业发展"。

近两年，继物联网、云计算之后，大数据也成为新一代信息技术的重要内容。而且，随着新一轮工业革命的到来，云计算、大数据、物联网等新一代信息技术在未来制造业中的作用越发重要。科技创新始终是推动人类社会生产生活方式产生深刻变革的重要力量。当前，信息技术、新能源、新材料、生物技术等重要领域和前沿方向的革命性突破和交叉融合，正在引发新一轮产业变革，将对全球制造业产生颠覆性的影响，并改变全球制造业的发展格局。特别是新一代信息技术与制造业的深度融合，将促进制造模式、生产组织方式和产业形态的深刻变革，智能化服务成为制造业发展新趋势。泛在连接和普适计算将无所不在，虚拟技术、3D 打印、工业互联网、大数据等技术将重构制造业技术体系，如 3D 打印将新材料、数字技术和智能技术植入产品，使产品的功能极大丰富，性能发生质的变化；在互联网、物联网、云计算、大数据等泛在信息的强力支持下，制造商、生产服务商、用户在开放、共用的网络平台上互动，单件小批量定制化生产将逐步取代大批量流水线生产；基于信息物理系统的智能工厂将成为未来制造的主要形式。

国务院已制定发布了"中国制造 2025"和"互联网＋"行动指导意见，进一步凸显了信息产业的支撑和引领作用。实施"中国制造 2025"，实现中国制造由大变强，推动两化深度融合，大力发展智能制造，需要信息技术与产业的有力支撑。贯彻落实"互联网＋"行动，构建以互联网为基础的产业新生态体系，需要加快移动互联网、云计算、大数据、工业互联网等新一代信息技术的应用带动。信息产业成为制造强国和网络强国建设最坚实的技术产业基础。

> **小结：**中国制造只有和"互联网＋"深度融合才有前景，才会实现新旧动能的转换。必须改变人们的一种认识误区，以为"互联网＋"只是虚拟经济。其实这种"虚拟"一旦与"实体"相结合，就会为实体经济插上翅膀。"中国制造 2025"突破的重点，主要应放在与"互联网＋"的融合发展上，加快推动中国工业的"浴火重生"。

5.8　新一代信息技术推动创新浪潮和产业革命

5.8.1　新一代信息技术产业是战略性新兴产业发展的重点

各国大力发展新兴产业，发达国家重在强化核心芯片、操作系统、营销渠道等高附加值环节的垄断地位，新兴经济体侧重生产制造、服务外包等竞争优势培育和市场争夺。在下一代信息网络基础设施建设布局方面，已有 110 多个国家和地区发布并实施了宽带战略，将有超过 150 个第 4 代移动通信网络推出商业服务。近年来，国内也积极培育发展新一代移动通信、下一代互联网、三网融合、物联网、云计算、集成电路、新型显示、高端软件、高端服务器和信息服务等新一代信息技术产业，确定发展思路，制定产业规划，加强政策支持，引导产业健康发展。

新一代信息技术引领全球新一轮技术创新。全球正在出现以信息网络、智能制造、新能源和新材料为代表的新一轮技术创新浪潮，人类处于技术群体性重大突破的前夜。新一代信息技术是这一轮技术创新的基础和动力，为知识的快速扩散、网络型研发组织发展以及商业模式创新等提供了载体和手段。新一代信息技术与制造技术的充分交互，使制造业自动化、数字化、网络化水平显著提高，加速走向智能制造。新一代信息技术与能源技术的深度融合，使智能电网、太阳能发电、分散式离网发电技术实现突破，未来还将形成能源互联网。信息技术与材料技术交叉融合，使纳米复合材料等领域取得了一批新的重大进展。新一代信息技术已经成为引领各技术领域创新不可或缺的重要动力和支撑，成为实施创新驱动发展战略、建设创新型国家的关键所在。

5.8.2　新一代信息技术催生第三次工业革命

虽然产业界和理论界对第三次工业革命的标志、主导产业、产业模式等尚缺乏统一认识，但都不约而同地认识到信息技术在其中的巨大作用。信息技术创新势头不减，促进了研发设计活动不断加快、资源配置不断优化、生产组织模式不断变革和市场体系不断完善，成为催生第三次工业革命的主体力量。新一代信息技术的发展和应用，有力地推动着产业转型升级，战略性新兴产业和先进制造业健康发展以及农业现代化进程，加速了现代产业新体系的建立，引导产业向创新驱动、绿色低碳和可持续方向发展。我们应当敏锐捕捉和把握信息技术变革打开的历史机遇窗口，特别是利用好我国人口多、市场大的特点，以应用来引导，积极迎接第三次工业革命，推动经济社会发展迈上一个新的台阶。

信息技术与能源技术、材料技术、生物技术、智能制造技术等结合的第三次工业革命已经到来，将推动以制造业数字化为标志的两化融合向深度发展，极大改变社会的生产和生活方式。信息化应用的深度扩展加速走向大数据时代，大数据如同金矿，所蕴含的价值有待挖掘。在大数据时代，智能化制造和无线革命既是机遇更是挑战，将会引发产业变革。创新驱动是中国企业家在经济转型期的重要使命。

大数据、智能化、移动互联网和云计算相结合的"大智移云"，代表了信息技术发展新阶段的时代特征。"互联网＋"开拓了信息技术应用空间，凸显了作为经济增长新引擎的作用。在核心信息技术方面，我们还没有摆脱受制于人的局面，宽带提速降费压力很大，信息安全形势严峻，频谱资源面临挑战。下一步应当努力的方向则是狠抓改革攻坚，突出创新驱动，强化企业主体，建设网络强国。

5.8.3　新一代信息技术产业前景预测

我国新一代信息技术产业已形成了一定的发展能力，市场应用需求广阔。未来一段时期是我国深化改革开放、加快转变经济发展方式的攻坚时期，是全面建成小康社会的关键时期。我国新一代信息技术产业发展已迎来难得的历史机遇。一是发展环境日趋完善。为贯彻落实好党中央、国务院有关部署，有关部门正积极制定相关专项发展规划和政策措施，推进相关领域的改革和制度建设，为新一代信息技术产业发展营造良好环境。二是信息网络建设和技术演进不断加快。宽带、泛在、融合、安全的新一代信息网络发展正加速推进，物联网、云计算等新兴业态的技术创新和产业化方兴未艾，新兴服务模式不断涌现。信息技术的持续进步将不断推动产业融合发展。三是国内市场需求潜力巨大。随着我国工业化、信息化、城镇化、市场化、国际化的深入发展，经济结构转型升级和经济社会各领域信息化建设的加快，为新一代信息技术提供了广阔的市场空间。

5.8.4　新一代信息技术发展的现状与趋势

进入 21 世纪以来，学科交叉融合加速，新兴学科不断涌现，前沿领域不断延伸。以机器人、大数据、3D 打印为代表的新一轮信息技术革命已成为全球关注重点。新一代信息技术创新异常活跃，技术融合步伐不断加快，催生出一系列新产品、新应用和新模式，极大地推动了新兴产业的发展壮大，进而加快了产业结构调整，促进了产业转型升级，改变了传统经济发展方式。

1. 机器人

"机器人革命"有望成为第三次工业革命的一个切入点和重要增长点，并对全球制造业、服务业格局产生重大影响。机器人被誉为制造业皇冠顶端的明珠。无人机、工业机器人、服务机器人、人工智能机器人的广泛应用，推动诸多产业转型升级。不过，与世界先进水平相比，中国在机器人产业还有不少差距。"十三五"是机器人产业发展的关键时期，科学制定发展规划，实施有针对性的政策措施，及时抢抓重大发展机遇，保持产业健康、快速、可持续发展。根据规划，到 2020 年，我国工业机器人年产量达到 10 万台，其中六轴及以上机器人达到 5 万台以上，机器人密度达到 150 台/万人以上；服务机器人年销售收入超过 300 亿元，在助老助残、医疗康复等领域实现小批量生产及应用；培育 3 家以上的龙头企业，打造 5 个以上机器人配套产业集群。

1）工业机器人应用或将加速财富聚集。日益上升的人力成本已逐渐超过使用机器人的成本，越来越多的企业选择机器人来部分替代工人。工业机器人已从汽车制造领域向机械、建材、物流、航空、航天、船舶制造等领域渗透。工业机器人的广泛应用提高了企业生产效率，促进了社会生产力的发展，但也减少了大量劳动力密集型就业岗位，致使众多低技能工人面临更低收入或者失业困局。由机器人技术带来的劳动力成本降低和生产效率提高将使财富加速向少数人手中聚集。工业机器人如图 5-30 所示。

图 5-30　工业机器人

图 5-31　服务机器人

2）服务机器人将释放知识密集型工作者的创造潜力。当前，服务机器人智能化程度越来越高，并开始从劳动力密集型行业向知识密集型行业渗透。例如，WellPoint 公司和

IBM 公司联合推出的"临床肿瘤学顾问"机器人能将病人电子病历数据与相关数据库进行对比和分析,为医生临床治疗提出宝贵建议。类似服务机器人应用的例子还有很多。服务机器人的广泛应用能将知识密集型工作者从重复性、规律性强的工作中解放出来,让他们集中精力从事复杂性和创造性更强的工作,进一步释放他们的创造潜力。服务机器人如图5-31 所示。

2.3D 打印

3D 打印已涵盖医疗、教育、玩具、汽车、航天航空、日常消费品、建筑设计等领域。与传统制造技术相比,3D 打印拥有独特优势:打印过程可在办公室、商店甚至家里完成,无须建立工厂和生产线;能减少废弃副产品的产生,大幅减少材料浪费。3D 打印将彻底改变传统制造方式,为制造行业带来革命性的变化。3D 打印如图 5-32 所示。

图 5-32　3D 打印

同时也应看到,3D 打印还存在一些有待解决的问题。

1)3D 打印将改变既有知识产权格局。当前,3D 扫描及打印技术日益成熟,3D 扫描仪和打印机价格不断下降。3D 打印能直接从计算机图形数据中生成任何形状的零件并进行打印,无须机械加工和任何模具。因此 3D 打印能制造一些加工难度非常大的特殊结构物品。但这也为快速、高效、廉价地仿造已有产品提供了便利条件,从而引起知识产权争端,甚至给一些机构造成知识产权损失。高德纳公司预测,到 2018 年,3D 打印或将导致全球每年至少 1000 亿美元的知识产权损失。3D 打印将改变全球既有知识产权格局。

2)生物打印引发伦理道德激辩。3D 打印技术的快速发展使生物打印成为现实。2013年,美国科学家通过 3D 打印为一名婴儿患者制造了可吸收气管支架。同年,中国科学家自主研发出一台支持活细胞打印的 3D 打印机,其打印细胞存活率高达 90%。目前,科研人员已能将人类细胞、动物细胞、无机材料、水凝胶和生物医用高分子材料混合后作为生物墨装入独立的墨盒,使用新型的温控单元和优化后的热敏喷墨打印机打印。通过这项技术构建的多细胞组织能够生长为具有某一完整功能的器官。然而,目前尚无法评估生物打印器官对植入个体乃至人类进化造成的影响。未来,生物打印将引发一场关乎伦理、道德、政治和宗教的激辩。

3. 人工智能

正如百度 CEO 李彦宏认为的那样,人工智能可以说是一只披着狼皮的羊,它只是看起来很可怕,但其实没有那么可怕。它是很有益的,可以为人们所用。李彦宏说:"人工智能技术在最近几年突然开始有了实质性的应用,无论是语音识别、图像识别,还是无人驾驶汽车、无人驾驶飞机等，背后的基础都是人工智能技术。人工智能是当今世界的一个技术制高点，同时中国在这方面又不算落后，所以我觉得我们国家有机会。"

继移动互联网之后，人工智能的浪潮已经在全球掀起。新一轮技术革命风暴已经诞生，人工智能有望成为未来 10 年乃至更长时间内 IT 产业发展的焦点。目前市场关心的 IT 和互联网领域的几乎所有主题和热点（智能硬件、O2O、机器人、无人机、工业 4.0），发展突破的关键环节都是人工智能；从国际市场看，国际 IT 巨头已经开始在人工智能领域频频发力，一方面网罗顶尖人才，另一方面加大投资力度，并引发新一轮 IT 设备投资周期。智能化的大潮即将来袭，万亿元的市场规模值得期待。

人工智能将成为 IT 领域最重要的技术革命，由于技术的复杂度，未来 5 ~ 10 年内，专用领域智能化是人工智能应用的主要方向，在更远的将来，随着技术的进一步突破，通用领域智能化有望实现。

2013 年 3 月，谷歌以重金收购 DNNresearch 的方式请到了 GeoffreyHinton 教授；2013 年 12 月，Facebook 成立了人工智能实验室，聘请卷积神经网络久负盛名的研究者、纽约大学终身教授 YannLeCun 为负责人；2014 年 5 月，有 "谷歌大脑之父" 美称的 AndrewNG（吴恩达）加盟百度，担任首席科学家，负责百度研究院领导工作，尤其是 "百度大脑" 计划。这几位人工智能领域泰斗级人物加入，充分展示了这些互联网巨头对人工智能领域志在必得的决心。

人工智能真会取代人类吗？想到这些，也许有人会感到恐惧：机器具备了人的部分能力，甚至比人类做得更好，会不会有一天取代人类甚至对人类产生威胁？对于这个问题，早在两千多年前的荀子就已给出答案："假舆马者，非利足也，而致千里；假舟楫者，非能水也，而绝江河。君子生非异也，善假于物也。" 科技永远是人类的工具，互联网是，人工智能也是。人类使用工具改造世界，可以让生活更美好。人工智能是客观逻辑、理性的智能，其并不能产生主观能动，主动权永远在人类手上。而人类也不会愚蠢到对机器输入 "请消灭人类" 这样的指令。

人工智能的本质是一种智能，且这种智能是人为创造的，而非像生命体那般通过自然进化演变而成。我们知道，人脑是自然选择的结果，而人工智能的智能源于以二进制为原理的电路逻辑。众所周知，计算机语言在历史发展上经历了机器语言、汇编语言和高级语言，我们把最低级、最原始的计算机语言称为机器语言。机器语言是用二进制代码表示的计算机能够直接识别的指令集合，它反映了计算机 "思维" 的原理，也反映了人工智能的原理。0 和 1 两个数字能构成世间万物的一切逻辑，却无法创造灵感、拥有直觉、获得情感。人工智能会取代人类部分劳作，但不能取代人类的全部活动，更不会反过来统治人类。倘若冯·诺依曼在世，也一定会赞同这个结论。

4. 虚拟现实

从 2012 年谷歌眼镜面世开始，增强现实（AR）和虚拟现实（VR）技术逐渐进入公众视线。事实上，虚拟现实不仅是一项技术，更是一个产业，它在各个垂直领域都有广泛应用，如图 5 - 33 所示。

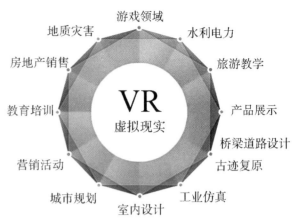

"虚拟现实是基于立体视觉来制造沉浸感，而立体视觉是利用人类的两眼视觉差而产生的。"对于虚拟现实技术的原理，中国科学院科学传播研究中心技术部总监饶子宇形象地解释说，人类的双眼就像两台摄像机，在看周围的世界时，由于双眼的空间位置不同，在眼前取任何一个点，双眼看到这个点的位置其实是存在差别的，而且差别的大小跟空间距离、视点角度都息息相关，人

图 5 - 33　虚拟现实应用领域

类大脑的视觉功能区能够综合分析这些信息，并最终形成一个关于周围世界的整体三维场景。

基于人眼的立体视觉机制，在一些传统的显示设备中，这些差异化的图像分别出现在不同的显示器上以形成视觉差，从而让大脑形成虚拟的距离判断，产生立体感。例如，主动立体时间技术采用特殊的显示设备，使用者戴上特殊的眼镜后，一只眼睛只能看到奇数帧图像，另一只眼睛只能看到偶数帧图像。通过奇偶帧之间的图像差异来营造这种立体感。由于能够再现真实的环境，并且人们可以介入其中参与交互，使得虚拟现实系统可以在许多方面得到广泛应用。随着各种技术的深度融合，相互促进，虚拟现实技术在教育、军事、工业、艺术与娱乐、医疗、城市仿真、科学计算可视化等领域的应用都有极大的发展。

（1）教育领域

虚拟现实可以让学生学习重新回到场景，参与互动。虚拟现实有三大特性：交互性、沉浸性、想象性。传统的教育方式，通过印在书本上的图文与课堂上多媒体的展示来获取知识，学生学习一会儿就渐显疲惫，学习效果较差。然而玩过"英雄联盟"的同学都知道游戏为什么如此吸引人，本质就是回到场景，参与其过程。虚拟现实技术能将三维空间的事物清楚地表达出来，能使学习者直接、自然地与虚拟环境中的各种对象进行交互作用，并通过多种形式参与到事件的发展变化过程中去，从而获得最大的控制和操作整个环境的自由度。这种呈现多维信息的虚拟学习和培训环境，将为学习者掌握一门新知识、新技能提供最直观、最有效的方式。在很多教育与培训领域，诸如虚拟实验室、立体观念、生态教学、特殊教育、仿真实验、专业领域的训练等应用中具有明显的优势和特征。例如学生学习某种机械装置，如水轮发动机的组成、结构、工作原理时，传统教学方法都是利用图示或者放录像的方式向学生展示，但是这种方法难以使学生明确了解这种装置的运行过程、状态及内部原理。而虚拟现实技术就可以充分显示其优势：它不仅可以直观地向学生展示出水轮发电机的复杂结构、工作原理以及工作时各个零件的运行状态，而且还可以模仿出各部件在出现故障时的表现和原因，向学生提供对虚拟事物进行全面的考察、操纵乃至维修的模拟训练机会，从而使教学和实验效果事半功倍。虚拟现实用于教育领域，如图 5 - 34 所示。

图 5 - 34   虚拟现实用于教育

（2）军事领域

在军事上，虚拟现实的最新技术成果往往被率先应用于航天和军事训练，利用虚拟现实技术可以模拟新式武器如飞机的操纵和训练，以取代危险的实际操作。利用虚拟现实仿真实际环境，可以在虚拟的或者仿真的环境中进行大规模的军事演习的模拟。虚拟现实的模拟场景如同真实战场一样，操作人员可以体验到真实的攻击和被攻击的感觉。这将有利于从虚拟武器及战场顺利地过渡到真实武器和战场环境，这对于各种军事活动的影响将极为深远，具有广泛的军事应用前景。迄今，虚拟现实技术在军事中发挥着越来越重要的作用，如图 5 - 35 所示。

图 5 - 35   虚拟现实用于军事训练

（3）工业领域

虚拟现实已大量应用于工业领域。对汽车工业而言，虚拟现实技术既是一个最新的技术开发方法，更是一个复杂的仿真工具，它旨在建立一种人工环境，人们可以在这种环境中以一种自然的方式从事驾驶、操作和设计等实时活动（见图5-36）。虚拟现实技术也可以广泛用于汽车设计、实验和培训等方面。例如，在产品设计中借助虚拟现实技术建立的三维汽车模型，可显示汽车的悬挂、底盘、内饰直至每个焊接点，设计者可确定每个部件的质量，了解各个部件的运行性能。这种三位模式准确性很高，汽车制造商可按得到的计算机数据直接进行大规模生产。虚拟现实技术在CAD、技术教育和培训等领域也有大量应用。在建筑行业中，虚拟现实可以作为那些制作精良的建筑效果图更进一步的拓展。它能形成三维建筑场景，人们可以在建筑物内自由行走，可以操作和控制建筑物内的设备和房间装饰。一方面设计者可以从场景的感知中了解、发现设计上的不足；另一方面用户可以在虚拟环境中感受到真实的建筑空间，从而做出自己的评判。

图5-36　虚拟现实设计汽车

（4）娱乐

娱乐方面对虚拟现实技术的要求不是太高，故近几年来虚拟现实在该方面发展最为迅速。作为显示信息的载体，虚拟现实在未来艺术领域方面所具有的潜在应用能力也不可低估。虚拟现实所具有的临场参与感与交互能力可以将静态的艺术（比如油画、雕刻等）转化为动态的，可以使欣赏者更好地欣赏作者的艺术。虚拟现实提高艺术的表现能力，如敦煌"九层楼"实景与虚拟三维效果。虚拟现实用于娱乐的情况如图5-37所示。

图5-37　参观者在"皮筏艇"上体验虚拟现实技术模拟的水上场景

（5）医疗

在医学教育和培训方面，医生见习和实习复杂手术的机会是有限的，而在虚拟现实系统中却可以反复实践不同的操作。虚拟现实技术将能对危险的、不能失误的、却很少或难以提供真实演练的操作反复地进行十分逼真的练习。目前，国外很多医院和医学院已开始用数字模型训练外科医生。其做法是将 X 光扫描、超声波探测、核磁共振等手段获得信息综合起来，建立起非常接近真实人体和器官的仿真模型，如图 5－38 所示。

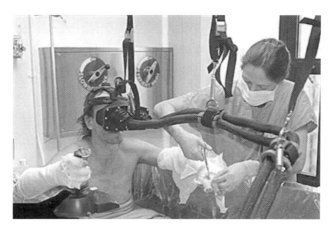

图 5－38　虚拟现实用于医疗

5.8.5　中国量子通信技术领跑全球

信息传输早已从"如何传输"走入了"如何安全传输"的时代。2016 年 8 月 16 日 1 时 40 分，我国在酒泉卫星发射中心用长征二号丁运载火箭成功将世界首颗量子科学实验卫星"墨子号"发射升空。这颗以我国古代科学家墨子命名的卫星，将使我国在世界上首次实现卫星和地面之间的量子通信，构建天地一体化的量子保密通信与科学实验体系，如图 5－39 所示。

图 5－39　世界首颗量子科学实验卫星"墨子号"发射升空

首颗"量子科学实验卫星"的发射成功，有望让量子通信真正进入广域传输时代；其"不可分割""不可克隆"等特性，使得其传输的信息在理论上永不会被解密。发射全球第一颗量子通信卫星，无疑确立了我国在国际量子通信研究中的领跑地位。根据我国量子通信发展规划，量子卫星发射以后，我国将建成"量子通信京沪干线"，国内初步形成广域量子通信体系。到2030年左右，中国率先建成全球化的量子通信网络。

在量子世界中，一个物体可以同时处在多个位置，一只猫可以处在"生"和"死"的叠加状态上；所有物体都具有"波粒二象性"，既是粒子也是波；两个处于"纠缠态"的粒子，即使相距遥远也具有"心电感应"，一个发生变化，另一个会瞬时发生相应改变……正是由于量子具有这些不同于宏观物理世界的奇妙特性，才构成了量子通信安全的基石。在量子保密通信中，由于量子的不可分割、不可克隆和测不准的特性，一旦存在窃听就必然会被发送者察觉并规避。

量子卫星首席科学家潘建伟院士介绍，量子通信的安全性基于量子物理基本原理，单光子的不可分割性和量子态的不可复制性保证了信息的不可窃听和不可破解，从原理上确保身份认证、传输加密以及数字签名等的无条件安全，可从根本上、永久性解决信息安全问题。"传统的信息安全都是依赖于复杂的算法，只要计算能力足够强大，再复杂的保密算法都能够被破解。量子通信能做到绝对安全，是由量子自身的特性所决定的，计算能力再强也破解不了，因此它是革命性的，可从根本上、永久性解决信息安全问题。"

在量子通信的国际赛跑中，中国属于后来者。经过多年的努力，中国已经跻身于国际一流的量子信息研究行列，在城域量子通信技术方面也走在了世界前列，建设完成合肥、济南等规模化量子通信城域网，"京沪干线"大尺度光纤量子通信骨干网也即将竣工。

量子通信是目前为止唯一被严格证明可提供无条件安全的保密通信手段。随着我国发射全球第一颗量子实验卫星以及"京沪干线"的建成，都将奠定中国在量子通信领域的领跑地位。目前，在量子通信领域，无论是科学研究还是实际应用，我国都已处于世界领先水平，我们也期待着，量子通信从理论到实验再到实践的完美蜕变。量子卫星的成功发射和在轨运行，将有助于我国在量子通信技术实用化整体水平上保持和扩大国际领先地位，实现国家信息安全和信息技术水平跨越式提升，有望推动我国科学家在量子科学前沿领域取得重大突破，对于推动我国空间科学卫星系列可持续发展具有重大意义。

小结：新一轮信息技术革命正在到来，它的影响将超越计算机和互联网，已经并将继续改变信息领域企业的竞争格局。我们需要正视我国在核心信息技术和产业以及信息化应用方面的差距，从创新链、产业链、资金链以及推进体制改革和完善法制环境等方面集中力量抢占制高点。"中国制造2025"锁定智能制造为主攻方向，并把"新一代信息技术"作为重点发展的十大领域之首。基于移动互联网、云计算、大数据、物联网的应用和创新日益活跃，催生出一系列新业态新模式。技术变革的不断加速，对我国信息行业来说，既是挑战，又是机遇。从挑战的角度看，我国信息行业总体技术水平仍相对落后，尤其在关键共性技术、底层软硬件和核心元器件等领域的基础仍较为薄弱；在重资本、重积累的信息技术竞争中，存在"掉队"风险。从机遇的角度讲，技术与模式创新加快，融合发展深化，也给我们带来了"弯道超车"的机会。在市场优势的支撑下，我国在智能制造、新一代通信网络、云计算、大数据等新兴领域已实现提前布局，部分领域的技术水平与应用实践已走在世界前列。机遇稍纵即逝，挑战不克愈艰。信息产业唯有转变发展方式，提升价值链，才能实现由大到强的转变。必须抓住新一代信息技术产业的发展机遇，加强规划引导，强化自主创新，加快转型升级，深化应用普及，推进信息化和工业化深度融合，实现信息产业综合竞争力的整体跃升。

第6章 信息产业从业指南

6.1 信息产业标准规范

6.1.1 国际标准化组织

国际标准化组织（International Organization for Standardization）简称 ISO，是一个全球性的非政府组织，是由各国标准化团体组成的世界性的联合会。该组织的宗旨是通过制定所有国家都认可的国际标准，以利于国际物资交流和服务，减少贸易壁垒，并发展在知识、科学、技术和经济活动中的合作。

国际标准化活动最早开始于电子领域。1906 年世界上成立了最早的国际标准化机构——国际电工委员会（IEC）。其他技术领域的工作原先由成立于 1926 年的国家标准化协会国际联盟（ISA）承担，重点在于机械工程方面。ISA 的工作由于第二次世界大战在 1942 年终止。1946 年，来自 25 个国家的代表在伦敦召开会议，决定成立一个新的国际标准组织，其目的是促进国际合作和工业标准的统一。ISO 这一新组织于 1947 年 2 月 23 日正式成立，总部设在瑞士的日内瓦。国际标准化组织 LOGO 如图 6 - 1 所示。

图 6 - 1　国际标准化组织

现在 ISO 认证体系正在成为企业质量经营中的必需手段。其目标是为了易于进行物资与服务的国际交流，在知识、科学、技术、经济活动领域中促进国际合作，促进世界标准的审议与制定，在包括电气与电子行业在内的所有领域中广泛开展国际标准化业务。

ISO 制定出来的国际标准除了有规范的名称之外，还有编号，编号的格式是"ISO + 标准号 + ［杠 + 分标准号］+ 冒号 + 发布年号"，方括号中的内容不是必需项，如 ISO8402：1987、ISO9000 - 1：1994 等，分别是某一个标准的编号。但是，"ISO9000" 不是指一个标准，而是一族标准的统称。根据 ISO9000 - 1：1994 的定义："ISO9000 族"是由 ISO/TC176 制定的所有国际标准。

国际标准由技术委员会（TC）和分技术委员会（SC）经过六个阶段讨论后形成：申请阶段、预备阶段、委员会阶段、审查阶段、批准阶段和发布阶段。若在开始阶段得到的文件比较成熟，则可省略其中的一些阶段。

6.1.2　信息行业标准规范

1. 我国标准的分级和标准的性质

根据《中华人民共和国标准化法》规定，我国标准分为四级。①国家标准。它是需要在全国范围内统一的技术要求。强制性国家标准的代号为"GB"，推荐性国家标准的代号为"GB/T"。②行业标准。它是没有国家标准而又需要在全国某个行业范围内统一的技术要求。③地方标准。它是没有国家标准和行业标准而又需要在省、自治区、直辖市范围内统一的工业产品的安全和卫生要求。④企业标准。没有国家标准和行业标准的企业生产的产品，应当制定企业标准作为组织生产的依据；已有国家标准和行业标准的，国家鼓励企业制定比国家标准或行业标准严格的企业标准，在企业内部适用。

国家标准和行业标准分为强制性标准和推荐性标准。其中，强制性标准必须执行，不符合强制性标准的产品，禁止生产、销售和进口。推荐性标准，国家鼓励企业自愿采用。企业标准分为技术标准、管理标准和工作标准。①技术标准主要包括设计标准、产品标准、工艺标准、工装标准、设备技术标准、检验标准、安全技术标准、职业卫生及环境保护标准等。②管理标准主要包括采购管理标准、生产管理标准、设备管理标准、人员管理标准及质量成本管理标准等。③工作标准主要包括中层以上管理人员通用工作标准、一般管理人员通用工作标准及操作人员通用工作标准等。

2. 一流企业做标准、二流企业做品牌、三流企业做产品

按照国际标准化组织的定义，标准是一系列文件化的协议，其内容主要包括：能持续一致地用作规则、指南或特征定义的详细技术规范或其他精确的指标。按照标准化对象，一般可以分为技术标准、管理标准和工作标准三大类。从本质上来说，标准似乎是公开的，也是无法进行销售的，但是，只要将自己的技术标准、行业标准或国家标准上升为国际标准，这些国家的企业或企业联盟就赢得了进入市场的主动权。换言之，卖标准，卖的远不是相关培训或软件系统，更是一种标准制定权的争夺、国际市场主动权的争夺。

标准背后隐藏着技术转让或许可，没有技术做基础或支撑的标准一文不值。标准对于发达国家的价值并不在于本身的知识含量，而在于该标准中隐藏的诸多专利、专有技术或商业秘密。如果其他企业不用它们的技术，则制造不出符合标准的产品，提供不了符合标准的服务。这就是"技术专利化、专利标准化、标准垄断化"的获利之路。赢得标准，可以说就赢得了巨大财富。

参与国际标准的制定，是未来中国政府及企业"走出去"的必经之路。毫无疑问，如果中国产业没有自主的标准，就只能永远成为别人的原始设备制造商，只能做世界的配角。标准是创新的动力，连接世界的桥梁。

6.1.3 信息行业专利和知识产权保护

标准和知识产权的紧密结合是知识经济的必然产物，"技术专利化、专利标准化、标准垄断化"是知识经济条件下国际竞争的新游戏规则。国际上有一个影响深远的收购案例，那就是谷歌收购摩托罗拉移动，收购的重要原因是谷歌想利用摩托罗拉大量的专利抗衡来自苹果、微软、甲骨文的专利诉讼。企业并购的目的不仅是为了扩大业务规模，也可以利用专利打击竞争对手或反制竞争对手的诉讼。在目前竞争越来越激烈、产品差异化程度难以扩大的情况下，更多的专利意味着更多的胜算。

1. 知识产权

知识产权通常是指各国法律所赋予智力劳动成果的创造人对其创造性的智力劳动成果所享有的专有权利。世界知识产权组织认为，构思是一切知识产权的起点，是一切创新和创造作品萌芽的种子。人类正因为具有提出无穷无尽构思的能力，才独一无二。然而，人们通常却把这一特殊能力视为理所当然，不太在意自己生活所依赖的有多少是他人构思的成果，如节省力气的发明、赏心悦目的外观设计、挽救生命的技术等。世界知识产权组织原总干事卡米尔·伊德里斯博士说，构思成就了人类的今天，也是人类未来繁荣和发展所必需的。正因为如此，才必须创造环境，对创造性构思加以鼓励和奖赏。也正因为如此，才有了知识产权的存在。

（1）知识产权的特点

知识产权有三个特点：①知识产权专有性，即独占性或垄断性；②知识产权地域性，即只在所确认和保护的地域内有效；③知识产权时间性，即只在规定期限内受到保护。

（2）知识产权所有人的专有权利

按照1967年7月14日在斯德哥尔摩签订的《建立世界知识产权组织公约》的规定，知识产权包括：①关于文学、艺术和科学作品的权利；②关于表演艺术家的演出、录音和广播的权利；③关于人们努力在一切领域的发明的权利；④关于科学发现的权利；⑤关于工业品式样的权利；⑥关于商标、服务商标、厂商名称和标记的权利；⑦关于制止不正当竞争的权利；⑧在工业、科学、文学和艺术领域里一切其他来自知识活动的权利。

（3）专利

专利是对发明授予的一种专有权利。专利适用于所有技术领域中的任何发明，不论它是产品还是方法，只要它具有新颖性、创造性和实用性。在我国，专利分为发明专利、实用新型专利和外观设计专利。在《中华人民共和国专利法》中，对发明、实用新型以及外观设计作了如下定义：①发明，是指对产品、方法或者其改进所提出的新的技术方案；②实用新型，是指对产品的形状、构造或者其结合所提出的适于实用的新的技术方案；③外观设计，是指对产品的形状、图案或者其结合以及色彩与形状、图案的结合所作出的富有美感并适于工业应用的新设计。

专利需经申请才能获得。首先，申请人应向代表国家的专利主管机关提出专利申请，经审查合格后才能批准。在我国，代表国家依法授予专利权的机构是中华人民共和国国家知识产权局。

《与贸易有关的知识产权协议》规定，专利权人有权禁止第三方在未经其同意的情况下，制造和使用，以及提供和出售该专利，甚至还可以禁止该专利产品（含采用该专利生产的产品）的进口。

2. 中国 VCD 兴衰史

在中国提起 VCD，就不能不提起曾经辉煌一时的安徽万燕公司，更不能不提起他的创始人姜万勐。1992 年，在美国举办的国际广播电视技术展览会上，美国 C－CUBE 公司展出的一项不起眼的 MPEG 技术引起了时为安徽现代集团总经理姜万勐的兴趣。他立刻想到，用这一技术可以把图像和声音同时存储在一张光盘上。此后，姜万勐先后出资 57 万美元，于 1993 年 9 月将 MPEG 技术成功地应用到音像视听产品上，研制出一种物美价廉的视听产品——VCD。同年 12 月，他又与美籍华人孙燕生共同投资 1700 万美元，各取了姜万勐、孙燕生名字中的一个字作为公司名称——万燕公司。在 1993 年安徽现代电视技术研究所的 VCD 可行性报告中有这样的一段描述：这是 20 世纪末消费类电子领域里，中国可能领先的唯一机会。为此，姜万勐进行了一系列的市场调查，得到了下列数字：1993 年中国市场上组合音响的销售量是 142 万台，录像机的销售量是 170 余万台，LD 影碟机 100 万台，CD 激光唱机是 160 余万台。当时的 LD 光盘是四五百元一张，而 VCD 机的光盘价格却只有它的 10%，因此可以预测，VCD 机每年的销售量将会达到 200 万台。中国的老百姓到了 1994 年年底才逐渐认识 VCD。在这一年，万燕生产了几万台 VCD 机。

不仅如此，姜万勐还要开发碟片，总不能让老百姓买了枪而没子弹。为此，他又向 11 家音像出版社购买了版权，推出了 97 种卡拉 OK 碟片。在最初成立不到一年的时间里，"万燕"倾其所有，开创了一个市场，确立了一个响当当的品牌，并形成了一整套成型的技术，独霸于 VCD 天下。可以说，万燕的初创是成功的，也是辉煌的。

但是，万燕也给自己酿下一杯苦酒。令姜万勐感到伤心的是，万燕推出的第一批 1000 台 VCD 机，几乎都被国内外各家电公司买去做了样机，成为解剖的对象。有人认为，姜万勐所犯的最大的错误是不懂专利保护。在记者向他问及此事的时候，他的回答相当坦率："在当时的情况下，自己认为申请不申请专利似乎意义不大，关键是要让产品尽快占领市场。"也许正是这一念之差，使姜万勐失去了一次极好的统领市场的机会，同时也使中国在这一产业的发展中失去了本应占有的主动权。事隔多年后，记者问他是否对此感到后悔时，他只是淡淡地一笑，这笑中带着几分无奈，也带着几

图 6-2　世界上第一台 VCD 机

分愧疚，更带着他永久的遗憾。姜万勐创办万燕树起了中国VCD机的旗帜，他也应该为此得到国人的赞许。但从最终的结局上看，万燕的衰败多少又有些悲怆。如果说，当姜万勐开发出第一台VCD机时就立刻申请专利；如果说，当时国家投资2.4亿元，将安徽作为中国VCD机的生产开发基地的计划成为现实，中国，乃至世界的VCD机发展史也许应该是另外一种写法——一部由中国人唱响主旋律的史诗！由此，有人把姜万勐比作中国数字光盘技术开发道路上的"革命先烈"。世界上第一台VCD机——万燕CDK-320如图6-2所示。

> **小结**：中国人首次运用MPEG技术研制VCD机，由于技术发明人没有申请专利，导致国内几百个厂家生产VCD机，市场一片混乱的结果是整个产业的凋零，在国际技术利益分配上没有话语权，产业崛起之后遭遇国外利益集团以高昂专利收费、贸易保护等手段打压。

3. DVD专利费用之争

1999年6月，DVD主要专利的持有公司——东芝公司、松下电气工业公司、日本胜利公司、三菱电气公司、日立公司和时代华纳公司六家企业——组成的"6C"集团面向全球发表了关于"DVD专利联合许可"的声明。该声明表示，"6C"拥有DVD核心技术的专利所有权，世界上所有生产DVD专利产品的厂商，必须向"6C"购买专利许可才能从事生产，且允许生产厂家一次性取得"6C"的专利许可证书。关于收费标准，"6C"规定，DVD厂家应将DVD视频播放机、DVD-ROM播放器净售价的4%或每台4美元（两者中以数额较高者计算），以及DVD解码器净售价的4%或每台1美元（两者中以数额较高者计算）缴纳给上述6家企业；另外，DVD光盘的专利费为每张7.5美分。

我们可以看到，"6C"集团通过联合主要DVD专利持有者形成了庞大的专利网，进而又利用专利战略扼杀竞争对手，形成技术壁垒。一方面，专利形成的技术壁垒可以将其他制造商挤出竞争队伍；另一方面，这张专利网还可以帮助"6C"成员共同降低专利使用成本。由于握有大量的专利技术，"6C"集团可以通过交叉授权有效地降低所有成员的专利成本。

针对专利战略，企业唯有两条路可走：①认真分析市场需求，有选择地主动争取相关专利授权，避免不必要的诉讼纠纷；②了解市场技术发展动态，及时通过研发新专利以规避原来的专利，或是双方交叉特许，从而避免在竞争中受制于人。

2004年中国DVD产量占全球总产量的2/3时，向中国DVD厂商收取专利许可费的跨国企业由1家增加到40家，总专利许可费用超过20万美元，中国DVD企业生产一台DVD利润仅为30元人民币。这使得中国DVD企业难以为继，最终从辉煌走向没落。

小结：从 DVD 专利纷争中，我们可以总结出两个关键点：其一，做大做强一个产业不可没有核心技术，尽管这个道理谁都明白，但不少企业还是选择急功近利的道路，最终吃亏的还是自己；其二，做市场一定要遵从相关游戏规则，在我国加入 WTO 之后，这点尤其重要。使用别人的专有技术，向对方支付一定比例的使用获利当属天经地义。作为一种国际惯例，这一付费原则已在我国修订后的《专利法》中得到了进一步的确认。DVD 专利收费给中国 DVD 及一切已经或准备闯荡国际市场的出口企业上了生动的一课，成本控制在激烈的知识产权竞争面前毫无招架之力，只有练好内功，掌握核心技术，中国的企业才能在专利战中取得胜利。

6.2　信息产业永恒的主题——产品质量与环境保护

6.2.1　ISO9000 族质量管理标准

ISO 在总结各国质量管理经验的基础上，经过各国质量管理专家的努力，1987 年正式颁布了 ISO9000 质量管理和质量保证系列标准。2000 版 ISO9000 族标准包括以下一组密切相关的质量管理体系核心标准。

1）ISO9000《质量管理体系——基础和术语》，表述质量管理体系的基础知识，并规定质量管理体系术语。

2）ISO9001《质量管理体系——要求》，规定质量管理体系要求，用于证实组织具有提供满足顾客要求和适用法规要求的产品的能力，目的在于提高顾客的满意程度。

3）ISO9004《质量管理体系——业绩改进指南》，提供考虑质量管理体系的有效性和效率两个方面的指南。该标准的目的是促进组织业绩的改进并使顾客及其他相关方面满意。

4）ISO19011《质量和环境管理体系审核指南》，提供审核质量和环境管理体系的指南。

ISO9000 质量管理认证证书如图 6-3 所示。

图 6-3　ISO9000 质量管理认证证书

6.2.2　ISO14000 系列环境管理国际标准

国际标准化组织计划颁布 ISO14000 系列标准 100 余个，现在已着手起草的有 24 个，已正式发布是 5 个。这 5 个标准分为两大类：一类是环境管理基础性规定（2个），另一类是环境认证、审核标准（3个）。这一标准的使用方法与其他环境质量标准、排放标准完全不同。首先它是自愿性的标准；其次它是管理标准，为各类组织提供了一整套标准化的环境管理体系和管理方法。

1）ISO14000 的特点。ISO14000 系列标准是为促进全球环境质量的改善而制定的。它通过一套环境管理的框架文件来加强组织（公司、企业）的环境意识、管理能力和保障措施，从而达到改善环境质量的目的。它目前是组织（公司、企业）自愿采用的标准，是组织（公司、企业）的自觉行为。在我国是采取第三方独立认证来验证组织（公司、企业）所生产的产品是否符合要求。

2）ISO14000 的目标。ISO14000 的目标是通过建立符合各国的环境保护法律、法规要求的国际标准，在全球范围内推广 ISO14000 系列标准，达到改善全球环境质量，促进世界贸易，消除贸易壁垒的最终目标。

3）ISO14000 带给企业的效益。获取国际贸易的"绿色通行证"；增强企业竞争力，扩大市场份额；树立优秀企业形象；改进产品性能，制造"绿色产品"；改革工艺设备，实现节能降耗；污染预防，环境保护；避免因环境问题所造成的经济损失；提高员工环保素质；提高企业内部管理水平；减少环境风险，实现企业永续经营。ISO14000 环境管理认证证书如图 6-4 所示。

6-4 ISO14000 环境管理认证证书

4）ISO9000 与 ISO14000 的关系。ISO9000 质量体系认证标准与 ISO14000 环境管理体系标准对组织（公司、企业）的许多要求是通用的，两套标准可以结合在一起使用。世界各国的许多企业或公司都通过了 ISO9000 族系列标准的认证，这些企业或公司可以把在通过 ISO9000 体系认证时所获得的经验运用到环境管理认证中去。新版的 ISO9000 族标准更加体现了两套标准结合使用的原则，使 ISO9000 族标准与 ISO14000 系列标准联系更为紧密了。

6.2.3　RoHS 指令

The Restriction of the use of certain Hazardous Substances in Electronical and Electronic Equipment（RoHS 指令）是《在电子电气设备中限制使用某些有害物质的指令》。RoHS 指令的核心内容是，从 2006 年 7 月 1 日起，新投放欧盟市场的电子电气设备中不得含有以下 6 种有害物质：铅（Pb）、汞（Hg）、镉（Cd）、六价铬（Cr^{6+}）、多溴联苯（PBB）和多溴二苯醚（PBDE）。RoHS 的目的是，使欧盟各成员国关于在电子电气设备中限制使用有害物质的法律趋于一致，并通过妥善回收及处理废弃电子电气产品达到保护人类健康的目的。

6.2.4　《电子信息产品污染控制管理办法》

2007 年 3 月 1 日，有"中国 RoHS"之称的《电子信息产品污染控制管理办法》（以下简称《管理办法》）开始实施，正式宣告中国的污染控制措施从被动接受转为主动出击。《管理办法》是由原信息产业部、发改委、商务部、海关总署、国家工商总局、国家质检总局、原国家环保总局联合制定的，共分四章二十七条，从电子信息产品生产时产品及包装物的设计、材料和工艺的选择、技术的采用，标注产品中有毒有害物质的名称、含量和可否回收利用、产品环保使用期限，以及产品生产者、销售者和进口者应负责任等方面做出了具体规定。《管理办法》确定了对电子信息产品中含有的铅、汞、镉、六价铬、多溴联苯、多溴二苯醚六种有毒有害物质的控制采用目录管理的方式，循序渐进地推进禁止或限制其使用。

我国对信息产品污染的管理法规并非单指《管理办法》，而是一系列法规的总和，包括《管理办法》《电子信息产品中有害物质的限量要求》《电子信息产品污染控制标识要求》《电子信息产品中有害物质的检测方法》《电子信息产品污染控制重点管理目录》以及关于铅的含量和要求等 8 个法规。

6.3　静电防护

ESD 是英文 electron static discharge 的缩写，原意是静电放电，通常也指对静电放电的防护。

1. 静电的产生

静电产生的原因有以下几种。①摩擦：在日常生活中，任何两个不同材质的物体接触后再分离，即可产生静电，而产生静电最普通的方法就是摩擦生电。材料的绝缘性越好，越容易摩擦生电。②感应：针对导电材料而言，因电子能在它的表面自由流动，如将其置于一电场中，由于同性相斥、异性相吸，正负电子就会转移。③传导：针对导电材料而言，因电子能在它的表面自由流动，如与带电物体接触，将发生电荷转移。经试验，人体带静电 5 万伏时没有不适的感觉，带上 8 万伏高压静电时依然能面带微笑，10 万伏（最高试验过 12 万伏）时也没有生命危险！

2. 静电的危害

集成电路元器件的线路面积减小，使得元器件耐静电冲击的能力减弱，静电电场和静电电流成为这些高密度元器件的致命杀手。同时大量塑料制品等绝缘材料的普遍应用，导致产生静电的机会大增。日常生活中，如走动、空气流动、搬运等都能产生静电。人们一般认为只有 CMOS 类的晶片才对静电敏感，实际上，集成度高的元器件对静电都很敏感。

1）静电对电子元件的影响。静电吸附灰尘，改变线路间的阻抗，影响产品的功能与寿命；因电场或电流破坏元件的绝缘或导体，使元件不能工作（完全破坏）；因瞬间的电场或电流产生的热使元件受伤，寿命受损。

2）静电损伤的特点。①隐蔽性。在静电放电造成的电子产品的损害当中，活动的人体带电是一个重要因素。一般情况下，人体所带静电电位都在 1～2000V，在此电压水平上的静电人体一般并无直观察觉，而电子元器件却会在不知不觉中损坏。这些敏感组件中的极微小电路会遭到人们无法侦测到的静电破坏。人体只能够感觉到超过 3000V 的静电压，但部分敏感组件所能够承受的却仅有 20V。②潜伏性。有些电子元器件受到静电损伤后性能没有明显的下降，但多次累加放电会给器件造成内伤而形成隐患，而且增加了元器件对静电的敏感性，已产生的问题并无任何方法可治愈。③随机性。电子元件什么情况下会遭受到静电破坏呢？可以这么说，从一个元件生产后直到它损坏以前所有的过程都受到静电的威胁，而这些静电的产生也具有随机性。由于静电的产生和放电都是瞬间发生的，难以预测和防护。④复杂性。静电放电损伤电路板工作，因电子产品精细、微小的结构特点而费时、费事、费钱，要求较复杂的技术往往需要使用扫描电镜等精密仪器，即使如此，有些静电损伤现象也难以与其他原因造成的损伤加以区别，使人误把静电损伤失效当作其他失效，从而不自觉地掩盖了失效的真正原因。⑤严重性。静电问题表面上看只影响了制成品的商家，但实际上会影响各层次的制造商，如增加维修费用，影响企业声誉等。

3. 静电放电的三种形式

①人体形式：即指当人体活动时身体和衣服之间的摩擦产生摩擦电荷。当人们手持静电敏感的装置而不先泄放电荷到地，摩擦电荷将会移向静电敏感的装置而造成损坏。②微电子器件带电形式：即指这些静电敏感的装置在自动化生产过程中会产生摩擦电荷，而这些摩擦电荷通过低电阻的线路非常迅速地泄放到高度导电的牢固接地表面，因此造成损坏；或者通过感应使静电敏感的装置的金属部分带电而造成损坏。③场感类形式：即有强电场围绕，这可能来自塑性材料或人的衣服，会发生电子转化跨过氧化层。若电位差超过氧化层的介电常数，则会产生电弧而破坏氧化层，其结果为短路。

4. 静电防护措施

1）接地。接地就是直接将静电通过导线的连接泄放到大地，这是防静电措施中最直接最有效的。接地通过以下方法实施：人体通过手腕带接地；人体通过防静电鞋（或鞋带）和防静电地板接地；工作台面接地；测试仪器、工具夹、烙铁接地；防静电地板、地垫接地；防静电转运车、箱、架尽可能接地；防静电椅接地。

2）静电屏蔽。静电敏感元件在储存或运输过程中会暴露于有静电的区域中，用静电屏蔽的方法可削弱外界静电对电子元件的影响，最通常的方法是用静电屏蔽袋和防静电周转箱作为保护。另外防静电衣对人体的衣服具有一定的屏蔽作用。

3）离子中和。绝缘体往往易产生静电，对绝缘体用接地方法是无法消除静电的，通常采用的方法是离子中和（部分采用屏蔽），即在工作环境中用离子风机等提供等电位的工作区域。

因此防静电材料和防静电设施是按这三种方式派生出来的产品，可分为防静电仪表、接地系统类防静电产品、屏蔽类防静电包装、运输及储存防静电材料、中和类静电消除设备，以及其他防静电用品，如图 6 - 5 所示。

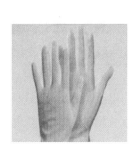 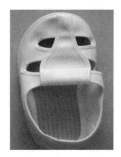  

图 6 - 5　静电防护用品

静电防护标识。①三角形内有一斜杠跨越的手，用于表示容易受到静电损害的电子电气设备或组件。②有一圆围着三角形，而没有一斜杠跨越手，它用于表示被设计为对静电敏感组件和设备提供静电防护的器具。③带三个指入箭头的圆环，主要用于指电磁、电磁辐射或静电场，不提倡在防静电领域使用。静电防护标志如图 6 - 6 所示。

　　　(a)　　　　　　　　　　　(b)　　　　　　　　　　(c)

图 6 - 6　静电防护标志

5. 防静电的一般工艺规程要求

①将 1MΩ 的电阻连通后再接地，并佩戴防静电手腕操作；②涉及操作静电敏感器件的桌台面须采用防静电台垫；③静电敏感器件必须用静电屏蔽与防静电器具转运；④准备开封、测试静电敏感器件时必须在防静电工作台上进行，有条件的可配用离子空气发生器清除空气中的电荷；⑤组装所用的焊接设备及成型工装设备都必须接地，焊接工具使用内热式烙铁，接地要良好，接地电阻要小；⑥电源供电系统要进行隔离，地线要可靠，防止悬浮地线，接地电阻小于 10Ω；⑦产品测试时，在电源接通的情况下，不能随意插拔器件，必须在关掉电源的情况下插拔；⑧凡静电敏感器件不应过早地拿出原封装，要正确按操作，尽量不能摸静电敏感器件的管脚；⑨用波峰焊接时，焊料和传递系统必须接地；⑩工作台面铺设防静电台垫后接地；操作人员穿戴防静电工衣、工鞋；地面铺设防静电地板或导电橡胶地垫。

6. ESD 体系与质量管理体系

ESD 体系会带来可观的经济效益。首先，ESD 体系带来的是不良品的降低和返工维修率的降低，这无疑会带来直接的经济效益。其次，ESD 体系带来的是产品质量和可靠性的提高，能够让企业在市场上以较高的价格赢得更多客户，创造难以估量的市场价值；再次，作为体系化工作中的制度、准则、规范、培训、审核、技术的掌握以及能有效解决问题的团队，除了能保障 ESD 工作全面贯彻、ESD 防护水平持续提高之外，还能避免因为过度投入、重复投入和错误投入所造成的损失。

中国已经成为世界电子产品的生产基地，提供世界 1/4 以上的电子产品，我们要巩固和提高在世界电子行业的地位，就不能不认真对待 ESD 问题。为了控制和消除静电，美国、西欧和日本等发达国家均制定了国家、军用或企业标准或规定。从静电敏感元器件的设计、制造、购买、入库、检验、仓储、装配、调试、半成品与成品的包装、运输等均有相应规定，对静电防护器材的制造使用和管理也有较严格的规章制度要求。我国也参照国际标准制定了军用和企业标准。

7. 静电危害典型案例

①第一艘阿波罗载人宇宙飞船，由于静电放电导致火灾和爆炸，三名宇航员全部丧生。②20 世纪 90 年代初，北京某公司试生产的高档数字万用表，由于 IC 没注意防静电，使其产品大部分不合格。③国内某厂生产 CMOS 电路筛选入库后，抽检发现有 5% 失效率，失效率模式为输入漏电流增大，经分析与静电有关。该厂生产的 CMOS 电路在测试前后都放置在普通塑料盒内，塑料上的静电荷传递给 CMOS 电路。在测试过程中，当器件接触人体或桌面上的接地金属时就会引起放电，导致静电损伤而失效。后来采用一系列 ESD 措施、改为防静电盒，现象消失。

6.4 信息产业的"5S"管理

"5S"是源起于日本企业的一种有效的管理方法，目前国内很多企业也引进了这种管理方法。"5S"指的是在生产现场，对材料、设备、人员等生产要素开展相应的整理、整顿、清扫、清洁、素养等活动，如图 6-7 所示。

1. 整理（Seiri）

对工作现场的清理，分开要与不要的东西，只保留有用的东西，撤除不需要的。例如，若某个工具一年中只用一次，或一次也没用过，可考虑将这工具废掉或入厂工具库存放；而每天都要使用的就须放在自己的工具箱，以便随时取用。

2. 整顿（Seiton）

把要用的东西，定量定位按规定位置摆放整齐，并做好标识进行管理，不但可以节省支出，也可以节省时间，更可以节省地方。有一家工厂在实行"5S"后原来的仓库面积缩小了 40%。

3. 清扫（Seiso）

去除现场的脏物、垃圾、污点，经常清扫、检查，形成制度。采取根治污物的对策，如彻底改善设备漏水、漏油、漏气及易落灰尘等状况。

4. 清洁（Seiketsu）

企业、现场、岗位、设备时时保持干净状态，保持环境卫生。定期进行卫生、安全检查，采取防止污染、噪声和振动的方法，使生产现场明亮化。

5. 素养（Shitsuke）

守纪守法，通过进行上述"4S"的活动，让每个员工都自觉遵守各项规章制度，养成良好的工作习惯，做到"以厂为家、以厂为荣"。企业内人员素质的提高，不断培训是最有效的方法。培训既可以增加各人的知识，也可以建立他们的能力；它不仅提高技术，还加强员工的自信和自豪感，在行动中，还可以改变他们的思想行为。这是"5S"的最佳保证。

图 6 - 7 "5S"管理

实施"5S"的意义在于提升企业形象，提升员工归属感，节约成本、减少浪费、提高效率，安全有保障，品质有保障。

6.5 信息产业从业人员的职业素养

6.5.1 职业素养

职业素养包括：职业语言、职业知识、职业思维、职业技术、职业精神和职业道德六个方面。从上述六个方面来看，前四个方面构成职业技能，即我们通常所说的"才"，后两个方面构成职业的伦理，即我们通常所说的"德"。崇高的职业理念是职业素养的精髓，高尚的职业精神是职业素养的根本，高超的职业技能是职业素养的基础，优良的职业作风是职业素养的体现。很多企业界人士认为，职业素养至少包含两个重要因素：敬业精神及合作的态度。敬业精神就是在工作中要将自己作为公司的一部分，不管做什么工作一定要做到最好，发挥出实力，对于一些细小的错误一定要及时地更正，敬业不仅仅是吃苦耐劳，更重要的是"用心"去做好公司分配给的每一份工作。态度是职业素养的核心，好的态度，如负责的、积极的、自信的、乐于助人等态度，是决定成败的关键因素。职业素养内容如图6-8所示。

习惯	能力	意识
礼仪 守时 踏实 细致 耐心 ……	适应能力 学习能力 抗压能力 时间管理能力 沟通表达能力 ……	规范意识 合作意识 沟通意识 责任意识 感恩意识 ……

图6-8　职业素养内容

6.5.2　信息行业优秀员工必备的职业素养

信息行业是一个技术发展日新月异的行业，每时每刻都在产生新的思想、新的技术，信息技术逐渐渗透到各个行业、各个领域，并且逐渐成为人们工作和生活中不可缺少的一部分。而信息人士为了适应这个行业的特点，必须具备以下基本素质，职业才能永葆青春。

1. 逻辑思维活跃

计算机实际上就是逻辑运算，从底层的加法器到全球共享的因特网，都是逻辑运算关系。无论是做一个程序员，还是做一个网络管理员，都要深刻理解程序和网络的逻辑关系。判断自己的逻辑思维能力，可以借助于一些逻辑测试题，看看自己做这些题时是不是很顺利。

2. 勤于钻研

勤于钻研是信息人士的第二个基本素质。从事信息行业的人一般对自己所从事的技术都有执着的追求，无论是调试程序还是排除设备故障，都有一种不达目的不罢休的韧劲，在计算机前一坐就是十几个小时。但有些人的性格就坐不住，觉得静静地一个人面对屏幕是一种折磨，这样的人最好去从事社会活动，如导游、营销、公关等工作。

3. 善于交流

善于交流也是信息人才必须具备的素质，因为只有及时交流最新技术，迅速更新自己的知识，才能跟上技术的进步，不至于被淘汰。一个信息行业的人把自己封闭起来，死死地去钻研某一项技术，等钻研透了，这项技术可能已经过时了。

4. 善于团结协作

团队协作精神是十分重要的基本素质。在开发项目时，往往几个人甚至几十个人一组，按照项目的功能模块每个人做一部分。互相配合比较好的组，最后完成的项目就非常出色、文档规范、结构完整、功能齐全；而配合不好的组，就会出现许多问题，甚至整个项目都完不成。微软前副总裁李开复谈过："团队精神是微软用人的最基本原则。像 Windows 2000 这样产品的研发，微软公司有超过 3000 名开发工程师和测试人员参与，写出了 5000 万行代码。如果没有高度统一的团队精神，不可能完成如此浩大的工程。"

5. 化工作压力为动力

压力，是工作中的一种常态，对待压力，不可回避，要以积极的态度去疏导、去化解，并将压力转化为自己前进的动力。人们最出色的工作往往是在高压的情况下做出的，思想上的压力，甚至肉体上的痛苦都可能成为取得巨大成就的兴奋剂。别让压力毁了你。积极起来，没有什么压力不能化解。

6. 低调做人，高调做事

工作中学会低调做人，你将一次比一次稳健；善于高调做事，你将一次比一次优秀。在"低调做人"中修炼自己，在"高调做事"中展示自己，这种恰到好处的低调与高调，可以说是进可攻、退可守，看似平淡，实则高深的处世谋略。

7. 做一个时间管理高手

时间对每一个职场人士都是公平的，每个人都拥有相同的时间，但是在同样的时间内，有人表现平平，有人则取得了卓越的工作业绩。造成这种反差的根源在于每个人对时间的管理与使用效率存在着巨大的差别。因此，要想在职场中具备不凡的竞争能力，应该先将自己培养成一个时间管理高手。谁善于管理时间，谁就能赢。

8. 创新能力

创新能力是推动知识经济发展的核心动力，包括各方面的创新，技术、产品、制度、管理、营销、文化、观念、质量、品牌、服务等。应努力培养创新意识与能力。企业可以通过建立创新的激励机制、构建"鼓励冒险，宽容失败"的创新型企业文化和加强员工培训来提升创新能力。

9. 学习能力

现代知识更新很快，有个说法"知识三年不用就过时"。即使是人才，如果没有很强的学习能力和悟性也会被淘汰。读书方法与自学能力是学习能力的重要方面。

6.5.3　职业精神

职业精神是一个人在其职业生涯中的一种更高的境界。毫无疑问，没有一定程度的职业技能和不受职业道德规范约束的人是不能达到这种境界的。职业精神之所以可贵，就在于它表现为优秀的从业者在不计较报酬的前提下自觉自愿地付出个人智慧和超越承诺的劳动的行为。个人智慧指的是具有独特创意的工作方法，超越承诺的劳动指的是定额或任务之外的义务工作。敬业精神既然表现为具体实在的奉献，自然也就是职业素质最完美的体现。具有敬业精神的人往往是不仅仅为了获取报酬而付出劳动的人，他们更注重的是成就感、事业心的满足和在工作中追寻生命价值的体验和生活的乐趣。简单地说，他们是一些热爱工作本身并充满活力的人。

1. 职业精神的组成要素

1）职业理想。社会主义职业精神所提倡的职业理想，主张各行各业的从业者放眼社会利益，努力做好本职工作，全心全意为人民服务、为社会主义服务。这种职业理想，是社会主义职业精神的灵魂。

2）职业态度。树立正确的职业态度是从业者做好本职工作的前提。

3）职业责任。这包括职业团体责任和从业者个体责任两个方面。

4）职业技能。在社会主义现代化建设中，职业对职业技能的要求越来越高，不但需要科学技术专家，而且迫切需要千百万受过良好职业技术教育的中、初级技术人员、管理人员、技工和其他具有一定科学文化知识和技能的熟练从业者。

5）职业纪律。社会主义职业纪律是从业者在利益、信念、目标基本一致的基础上所形成的高度自觉的新型纪律。

6）职业良心。这是从业者对职业责任的自觉意识，在人们的职业生活中有着巨大的作用，贯穿于职业行为过程的各个阶段，成为从业者重要的精神支柱。

7）职业作风。它是从业者在其职业实践中所表现的一贯态度。

2. 职业精神的实践内涵

职业精神体现在敬业、勤业、创业、立业四个方面。

3. 职业精神的具体表现

（1）让敬业成为习惯

敬业，不仅是一种工作态度，更是一种从业能力；敬业，不仅是一种职业境界，更应该是现代从业人需要具备的一种职业能力！影响员工敬业度的三大因素是薪酬、价值观和职业发展机会。每个人还应三省吾身：我今天敬业了吗？我今天的工作是否问心无愧？我是否拖了单位的"后腿"？以比尔·盖茨为例，年轻时每周工作98小时；成为世界首富后，每周仍工作6天、每天13小时；宣布退休后，每周还要读5本书。

（2）永远忠诚于公司

忠诚是人类最重要的美德。那些忠诚于老板、忠诚于企业的员工，都是努力工作、不找任何借口的员工。在本职工作之外，他们还积极地为公司献计献策，尽心尽力地做好每一件力所能及的事，而且，在危难时刻这种忠诚会显现出它更大的价值。忠诚是公司和员工发展的基石，是人生重要的品质。作为公司的员工，必须忠诚于公司；作为老板的下属，必须忠诚于老板；作为团队的成员，必须忠诚于同事。一个忠诚的员工，必然是维护公司利益的，忠诚是衡量一个人是否具有良好的职业道德的前提和基础。毫无疑问，任何一个公司都倾向于选择忠诚的员工，哪怕在某些能力方面稍微欠缺一些。一个员工固然需要精明能干，但再有能力的员工，如果不以公司利益为重，仍然不能算一名合格的员工。对公司忠诚可以表现在许多方面：关心公司的发展，维护公司的利益，为公司精打细算、节省开支、维护公司的名誉、不说对公司不利的话，经常为公司提出合理化建议等。

（3）承担责任胜于寻找借口

在实际工作中，责任就是一种权利和义务，责任有大有小、有轻有重，但无论责任大小，只要善于承担和勇于承担，就没有做不好的事、没有办不成的事。只要我们认真工作，努力实践，不断总结经验，尽职尽责，再大再重的责任也能承担。具有责任感是一个人成熟的标志。任何一个企业都热烈欢迎乐于承担工作的成熟员工，谁也不会喜欢遇到问题总是推三阻四、找出一大堆借口的人。简而言之，承担责任就是要以一种高度负责的态度把工作做得更好，不断地去追求卓越和完美。

（4）团队精神决定组织成败

华为的营销能力很难超越。人们刚开始会觉得华为人的素质比较高，但对手们换了一批素质同样很高的人，发现还是很难战胜华为。最后大家明白过来，与他们过招的，远不止前沿阵地上的几个冲锋队员，这些人的背后是一个强大的后援团队，他们有的负责技术方案设计，有的负责外围关系拓展，有的甚至已经打入了竞争对手内部。一旦前方需要，马上就会有人来增援。华为通过这种看似不很高明的"群狼"战术，将各国列强苦心经营的领地冲得七零八落，并采用蚕食策略，从一个区域市场、一个产品入手，逐渐将他们逐出中国市场。

（5）细节之处见真功夫

中国道家创始人老子有句名言："天下大事必作于细，天下难事必作于易"。意思是做大事必须从小事开始，天下的难事必定从容易的做起。海尔总裁张瑞敏说过，把简单的事做好就是不简单。伟大来自于平凡，往往一个企业每天需要做的事，就是重复着所谓平凡的小事。一个企业不管有多宏伟、英明的战略，没有严格、认真的细节执行，再英明的决策也难以实现。"泰山不拒细壤，故能成其高；江海不择细流，故能就其深。"所以，大礼不辞小让，细节决定成败。

（6）行动永远比心动更重要

俗话说："说一尺不如行一寸，心动不如行动。"工作中，很多人总是抱怨老板没有发现他们的才能，其实是他们自己没有将这种才能付诸行动。他们在"心动"的环节中浪费了太多的时间，却没有在实际工作中加以实施。那些聪明的职业人不仅会时时产生一些"聪明"的想法，而且还会将这种想法及时地在工作中加以运用。他们不会将时间浪费在做梦和犹豫中，而是一旦有了想法就立即行动，这才是成功的关键。

> **小结**：从事不同职业的人们都应当大力弘扬社会主义职业精神，尽职尽责，贡献自己的聪明才智。

6.5.4　职业操守

职业操守是人们在职业活动中所遵守的行为规范的总和。它既是对从业人员在职业活动中的行为要求，又是对社会所承担的道德、责任和义务。一个人不管从事何种职业，都必须具备良好的职业操守，否则将一事无成。良好的职业操守包括以下几方面。

1. 诚信的价值观

真实无妄叫作诚，不食言、不欺瞒谓之信。世界上哪个民族、哪种文化，都提倡诚信，中国人更是将诚信看得很重。诚信是做人之本，"人而无信，不知其可也"。在业务活动中一贯秉持守法诚信，这种价值观是通过每个员工的言行来体现的。良好的职业操守构成我们事业的基石，不断增进我们的声誉。诚信是推动社会进步的基础。互联网企业在诚信问题上的态度令人欣慰。阿里巴巴打假，腾讯、百度处理产品、技术测试中的作弊行为，体现的是大家对诚信的坚定不移。不论是百度、阿里巴巴还是腾讯，纵然已经成为参天大树，但面对诚信问题依然足够重视。他们深知，诚信最无价也最有价，金钱买不来诚信，诚信却直接影响企业的价值和命运。

2. 遵守公司法规

古语说"无以规矩，不成方圆"。对于企业来说，没有纪律便没有一切。遵守一切与公司业务有关的法律法规，并始终以诚信的方式对人处事，是企业的立身之本，也是每个员工的切身利益所在。

3. 不要泄密给竞争对手

与竞争对手接触时，应将谈话内容限制在适当的范围。不要讨论定价政策、合同条款、成本、存货、营销与产品计划、市场调查与研究、生产计划与生产能力等内容，也要避免讨论其他任何联想的信息或机密。身为一名员工，可能会知悉所在公司或其他公司尚未公开的消息。常见的内幕消息包括：未公开的财务数据；机密的商业计划；拟实施的收购、投资或转让；计划中的新产品。作为员工，都不要将这些泄露给竞争对手。

2011年7月，网易公司前员工唐岩擅自在外开设陌陌公司谋取私利。唐岩在职期间，利用职务之便，获取网易提供的各种信息、技术资源，私创"陌陌"，从而窃取网易公司商业利益，丧失基本职业操守。其行为违反《劳动合同》及对公司做出的在职期间竞业限制的承诺，严重违背职业道德。

信息行业具有高科技、知识密集、发展速度快等产业特点，变化速度、创新速度快，因此有时企业对信息员工职业操守的培养，从企业本身下功夫很难做好，要从行规、企业制度上做。比如微软从企业角度不停地在做体系、做分工和专业，把企业系统做好后，人员的变动对企业绩效的影响就不会特别大，通过制度化的方法，减轻人员对企业绩效的影响。

6.5.5　信息产业职业规则

1. 职业规则的概念和特点

职业规则，又称工作规则、劳动纪律或是职业纪律，是由用人单位依法制定的要求本单位劳动者在劳动过程中共同遵守的劳动行为规则。它具有以下特征：①由用人单位一方制定；②职业规则的制定要以法律为依据；③职业规则是一种行为规则，要求劳动者在劳动过程中共同遵守。

2. 职业规则的作用

对用人单位来说，职业规则有利于保证生产和经营的安全有效；对劳动者来说，职业规则保障劳动者的合法权益不受侵害。

3. 职业规则的合法制定

职业规则的制定要以法律为依据，既要规范劳动者的劳动义务，也要明确用人单位的义务，保障劳动者和用人单位的合法权益不受侵害。

4. 信息产业职业规则

1）合作是新的生产力。一群人通过合适的方式合作比以传统的方式单干要更有效。

2）专注，但不要走火入魔。不要为繁杂的任务和多重任务而手忙脚乱，学会专注于重要的任务和单一任务。简化并确认出那些最基本的，学会一次专注在一个任务上面。

3）不要利用工作时间聊天、游戏、看新闻。

4）如果工作不能按时完成或出现意外，必须及时向领导汇报，寻求新的解决方法，尽量避免损失。

5）关注公司、部门工作与发展，如有想法和建议，应及时通过适当方式向上级乃至最高层反映。

6.5.6　信息产业职业健康

1. 信息行业加班成企业文化

信息行业加班极为普遍，其原因很多。①人为原因。这可以进一步划分为两类场景：一类是，在有的公司里，不加班等价于工作不努力，所以不管需不需要，哪怕磨洋工也先加了再说；另一类是，在有的公司里，利润和工作时间成比例关系，所以潜在地推动加班。②商业原因。这说的是很多时候程序员会收到某个最后期限，但最后期限本身不太合理，这样就只能加班来赶。最后期限很多时候是根据产品上市时间这类商业因素定的，而确定产品上市时间时，企划人员可能根本不太清楚开发工作本身究竟需要多少工作量，其中偏差就只能靠程序员的加班来弥补。③技术原因。这里的技术说的是估算技术和需求开发技术。有的时候即使是项目组自己做估算决定日程，但由于需求自身的不清晰，或者估算方法的不恰当，也还会出现无法完成承诺日程的情形，这也得加班。④市场的原因。竞争过于激烈，需要高频率推出各种产品。

2. 信息行业成为过劳死的"重灾区"

2014 年 7 月 26 日，华为旗下海思公司无线芯片开发部部长王劲突发昏迷，不幸离世。华为出现的多起年轻员工意外死亡事件，大多被指责与华为公司的"床垫文化"有关。"床垫文化"即华为创业之初，每个开发人员都有一张床垫放在办公桌下面，员工经常几天几夜不出办公室，累了就躺在床垫上休息，醒了爬起来再埋头苦干。如今，华为不少员工都延续了"床垫文化"的传统。如此大的工作强度之下，员工疲劳乃至死亡就不奇怪了。

长时间的加班超出了员工体力的极限，无法保证劳动者的身体健康，不仅容易出事故，而且劳动生产率也会下降，对劳动者和用人单位都是得不偿失的。劳动者在保证工作的同时也要注意自己的身体健康，一味地为了工作或加班费而牺牲健康的行为是不可取的；对于用人单位，应该从管理上提高员工正常工作时间的工作效率，确保员工能够劳逸结合。

6.6 信息产业的职业岗位

信息行业的岗位大概分为研发类、市场类、技术支持类、管理类、生产类等。

1. 研发类岗位

研发类岗位包括软件研发和硬件研发，在一个公司里面完成项目开发或者定制产品。一般说来，软件研发基本上就算产品的设计者和制造者，硬件研发只能算设计者。

2. 市场类岗位

这大概是最多的职业岗位。往低里说，电脑城的谈单员就是市场；往高里说，华为、Cisco 的地区总裁其实也是市场角色。市场根据个人经验又分为 Sales 和 Marketing，前者是简单的客户成交服务者，即客户准备购买、完成买卖手续、协助送货等，Dell 的电话销售就是这个角色。后者就属于较高层级的销售人员，可以引导市场、引导客户、促成交易。

3. 技术支持类岗位

往低里说，电脑城的装机员也是技术支持人员；再往上，联网、调试网络，那是技术支持；再大了，企业里的网络管理员也是技术支持。

4. 管理类岗位

一般说来，管理本身是抽象的。并不是信息业的管理人员一定只能从信息业产生，或者一定只能管理信息业。IBM 的总裁郭士纳就不是信息业出身。管理类岗位有个统一的称呼：职业经理人。

5. 生产类岗位

这个岗位其实各公司都有。大型公司，如华为、Intel 等，以生产硬件产品为主的，基本上都有生产部。这个生产部很重要，生产、仓储、物流，基本都属于这一块。大型制造企业，如美的、海尔等，很多管理人员都是生产线上下来的。

6.7　信息产业对人才需求的关键因素

1. 扎实的专业知识

信息行业涉的行业领域很广，很多信息企业从事电信、银行、电子政务、电子商务等行业领域的产品开发。但是无论在哪一行业，一名想要获得更大发展空间和持久竞争力的研发人员拥有扎实的专业知识是第一个前提条件。

2. 良好的学习能力、逻辑思维、积极主动

需要不断地学习、充电。信息行业的知识体系更新地太快了，可能几年后你现在掌握的知识就没用了。所以要不断地关注新事物，开阔眼界、学习知识。积极主动的人，定会不断自我更新，从而避免工作上的危机。

3. 具有团队协作精神，良好的沟通能力，良好的心理素质和积极的生活态度

企业希望招聘到的程序员个人能力不一定很强，但合作意识要很好。团队协作是员工必须具备的素质。团队协作精神的基础是和谐的人际关系和良好的心理素质。没有良好的人际关系，是不可能有人与人之间的真诚合作的；没有良好的心理素质，也是很难做到相互宽容、乐于奉献、积极进取。项目团队中所有成员应该及时有效沟通，相互理解。团队中出现意见分歧时，分歧双方的基本态度应该是说服对方而非强制对方。裁决两种不同意见的唯一标准是看哪一种意见更有利于推动项目的正常进行。

4. 有较强的求知欲和进取心

信息行业是一个不断变化和不断创新的行业，它是在这个激烈竞争的行业中立足的基本条件。工作积极上进，能够积极乐观地面对挫折与压力，善于总结经验教训，能够在逆境中开拓进取。

5. 个人的综合素质

包括对工作有浓厚的兴趣、较强的责任心、良好的道德品质、吃苦耐劳的精神和一定的坚韧性、具有创新能力和创新意识、独立自主的能力、个人的生活习惯、谈吐以及修养等。此外，还需要敬业、务实、勤奋等高尚的职业道德。

以上这些因素均对企业用人需求起着重要的作用，如今企业更看重的是员工的实际工作能力以及能否为企业创造更大的价值。

6.8　信息产业的职业生涯规划

1. 信息行业哪一领域适合你

众所周知，信息产业作为一个大的行业，其涉及的范围和领域极广，包括软件、硬件、网络、通信以及其他方向。信息人与准信息人往往会遇到这样的情况，大学读的计算机专业，虽然所学课程也有所侧重，但实际操作和理论还是有很大的差距。学了很多，但是进入哪一个领域最能发挥自己的能力，以及哪一个领域的发展前景好，自己心里其实并不清楚。

2. 解析自身能力架构

个人能力可以分为硬能力与软能力。硬能力包括个人受教育情况、专业背景、工作经历与成绩等。软能力主要指沟通协调能力、组织能力、团队协作精神、学习能力等。一个人的能力是从事某项工作的基础。有什么样的能力决定了一个人处于什么样的层次。专业知识与专业背景无疑是为你打开信息产业大门的钥匙。同时，我们也知道信息产业是个发展迅速、日新月异的行业，其知识技术更新换代之快是传统行业所无法比拟的。这就要求拥有突出的学习能力。

3. 信息产业岗位素质要求

信息行业所包含的岗位可以大体上分为五大类：管理类、市场类、技术支持类、生产类与研发类。调查显示，沟通能力、团队合作、学习能力、责任感、问题解决能力、诚信、主动性、理解能力、应变能力、抗挫抗压能力、踏实、大局观是这五类岗位都必须具备的素质，但是又各有侧重。例如，对管理类人员而言，沟通能力、责任感、学习能力和团队合作四个维度的重要性就超过了对其他维度的要求，而市场类人员则在沟通能力、问题解决能力、主动性和诚信四个维度上，技术支持类人员在学习能力、责任感、团队合作和沟通能力四个维度上，研发类人员在团队合作、学习能力、责任感和问题解决能力四个维度上会有着其他维度所不可比的更高要求。除了最基本的职业核心素质，各自岗位有进一步的要求：管理类人员对"成就导向""时间管理能力"和"执行力"有比较高的要求；技术类人员对"态度严谨""时间管理能力"和"口头表达能力"有进一步的要求；市场类人员除了基本职业核心素质要求外对"口头表达""组织能力"和"顾客导向"有相比其他岗位更高的要求；研发类人员对"逻辑思维能力""时间管理能力"和"态度严谨"有别于其他岗位的自身要求。

4. 发展空间

求职的过程中，职业人最常遇到的问题是用"薪水"与"发展空间"作比较，二者之间是一种利益分配的问题。薪水代表着眼前利益，而发展空间则代表着长远利益。薪水是会随着一个人的职业的发展有所提升的，因此发展才是硬道理，才是薪水上升的有力保证与根本。与发展空间直接相连的就是企业平台。在选择企业时，也不是大公司或外资企业一定就好，发展空间就一定大。应该将信息行业细划为不同的领域和岗位，结合自身的能力和素质，选择最适合自己的方向，给自己的职业生涯做好相应的规划准备，才能确保职业发展持久而旺盛的生命力。

6.9　代工之王富士康的企业文化

1. 富士康科技集团发展简介

1974 年，富士康成立于中国台湾省台北市，总裁郭台铭。1988 年在深圳地区投资建厂，从珠三角、长三角到环渤海地区，从西南、中南到东北建立了 30 余个科技工业园区，在亚洲、美洲、欧洲等地拥有 200 余家子公司和派驻机构，现拥有 120 余万员工及全球顶尖客户群。富士康持续提升研发设计和工程技术服务能力，逐步建立起以中国大陆为中心，延伸发展至世界各地的国际化版图。在珠三角地区，建成深圳、佛山、中山、东莞等科技园，并确立深圳龙华科技园为集团全球运筹暨制造总部，旗下 3 家企业连年进入深圳市企业营收前十强和纳税前十强，每年为深圳税收贡献超百亿元。在长三角地区，布局昆山、杭州、上海、南京、淮安、嘉善、常熟等地，形成以精密连接器、无线通信组件、网通设备机构件、半导体设备和软件技术开发等产业链及供应链聚合体系，助推区域产业结构优化和升级。在环渤海地区，布局烟台、北京、廊坊、天津、秦皇岛、营口、沈阳等地，以无线通信、消费电子、计算机组件、精密机床、自动化设备、环境科技、纳米科技等作为骨干产业，为区域经济发展输送科技与制造动能。在中西部地区，投资太原、晋城、武汉、南宁、郑州、重庆和成都等地，重点发展精密模具、镁铝合金、汽车零部件、光机电模组等产品，积极配合"中部崛起""西部大开发"国家发展战略实施。2016 年富士康跃居《财富》"全球 500 强"第 25 名，如图 6-9 所示。

图 6-9　（淮安）富士康

2013 年 5 月 31 日，富士康国际宣布将公司英文名称由"Foxconn International Holdings Limited"更改为"FIH Mobile Limited"，并采纳"富智康集团有限公司"为公司正式中文名称。2016 年 5 月，富智康以 3.5 亿美元收购微软手中的诺基亚功能手机业务。收购诺基亚，或将借其品牌在功能机和低端智能机市场分一杯羹。2016 年 8 月，富士康以 38 亿美元收购夏普。夏普在液晶屏幕方面有着较为先进的技术，在业内被称为"液晶之父"。富士康正在从供应链的下游组装代工往上游核心零部件供应进击。

2. 郭台铭

郭台铭，1950 年 10 月出生于中国台湾，台湾企业鸿海精密（下属富士康科技集团）创办人。

郭台铭靠半工半读完成学业，后来在复兴航运公司当业务员。1973 年 2 月，郭台铭出资 10 万元新台币，与朋友在台北县创立了鸿海塑料企业有限公司生产塑料产品。不过因经营不善，原股东逐一退出，企业成了郭台铭的全资公司。当时黑白电视机刚刚在台湾兴起，郭台铭便从制造黑白电视机选台的按钮做起。这时的鸿海不过是个规模只有 30 万元新台币的小公司，仅有 15 名员工。1977 年，公司开始扭亏为盈，郭台铭立即从日本购买设备建立模具厂，为日后发展奠定基础。其后他又陆续投资建立了电镀部门与冲压厂。

20 世纪 80 年代，全球进入个人计算机时代，郭台铭靠所掌握的成熟模具技术，以连接器、机壳等产品为重心，力行"量大、低价"的竞争策略，迅速占领市场。1982 年投资 1600 万元进入计算机线缆装配领域。1985 年，在美国成立分公司，开始开拓海外市场，并创出"FOXCONN"品牌。至此，郭台铭已经成功打造出他的"连接器王国"。

自初创鸿海，郭台铭的奋斗目标就很明确，就是要成为世界第一。为实现这一宏大目标，他创造了自己的经营哲学。郭台铭称鸿海是"四流人才、三流管理、二流设备、一流客户"，他要做的首先是选客户。为了达成目标，他曾经在美国自己开车，住 12 美元一天的汽车旅馆，跑了美国 52 州中的 32 个，跟世界大厂商做生意。进入个人计算机领域后，鸿海的客户就锁定了戴尔、康柏、英特尔等国际一流大厂。为了拿到康柏公司的订单，郭台铭索性在康柏总部旁投资建了一个成型机厂，康柏只要有新设计，当天就能看到模型，最终获得了康柏的长期订单。为巩固与这些大厂商的关系，郭台铭坚持不做自己的品牌，只做零件供应商。可以说正是这些大厂的订单成就了鸿海今天的格局。据说，现在全世界每 5 台计算机中就有一台装有鸿海的产品。

但光有客户还不行，郭台铭背后依靠的还是自身的硬功夫。自创业后，他就是不折不扣的工作狂。郭台铭认为，他应该是第一个上班、最后一个下班的人，因而他每天坚持至少工作 11 个小时。即使晚上下飞机，他也会马上赶到公司，加班到三更半夜更是家常便饭。"将提高服务客户能力放在首位"是鸿海职工时刻谨记的厂训，也是鸿海成功发展的秘诀。为了在竞争激烈的世界高科技产业中求得生存发展，郭台铭创造出 CMM 的运作方式，从"自制零件、零件模块化、快速物流"的组装，再加上 e 化的信息流联结全球客户，从而达到"交期准、品质好、成本低"的境界。

在企业管理方面，郭台铭治厂如治军，重视纪律，讲究细节。郭台铭用人方面的口头禅是"不管高科技还是低科技，会赚钱的就是好科技"。为了获得高回报率，他用人唯才，奖惩分明。对表现优异的员工与技术骨干，郭台铭从不吝啬，给予巨额奖金。近几年每年年末鸿海员工聚餐，郭台铭提供的奖品总值都高达数亿元新台币，头奖高达数千万元新台币。但对竞争对手，他则一律以敌人视之，难怪台湾科技界都称他为"枭雄"。因此，虽然鸿海集团近年配股分红居高不下，郭台铭也成为股东热烈追捧的对象。郭台铭称："我总对员工们说，集体利益要高于个人利益。"

1988 年，郭台铭迈出了人生中的关键一步，在大陆开办了首家工厂。他看中了深圳这处改革开放的前沿阵地。郭台铭利用深圳来招揽潜在客户，迈克尔·戴尔 1995 年到访华南时，郭台铭获得驾车送戴尔去机场的机会。途中，郭台铭又安排了一个戴尔参观他工厂的小插曲。郭台铭看准戴尔是颗明日之星，因此一心想与他结识。如今，鸿海已成为戴尔最大的供应商之一。就在同一年，郭台铭建成龙华厂，苹果公司的 iPod 和 iPhone、惠普公司的个人计算机、摩托罗拉的移动电话被源源不断地生产出来。位于深圳市宝安区龙华的龙华科技园区，被视为郭台铭企业帝国的核心。

3. 富士康企业文化

1）经营理念：爱心、信心、决心。

2）从业精神：融合、责任、进步。

3）成长定位：长期、稳定、发展、科技、国际。

4）文化特征：辛勤工作的文化；负责任的文化；团结合作且资源共享的文化；有贡献就有所得的文化。

5）核心竞争力：速度、品质、技术、弹性、成本。

> **小结**：一个良好的职场文化，应该是给员工越来越友善的职场环境和越来越人性化的职场管理，而不是对加班和过劳习以为常。一方面，员工要注重自身的健康；另一方面，企业更要承担起保障员工健康权的责任。

附录 信息产业专用术语与名词解释

1. 信息

信息是客观世界各种事物特征和变化的反映。信息的范围极其广泛，任何运动着的事物都存储着信息。

2. 信息的形态

信息一般表现为四种形态：数据、文本、声音、图像。数据是从信息科学的角度考察，是指电子计算机能够生成和处理的所有事实、数字、文字、符号。文本是指书写的语言，以示与"口头语"的区别。声音是指人们用耳朵听到的信息。图像是指人们能用眼睛看见的信息。

3. 信息技术

信息技术是有关信息的获取、加工、传递和利用等应用技术的总和，它是信息资源得以广泛开发和利用的基础。信息技术主要包括传感技术、通信技术、计算机技术和控制技术。其中计算机技术和通信技术是信息技术的两大支柱。

4. 信息社会

信息社会指在社会的政治、经济、生活等各方面大规模地生产和利用信息与知识，以知识经济为主导的社会。在信息社会中，信息与信息技术已经渗透到社会生活的各个方面，劳动生产率将大幅度提高；信息将成为社会最重要的资源和财富；信息产业将成为支柱产业，信息社会将是知识密集型社会；人类社会将走向小型化、分散化和多极化。

5. 信息产业

信息产业是社会经济活动中从事信息技术、信息服务、信息设备和产品生产的产业的统称。它涵盖了信息采集、生产、存储、传递、处理、分配、应用等众多产业领域。从狭义上讲，信息产业包括信息产品制造业、软件业、电信与信息服务业；从广义上讲，还包括印刷出版业、广播电影电视业。

6. 信息化

信息化是指在国民经济各部门和社会活动各领域中普遍应用先进的信息技术，培育、发展以智能化工具为代表的新的生产力，使之造福于社会，从而极大地提高社会劳动生产率和工作效率，并改善人民的物质和文化生活质量的历史过程。信息化是当今世界经济和社会发展的大趋势，信息化程度已成为衡量一个国家现代化水平和综合国力的重要标志，更是我国进行产业优化升级和实现工业化、现代化的关键环节。

7. 知识经济

知识经济是一种新的经济，简单地说是"以知识为基础的经济"，更全面地说就是人类正在步入以知识（主要是智力）资源的占有、配制、生产、分配、消费等为最重要因素的经济时代。

8. 数字鸿沟

数字鸿沟又称为信息鸿沟。它是指当代信息技术领域中存在的差距现象，既存在于信息技术的开发领域，也存在于信息技术的应用领域，特别是指由网络技术产生的差距。有条件者可以上网且能从网上得到更多的信息资源，而无条件者则只能徘徊在网络的大门之外，从而造成信息化水平的巨大悬殊。

9. 互联网 +

"互联网＋"是李克强总理在政府工作报告中首次提出的概念。所谓"互联网＋"就是"互联网＋各个传统行业"，利用信息通信技术以及互联网平台，让互联网与传统行业进行深度融合，创造新的发展生态．

10.《中国制造 2025》

《中国制造 2025》是中国版的"工业 4.0"规划，该规划经李克强总理签批。规划提出了中国制造强国建设"三步走"战略，是第一个十年的行动纲领。《中国制造 2025》的核心就是"智能升级"，是工业化与信息化的高度结合。打造具有国际竞争力的制造业，是我国提升综合国力、保障国家安全、建设世界强国的必由之路。

11. 安全可控

在国家关键信息基础设施中使用自主可控的技术与产品，是国际通行做法，也是大势所趋。实践证明，自主研发是所有国家维护信息安全最为有效的手段和根本出路。

12. CPI

CPI 是居民消费价格指数（consumer price index）的简称，是一个反映居民家庭一般所购买的消费价格水平变动情况的宏观经济指标。它是度量一组代表性消费商品及服务项目的价格水平随时间而变动的相对数，是用来反映居民家庭购买消费商品及服务的价格水平的变动情况。

13. 云计算

一种通过互联网以按需服务的方式提供动态弹性虚拟化资源的计算模式。

14. 移动互联网

移动终端通过无线方式接入互联网。与桌面互联网相比，移动互联网具有个性化、定位性和社交性等特点。

15. 物联网

借助识别、数据获取、处理和通信能力等信息通信技术，通过互联（物理和虚拟的）物件提供各种类型应用服务的信息社会基础设施。

16. 智慧城市

智慧城市是城市信息化的高级形态，智能服务是其重要标志，物联网是其包括但不限于的必要条件，构成以创新城市、绿色城市、平安城市、宜居城市、健康城市、人文城市等为特征的城市可持续生态。

17. 大数据

海量而且增长快、结构多样的数据集合，无法在允许的时间内用常规软件工具对其内容进行抓取、管理和处理，需要新型的处理方式以挖掘其价值，达到更好的洞察和支撑决策。

18. 专利密集度

某行业（产业）五年的专利授权数之和除以该行业（产业）的五年平均就业人数。

19. 桌面互联网

桌面互联网是指以个人计算机为连接终端的互联网。

20. 移动互联网

移动互联网是指以个人手机为连接终端的互联网，就是将移动通信和互联网二者结合起来，是互联网的技术、平台、商业模式和应用与移动通信技术结合并实践的活动的总称。

21. 二维码

二维码是用某种特定的几何图形按一定规律在平面（二维方向上）分布的黑白相间的图形记录数据符号信息的；在代码编制上巧妙地利用构成计算机内部逻辑基础的"0""1"比特流的概念，使用若干个与二进制相对应的几何形体来表示文字数值信息，通过图像输入设备或光电扫描设备自动识读以实现信息自动处理。它具有条码技术的一些共性：每种码制有其特定的字符集；每个字符占有一定的宽度；具有一定的校验功能等。同时还具有对不同行的信息自动识别及处理图形旋转变化点的功能。

22. 微信

微信是腾讯公司于 2011 年 1 月 21 日推出的一个为智能终端提供即时通信服务的免费应用程序。微信支持跨通信运营商、跨操作系统平台通过网络快速发送免费语音短信、视频、图片和文字。微信提供公众平台、朋友圈、消息推送等功能，用户可以通过"摇一摇""搜索号码""附近的人"、扫二维码方式添加好友和关注公众平台，同时微信将内容分享给好友以及将用户看到的精彩内容分享到微信朋友圈。

23. 微信公众号

微信公众号是开发者或商家在微信公众平台上申请的应用账号，该账号与 QQ 账号互通，通过公众号，商家可在微信平台上实现和特定群体的文字、图片、语音、视频的全方位沟通、互动，形成了一种主流的线上线下微信互动营销方式。

24. 微信支付

微信支付是集成在微信客户端的支付功能，用户可以通过手机完成快速的支付流程。微信支付以绑定银行卡的快捷支付为基础，向用户提供安全、快捷、高效的支付服务。用户只需在微信中关联一张银行卡，并完成身份认证，即可将装有微信 APP 的智能手机变成一个全能钱包，之后即可购买合作商户的商品及服务。用户在支付时只需在自己的智能手机上输入密码，无须任何刷卡步骤即可完成支付，整个过程简便流畅。目前微信支付已实现刷卡支付、扫码支付、公众号支付、APP 支付等。

25. SP

SP 是 ServiceProvider 的缩写，指移动互联网服务内容应用服务的直接提供者，负责根据用户的要求开发和提供适合手机用户使用的服务。常指电信增值业务提供商，负责根据用户的要求开发和提供适合手机用户使用的服务。通过短信、彩信、WAP 等方式，通过电讯网络，向用户提供信息服务，并通过运营商向用户收取相应费用。

26. 软文

顾名思义，是相对于硬性广告而言，由企业的市场策划人员或广告公司的文案人员来负责撰写的"文字广告"。它将宣传内容和文章内容完美结合在一起，让用户在阅读文章时候能够了解策划人所要宣传的东西，一篇好的软文是双向的，即让客户得到了他想需要的内容，也了解了宣传的内容。

27. 网络水军

网络水军即受雇于网络公关公司，为他人发帖回帖造势的网络人员，以注水发帖来获取报酬，有时候也可以指在网上通过大量水帖来制造娱乐搞笑气氛的网友。顾名思义，就是在网络上"灌水"（频繁地发帖、回帖）的人。

28. 跑分

就是通过相关的跑分软件对电脑或者手机进行测试以评价其性能，跑分越高性能越好。

29. APP

应用程序，Application 的缩写，一般指手机软件。

30. 蓝海

鲜为人知的但开发时机已经成熟的技术领域。

31. 红海

竞争激烈的行业。

参考文献

［1］安宇，等．职业人文素养综合教程［M］．南京：南京大学出版社，2011.

［2］金琰，等．职业素养［M］．北京：机械工业出版社，2016.

［3］彼得·马什．新工业革命［M］．北京：中信出版社，2013.

［4］陈超，等．电子制造业从业指南［M］．北京：人民邮电出版社，2010.

［5］尤瓦尔·赫拉利．人类简史：从动物到上帝［M］．北京：中信出版社，2014.